Joachim Kardinal Meisner

Vom Tod zum Leben

W0095370

Joachim Kardinal Meisner

Vom Tod zum Leben

Predigten zum Osterfestkreis

Verlag Butzon & Bercker Kevelaer

Umschlagabbildung:
Auferstehung. Lat. Psalter, vermutlich Regensburg, um 1250,
Zentralbibliothek Zürich Rh. 167, fol. 107r,
Foto: Beuroner Kunstkarte 4396,
© Beuroner Kunstverlag, D-88631 Beuron.

Die Deutsche Bibliothek – CIP-Einheitsaufnahme

Ein Titeldatensatz für diese Publikation ist bei
Der Deutschen Bibliothek erhältlich.

Das Gesamtprogramm
von Butzon & Bercker
finden Sie im Internet unter
www.engagementbuch.de

ISBN 3-7666-0440-6

© 2002 Verlag Butzon & Bercker D-47623 Kevelaer
Alle Rechte vorbehalten
Redaktion: Dr. Manfred Becker-Huberti, Köln
Umschlaggestaltung: Elisabeth von der Heiden, Geldern
Satz: Schröder Media, Dernbach
Druck und Bindearbeiten: Koninklijke Wöhrmann B. V., Zutphen (NL)

Inhalt

Vorwort 7

Durch seine Wunden seid ihr geheilt
Predigten zum Osterfestkreis 1990 9

Der Friede sei mit euch
Predigten zum Osterfestkreis 1991 29

In deine Wunden berg ich mich
Predigten zum Osterfestkreis 1992 47

Seht, ich mache alles neu
Predigten zum Osterfestkreis 1993 65

Der Herr ist wirklich auferstanden
Predigten zum Osterfestkreis 1994 81

Durch dein heiliges Kreuz hast du die Welt erlöst
Predigten zum Osterfestkreis 1995 95

Christus ist erstanden
Predigten zum Osterfestkreis 1996 117

Ostern ist der Sieg, der die Welt überwindet
Predigten zum Osterfestkreis 1997 133

Christus lebt – unser Leben bleibt!
Predigten zum Osterfestkreis 1998 151

Aus der Nacht des Todes befreit
Predigten zum Osterfestkreis 1999 169

Christus ist auferstanden: Der Himmel ist uns offen
Predigten zum Osterfestkreis 2000 189

Vorwort

Leiden, Sterben, Tod und Auferstehung Christi sind ein wahrhaft Staunen erregender Vorgang: Gott verausgabt sich in unbegreiflicher Selbstvergessenheit, um das Staubkorn Mensch zum Heil zu führen. Der Verstand und das Herz eines Rationalisten, eines Kalkulators und eines Rechners wird das ewig absurd finden, dass Gott sich selbst für den Menschen aufwendet. Dass Gott einen solchen Aufwand mit den Menschen treibt, ist für menschliche Logik ein Skandal. Der heilige Augustinus sagt darum: „Das Leben ist herabgestiegen, um getötet zu werden. Das Brot ist herabgestiegen, um zu hungern. Der Weg ist herabgestiegen, um auf der Reise müde zu werden. Die Quelle ist herabgestiegen, um zu dürsten" (Augustinus: Sermo 78,6 [PL 38, 493]). Und das alles, alles pro nobis, für uns! Deshalb müssen wir vor diesem Geheimnis der Liebe Gottes unsere Kassenbücher und Journale schließen, um in Anbetung niederzuknien.

Über dem Kreuz steht das Wort „umsonst". Gott gibt umsonst! Er ist immer reine, ungeschuldete Gnade, grundlos sich selbst verschenkende Liebe. Er ist jenseits jener Grenzsetzung, die menschliche Vernunft für unabdingbar hält in allen materiellen und geistigen Belangen. Deshalb sagt uns der Herr: „Umsonst habt ihr empfangen, umsonst sollt ihr auch geben!"

Wie der Herr sich über die Waschschüssel herab neigt und sein heiliges Antlitz aus dem Waschwasser widerspiegelt, so spiegelt die Fußwaschung das Geheimnis des Kreuzes Christi wider. Der Überfluss Gottes ergreift in der Fußwaschung den Menschen. Er greift ihn, er packt ihn an den Beinen. Gott kommt nicht von oben nach unten, sondern er kommt von unten nach oben. Er, der an der Brust des Vaters ruhte, hat seinen Platz eindeutig zu Füßen des Menschen gefunden. Er wäscht nicht nur seine Füße, er wäscht sie mit sich selbst. Er ist, wenn wir so wollen, der Wäscher, das Waschmittel und das Waschzeug in einem. So tief steht er unten, dass er nicht nur der Aktive ist, der wäscht, sondern dass er auch der Passive ist, womit gewaschen wird. Hier wird die Gestalt des Kreuzes sichtbar: Die Welt wird nicht nur erlöst, sie wird mit ihm erlöst. Das ist die Struktur, die Gestalt unserer Taufe, ihr Kern: Wir sind nicht nur abgewaschen, wir sind mit ihm abgewaschen. Er ist der Wäscher, das Waschzeug und das Waschmittel, auch bei uns persönlich. Wir Menschen achten nicht oder nur selten auf die Füße der anderen. Darum treten wir wohl auch oft auf den Füßen des anderen herum. Der Herr sieht die Füße des anderen, und darum wäscht er sie. In diesem „Unten", in dem er sich befindet, wirbt er um unser Herz, ganz ernst, unwiderruflich, nicht nur im Vorübergehen. Er ist so tief unten, dass keiner der Großen und keiner der Kleinen sich übersehen fühlen kann. In seiner Demut ist der Herr schon immer so tief, dass kein Mensch ihn unterbieten kann. Wo er auch steht, er steht immer auf dem Herrn. Das ist buchstäblich der Standort des Menschen in dieser Welt, das solide Fundament für seine Hoffnung, die aus dem Glauben kommt. Fußwaschung heißt: unten sein. Der Überfluss Gottes wird in der eucharistischen Gabe sichtbar, die der Herr uns reicht. Gott gibt uns nicht etwas, er gibt sich vielmehr selbst, sein Wort, sein Herz, seine Verheißung.

Immer wieder predigt ein Priester und Bischof über das österliche Mysterium – über Leiden, Sterben, Tod und Auferstehung Christi. Dieses Geschehen konzentriert sich auf unsere Erlösung, lässt uns Christus näher kommen. Jedes Jahr sucht man mit anderen Suchbewegungen das gleiche Ziel: den Sohn Gottes, der sich für uns geopfert, der uns den Himmel wieder aufgeschlossen hat. Gebe Gott, dass wir, wie der gute Schächer, Jesus als Christus erkennen und von Gott selbst das Paradies verheißen bekommen.

+ Joachim Kardinal Meisner
  Erzbischof von Köln

Durch seine Wunden
seid ihr geheilt

Predigten zum Osterfestkreis 1990

Wenn ihr mich liebt,
werdet ihr meine Gebote halten

Predigt am Palmsonntag 1990 im Hohen Dom zu Köln

Jesus zieht in seine Stadt Jerusalem ein. Das ist nicht Vergangenheit; das ist Gegenwart. Durch seine Kirche zieht er am heutigen Palmsonntag in alle Städte und Dörfer der Welt ein. Die typische Bewegungsrichtung der Kirche ist nicht der Auszug, sondern der Einzug. „Gehet hin in alle Welt", sagt der Herr, und nicht: „Gehet hinaus aus aller Welt". Deshalb gibt es für uns keine Kirche im Kolonialismus, im Kapitalismus, im Sozialismus, keine Kirche von unten, von links oder von rechts. Das alles würde die universale Kirche durch die verschiedenen „-ismen" und Richtungen unkatholisch begrenzen, differenzieren, separieren und relativieren. Da die Kirche, wie Christus, heute zu allen Menschen und in alle Welt geht, ist sie die Kirche des Herrn, die Kirche Gottes und die Kirche der Welt.

Der in Jerusalem einziehende Christus zeigt uns, dass die Kirche in allen Gesellschaftsformen und -systemen ihren Auftrag hat, das Reich Gottes zu verkünden, dass sie in allen Hauptstädten und in allen Dörfern auf dem Posten zu sein hat, um Anwalt Gottes vor den Menschen und Anwalt der Menschen vor Gott zu sein. Diesen Auftrag, ihre universale Botschaft in alle partialen Räume zu tragen, zeigt uns der heutige Palmsonntag.

Auf das „Hosanna" folgt das „Kreuzige ihn". „Er kam in sein Eigentum, aber die Seinigen nahmen ihn nicht auf", lautet die negative Bilanz des Johannesevangeliums, aber es fügt gleich positiv hinzu: „Allen aber, die ihn aufnahmen, gab er die Vollmacht, Kinder Gottes zu werden." Die Kinder der Hebräer mit Palmen in ihren Händen auf den Straßen von Jerusalem um die Gestalt des Welterlösers sind unsere geistlichen Ahnen. Der Glaube gibt uns die Vollmacht, Kinder Gottes zu werden, und zwar nicht nur in der Kirche, sondern auch auf der Straße, nicht nur am Sonntag, sondern auch am Wochentag. Nicht nur in der Karwoche, sondern in allen Jahreswochen. Die Aufnahme des Herrn im Glauben gibt uns Vollmacht für unser Christusbekenntnis: „Gepriesen sei, der da kommt im Namen des Herrn!"

Für unser Christusbekenntnis und Gotteslob sind wir auf den Beifall der Öffentlichkeit nicht angewiesen. Es ist uns dazu Vollmacht gegeben durch unsere Aufnahme Christi. Allen, die ihn aufnahmen, gab er die Vollmacht, Kinder Gottes zu sein. Authentisches Christusbekenntnis und Gotteslob lassen sich nicht organisieren, sondern sind Frucht geistlicher Vollmacht.

Aufnahme in einer Stadt findet der Herr dort, wo man seine Gebote hält. „Wenn ihr mich liebt, werdet ihr meine Gebote halten" (Joh 14,15). Das Halten der Gebote ist der Raum, in dem sich Christus angenommen und aufgenommen weiß und es ist auch der Raum, in dem der Mensch sein privates und das öffentliche Leben unter den Anspruch Christi stellt. Wo dem Menschen die Gabe der Gottesfurcht gegeben wird, verliert er die Fesseln der Menschenfurcht. Er verliert die Angst vor dem Scheitern seines Lebens und vor den mehr oder weniger leisen und lauten Forderungen der öffentlichen Meinung.

Indem wir das erste Gebot halten: „Du sollst keine fremden Götter neben mir haben", sind wir von allem Götzendienst entbunden. Der Tanz um das goldene Kalb ist nicht nur auf den alten Bund begrenzt. Wenn nicht mehr der Götze „Ich" mein Dasein beherrscht, wie viele „Dus" neben mir würden dann glücklich werden? Wenn nicht mehr Verlieren den Rang eines goldenen Kalbes bei mir einnähme, wie viele erfülltere, seelisch gesündere und selbstbewusstere Menschen gäbe es dann in Kirche und Welt? Sie würden das Angesicht der Kirche und der Welt verändern, indem wir wieder mehr geistliche Berufungen in der Kirche und indem wir wieder mehr verantwortungsbewusste Bürger in der Gesellschaft hätten.

Wir sind mit Christus heute erneut in seine Stadt, in diese Stadt hineingezogen. Damit erheben wir Anspruch auf diese Stadt als Ort unseres Christuszeugnisses – privat und öffentlich, und damit stellen wir uns unter den Anspruch des Herrn: „Wenn ihr mich liebt, werdet ihr meine Gebote halten." Dieser Tag enthält die Wirklichkeit, das Angesicht unseres Lebens und das Profil dieser Stadt zu erneuern. Der Palmsonntag ist von sehr hoher Aktualität.

11

Nicht mehr ich lebe, sondern Christus lebt in mir
Predigt zur Missa Chrismatis 1990 im Hohen Dom zu Köln

Die Ölmesse, die „Missa Chrismatis", ist zugleich für uns die „Missa Presbyterorum", d. h. die Messe der Priester Gottes. Wir sind gesalbt und gesandt. Dieser Gottesdienst der heiligen Öle gibt Gelegenheit, uns erneut unserer Berufung und Erwählung durch Christus zu vergewissern. Hier gilt das Wort: „Man kann alt werden wie ein Haus und lernt nie aus." Ich möchte mich heute ausdrücklich an uns Priester wenden. Täglich sprechen wir Priester bei der Feier der heiligen Geheimnisse in der indikativen Form die Worte des Herrn: „Das ist mein Leib, das ist mein Blut." Damit rühren wir täglich an den nervus rerum, an die Mitte unseres eigenen Priestertums. Wir sprechen diese Worte in persona Christi. Aber Christus spricht sie in persona sacerdotis. Die Konsekrationsworte bewirken eine Wandlung von uns weg, hin auf die Gaben von Brot und Wein, so dass sie der Leib Christi und das Blut des Herrn werden. Die Konsekrationsworte wollen auch eine Wandlung auf uns zurückbewirken, indem wir dem Bild Christi eingestaltet werden. Der Priester sollte zu denen zählen, die nach einem Wort des Apostels Paulus dazu bestimmt sind, „an Wesen und Gestalt seines Sohnes teilzuhaben, damit dieser der Erstgeborene von vielen Brüdern sei" (Röm 8,29b).
Paulus rechtfertigt seine Hoffnung, der Auferstehung Christi gleichgestaltet zu werden, mit der Erfahrung seiner Verähnlichung mit den Leiden Jesu. Es ist unsere Berufung und Begnadigung, uns als zum Priester Geweihte mit dem, der uns geweiht hat, mit dem Hohenpriester Jesus Christus, sakramental identifizieren zu dürfen.
Es ist deshalb legitim, z. B. den Einzug Jesu nach Jerusalem am Palmsonntag in unseren Lebensraum und in unsere Lebenszeit, konkret: in meine Pfarre, in meine Tage zu verlegen. Der schlichte Verkündigungsdienst kann uns oftmals schon auf den Rücken des Esels platzieren. Was für eine Figur geben wir dabei ab? Wir haben uns nicht nach den Trends der Zeit zu richten. Uns ist es aufgegeben, schlicht, aber offensiv, sei es gelegen oder ungelegen, das ganze Evangelium zu verkünden. Da kann es schon gelegentlich so aussehen, als ob es sich dabei um eine ausgemachte Eselei handelt. Wer z. B. die Einheit, Heiligkeit, Unauflöslichkeit der Ehe mit allen Kon-

sequenzen verkündigt, kann sehr schnell auf den Rücken eines Esels als seinen Sitz im Leben hinaufkomplimentiert werden. Es ist nach meiner Erfahrung kein Hochgefühl, wenn man von denen auf dem hohen Ross der öffentlichen Meinung dann mitleidig belächelt und betrachtet wird. Oder wie sehen wir denn vor den anderen aus, vor denen wir gerade heute permanent unseren priesterlichen Zölibat zu rechtfertigen haben? Vielleicht manchmal wie auf dem Rücken eines Esels! Ist es nicht auch bezeichnend, wenn man den Papst in unseren Breiten gelegentlich als ein sympathisches Übel betrachtet, einen liebenswürdigen Esel? Wir haben wahrhaftig dem Evangelium zu dienen. Das sage ich uns zuerst. Wenn uns dieser Dienst – nicht etwa die eigene Dummheit – auf den Rücken eines Esels setzt: in Gottes Namen! Dann sagen wir dazu Ja! Es ist letztlich der Platz Jesu.

Wenn zwischen den Priestern und dem Hohenpriester eine gewisse sakramentale Identität besteht, dann ist es auch legitim, den titulus am Kreuz Jesu mit den Initialen „INRI" (Jesus – Nazarenus – Rex – Judäorum) mit unserem eigenen Namensschild auszuwechseln. Dann hängt der Herr gleichsam unter meiner Firma. Das hat Konsequenzen. Unser Priestertum ist keine Beschäftigung, sondern eine Bestimmung. Deshalb können wir unsere Person aus diesem Beruf nicht heraushalten, sondern ganz im Gegenteil, wie man heute zu sagen pflegt: Wir haben uns einzubringen! Er ist nicht ein Versorgungsberuf, in dem man seine Stunden ableistet und dann privat ist, um allen Berufsärger an sich herabfließen zu lassen. Es ist ein Beruf, der uns im Persönlichsten trifft, der meine Person will, die Bereitschaft, das Evangelium in mein Innerstes hineinzunehmen und es des Leidens würdig zu finden. Die Sorge und die Agonie Jesu um das Heil der Welt dürfen wir nicht äußerlich, gleichsam wie einen Rucksack auf unseren Schultern tragen, sondern wir sollen sie einsickern lassen in unser Innerstes, sie sollen einströmen in unseren Kreislauf. Das Innen von mir muss von ihnen ausgefüllt werden, soll ich sprechen dürfen: „Nicht mehr ich lebe, sondern Christus lebt in mir" (Gal 2,20). Die Leidenschaft, seine Passion, darf nicht außen vor meiner Tür bleiben. Darum ist in unserem priesterlichen Wochenablauf der regelmäßige liturgiefreie Tag nicht vorgesehen. Die Kirche kennt nur einen einzigen liturgiefreien Tag im Jahr, das ist der Karsamstag. Er ist der Grabesruhe Jesu geweiht. Wir sind nicht auf die Grabesruhe Jesu

13

geweiht, sondern auf seine Leidenschaft. „Der Priester ist" – sagt Michael Sailer – „die Fleisch gewordene Leidenschaft Christi für das Heil der Welt."

Der Herr, dem wir dienen, ist am Kreuz wie zur Betrachtung an vier Nägeln angeheftet, so wie man eine amtliche Bekanntmachung anheftet. „Sie werden auf den schauen, den sie durchbohrt haben" (Joh 19,37). Das „Ecce homo" wird zum „Ecce Deus". Er ist die letzte Auslegung Gottes, den niemand sonst gesehen hat. Er ist die Ikone Gottes des Vaters. Priester sein heißt darum auch, sichtbar ins Kreuz geraten, ins Kreuzfeuer kommen. Der Herr hat uns nicht durch das Kreuz erlöst, liebe Mitbrüder. Das Leiden an sich hat keinen Sinn. Der Herr hat uns durch eine Liebe erlöst, die er durchgehalten hat, koste es, was es wolle. Und Liebe kostet letztlich immer das Kreuz. Wenn sich dieses Gesetz als forma Christi im Priester auszuwirken beginnt, dann folgt zuerst notwendig: „Nicht ich leide, sondern Christus leidet in mir", der sich aus mir gleichsam ein Organ für seine Erlösung geschaffen hat. Wir tragen nicht nur unser persönliches Leiden, sondern – wie Paulus sagt – das Todesleiden Christi an unserem Leib, damit das Leben Jesu an unserem sterblichen Fleisch offenbar werde. Deshalb spricht auch die Kirche vom selig machenden Leiden Christi. Ob wir das auch schon einmal persönlich erfahren durften? Das selig machende Leiden Christi?

Jesu Leben und Leiden tragen Öffentlichkeitscharakter. Sie sollen – wieder nach Paulus – durch uns sichtbar und öffentlich werden. Hier ist übrigens unsere geistliche Kleidung theologisch angesiedelt. Der Priester ist gleichsam eine Christus-Ikone. Eine Ikone muss sichtbar sein. Wie der Herr am Kreuz, ist der Priester an seine Berufung angeheftet wie eine amtliche Bekanntmachung, damit man auf den schaut, „den sie durchbohrt haben". Unser priesterlicher Dienst sollte anschaulich, durchschaubar, einsichtig und ansichtig sein. Albrecht Dürer hat von der Identität zwischen Urbild und Abbild etwas verstanden, indem er dreimal sein Selbstbildnis als Christusbild gemalt hat. Zuerst übertrug er sein Gesicht auf das Antlitz des Auferstandenen; dann zweimal sein Gesicht auf das Antlitz des Leidenden im Schweißtuch der Veronika. Dein Antlitz im Schweißtuch der Ecclesia. „Das ist mein Leib, das ist mein Blut." Vielleicht eine Art sakramentaler Selbstdefinition. Er, der sein Bild in uns hineingeprägt

hat, wird nun unsere armselige Gestalt durchleuchten und durch-
strahlen, damit Christus sichtbar werde. Darin erschöpft sich unsere
Berufung und unsere Erwählung. Das Schicksal des Meisters wird
zum Schicksal des Jüngers. Sein endgültiges Schicksal ist Ostern. Es
wird auch das unsrige sein.

Ich bin bei euch alle Tage bis zum Ende der Welt
Predigt am Gründonnerstag 1990 im Hohen Dom zu Köln

Dieser heilige Abend „Gründonnerstag" hat seinen Ursprung im heiligen Abend der Weihnacht. Die Menschwerdung Gottes ist ein Datum
der Weltgeschichte. Es lässt sich ziemlich genau nach Zeit und Ort
festlegen. Wenn aber Gott Mensch wird, kann das nicht einfach dasselbe sein wie die Geburt irgendeines Menschen. Wenn der Sohn des
lebendigen Gottes Mensch geworden ist, dann hat er damit die Wirklichkeit Gottes in die Enge unseres irdischen Raumes und in die Vergänglichkeit unserer menschlichen Zeit mit eingebracht. Denn Gottes
Wesen ist Unendlichkeit und Ewigkeit, Gottes Wesen ist Raumlosig-
keit und Zeitlosigkeit. Das ist der tiefste Grund, weshalb die Menschwerdung Gottes nicht mit dem irdischen Leben Jesu zu Ende gehen
konnte. Sie musste aller menschlichen Geschichte bis an ihr Ende gegenwärtig bleiben. Darum lautet das letzte Wort Jesu an seine Jünger
im Matthäusevangelium: „Ich bin bei euch alle Tage bis zum Ende
der Welt." Am Abend des Gründonnerstags, in der Nacht vor seinem
Tod, dehnt der Herr seine gottmenschliche Gegenwart in alle kommenden Zeiten und Räume hinein, indem er sich für uns zum Brot
des ewigen Lebens macht und uns in der demütigen Hülle des Brotes
leibhaftig entgegenkommt. Das ist eine unerhörte, eine letztmögliche
Ausdrucksform des Ja, das Gott in seinem Sohn Jesus Christus zu
Mensch und Welt gesprochen hat.
In dieser unsäglichen Schlichtheit der sakramentalen Daseinsform des
Herrn zeigt sich die ganze Blöße seines irdischen Daseins. Von hier-
her empfängt die Kirche ihre Form und ihre Gestalt. Sie steht im
Grunde machtlos und wehrlos der Welt gegenüber, so wie der Herr in
der Brotgestalt sich auch des letzten Restes von Macht begeben hat,

indem er sich hier sogar seiner „Knechtsgestalt", der Menschennatur entäußert und zum Lebensmittel im buchstäblichen Sinne des Wortes wird.

„Wie viele Divisionen hat der Papst?", hat ein Machthaber unseres Jahrhunderts ironisch gefragt. Heute gibt die Kirche ihre Antwort auf diese Anfrage, indem der Papst und mit ihm das Bischofskollegium in aller Welt niederknien, um Menschen die Füße zu waschen. Ein in Köln nicht unbekannter Literat hat folgerichtig etwa gesagt: „Ich ziehe die schlechteste, christliche Welt der besten humanistischen Welt vor, weil es in ihr immer noch Barmherzigkeit gibt." Der goldschimmernde Kelch und die irdische Waschschüssel korrespondieren miteinander. Das goldgewirkte Messgewand und die Schürze des Herrn sind aus ein- und demselben Stoff gewebt. Es sind gleichsam zwei Seiten der gleichen Wirklichkeit: Gottes Herrlichkeit in menschlicher Armut. Die demütige Gegenwart des Herrn im Brot gibt uns den Mut zum Dienst in allen nötigen Formen. Sie schenkt uns Demut.

Der Herr zeigt sich heute Abend in seiner ganzen Blöße, im zerbrechlichen und verschüttbaren Sakrament und wenig später am Ölberg gibt er sich die Blöße, von einem der seinen mit einem Kuss verraten zu werden. Seine Blöße aber ist stärker als die Panzer der Mächtigen. Ja, es ist wahr, wohl keine Person der Weltgeschichte ist so gehasst worden wie der Herr, aber keine ist, durch seine Schutzlosigkeit herausgefordert, mehr geliebt worden als Jesus Christus. Eine christliche Künstlerin malt den erhängten Judas mit überkreuzten Füßen am Galgen. Die Füße, die der Herr wie das Brot noch vorher bei der Fußwaschung in seine heiligen und ehrwürdigen Hände genommen hatte, beten gleichsam am Galgen hängend noch weiter, auch wenn das Herz schon tot ist.

Wie es eine Abstimmung mit den Füßen gibt, so gibt es vielleicht auch einen Glauben mit den Füßen. Der Herr wäscht die Füße. Wie er das Brot in seine heiligen und ehrwürdigen Hände nimmt, so die Füße seiner Apostel, auch des Verräters. Der die Kasse verwaltete und das Geld zusammenhielt, erlebte, wie sich der Herr der Kasse selbst zum Inhalt der Kasse machte und sich verschenkte und sich vergab, so dass seine Buchführung nicht mehr stimmte. Ob er vielleicht deswegen noch herausholen wollte, was herauszuholen war, und ihn selbst für 30 Silberlinge verkaufte?

16

Mutter Teresa von Kalkutta hat ein Jahresbudget in Millionen Höhe, aber ohne Etat, ohne feste Einnahmen, als einzige Basis den sich selbst verschenkenden eucharistischen Herrn in ihrer Mitte. Wo sie eine Niederlassung gründet, muss ihr der Bischof für ihre Schwestern die tägliche Messe und den Tabernakel garantieren und außerdem den Schutz der Armut ihrer Schwestern. Selbst arm, machen sie täglich hunderttausende reich. Die Kraftreserve der Kirche ist die heilige Eucharistie. Man muss nur aus ihr leben und mit ihr leben, um das zu erfahren.

Judas hatte die gebende Geste der Hände Christi an diesem Abend nicht verstanden. Er taucht seine Hand mit der Hand des Herrn zugleich in dieselbe Schüssel, um dann wenige Stunden später mit denselben Händen nach dem tödlichen Strick zu greifen. Dass dies möglich ist, macht eigentlich fassungslos! Paulus sagt zurecht: „Wirket euer Heil unter Furcht und Zittern." Die Möglichkeit, unsere Berufung zu verraten, ist uns näher als wir ahnen. Dafür steht heute Abend Judas neben der Eucharistie. Der vom berufenen Herrn das Wort einst hörte: „Komm und folge mir nach", vernimmt an diesem Abend aus dem Munde Jesu die Worte: „Was du tun willst, das tue bald" (Joh 13,27).

Man kann wohl immer in der Nähe Jesu leben und sich doch ihm ganz entfremden; das ist eine bittere Wahrheit. Und trotzdem, die Kirche hat viele Menschen selig und heilig gesprochen, aber keinen einzigen verdammt, auch den Judas nicht. Sie hält in der eucharistischen Gabe täglich den in ihren Händen, der von einem der seinen den Feinden überliefert wurde. Es ist für uns, namentlich für uns Priester, der ergreifendste Appell an unsere Treue. Nach dem Willen Christi gedenkt die Kirche im heiligsten Augenblick der Eucharistiefeier, bei der heiligen Wandlung, des Judas, und zwar das ganze Jahr über, ohne ihn dabei bloßzustellen, indem sie sagt: „Denn am Abend, an dem er ausgeliefert wurde und sich aus freiem Willen dem Leiden unterwarf ...". Sollten wir nicht auch so miteinander umgehen, wenn wir aneinander schuldig geworden sind?

Der Gründonnerstag offenbart Gottes Macht in menschlicher Ohnmacht: im Verrat, der seine Liebe nicht aufhebt, in seiner Demut, die seine göttliche Hoheit sichtbar macht, in der Blöße seiner eucharistischen Gegenwart, die uns stärkt. Der Gründonnerstag offenbart aber auch im Schicksal des Judas die Abgründe des menschlichen Herzens. „Wer stehe, sehe zu, dass er nicht falle."

Diese Erfahrung treibt uns ins Erbarmen Gottes und zur Wachsamkeit uns selbst gegenüber. Wir sollten immer bemüht sein, vor dem Kommunionempfang ganz bewusst zu beten: „Herr, ich bin nicht würdig, dass du eingehst unter mein Dach, aber sprich nur ein Wort, so wird meine Seele gesund."

Im Zeichen des Kreuzes
Predigt zum Karfreitag 1990

Der Weg des Herrn aus der Herrlichkeit seines trinitarischen Lebens hin zum Kreuz gleicht einem wirklichen Salto mortale. Er „war gehorsam bis zum Tod, bis zum Tod am Kreuz" (Phil 2,8). Er ist Gottes eingeborener Sohn und ist für uns und durch uns zur Sünde geworden, ohne gesündigt zu haben (vgl. 2 Kor 5,21). Der Karfreitag hat buchstäblich Gott in Jesus Christus auf den Kopf gestellt. Er, der das Leben ist, stirbt am Kreuz. Er, der die Fülle Gottes in Person ist, dürstet nach ein paar Tropfen Wasser. Er, der Gott selbst ist, ruft: „Mein Gott, mein Gott, warum hast du mich verlassen?" (Mt 27,46). Er, der das Licht ist, stirbt in der Finsternis auf Golgota. Er, der die Apostel und Jünger seine Freunde nennt, stirbt fast von allen verlassen auf Golgota.

„Warum ist das so?", drängt sich uns als Frage auf. Und die Antwort lautet: um uns in unserer Verlorenheit zu suchen und zu finden und um an dieser Fundstelle dann einer von uns zu werden. Diese Fundstelle ist das Kreuz. Weil wir uns in der Sünde selbst zu Gott gemacht haben, und damit uns und die Ordnung Gottes auf den Kopf gestellt haben, hat sich der Herr nun ganz dicht neben uns gestellt, hat die Sünde der Menschen angenommen, d. h. er hat sich auch auf den Kopf gestellt, um uns gleichsam umzudrehen: vom Kopf wieder auf die Füße, aus dem Chaos in den Kosmos, aus der Unordnung in die Ordnung. Und das geschieht in seiner Auferstehung.

Das Kreuz ist das äußere Zeichen dieser seiner Bewegung von oben nach unten und von unten nach oben, eben die Bewegung eines Salto mortale. Der Herr nimmt uns in seiner Auferstehung alle von unten mit nach oben, vom Tod zum Leben, aus der Verzweiflung in die Hoffnung und aus der Finsternis ins Licht. Die Lebenskurve Jesu erreicht am Kreuz ihren Tiefpunkt und in seiner Auferstehung ihren Höhepunkt. Der Christ ist durch Taufe und Firmung in Christus, so dass er in diesen Salto mortale mit hineingenommen ist: vom Kreuz ganz unten in die Auferstehung ganz oben. Höllenfahrt und Himmelfahrt als äußerste Bewegungen Christi sind auch unsere Lebenslinien als Christen. Das Schicksal des Herrn wird zum Schicksal seiner Jünger.

Das ist nicht irgendeine fromme Überlegung, sondern eine handfeste Realität, denn das Kreuz ist der Gekreuzigte. Das Kreuz ist also keine Sache und kein Gegenstand. Es ist eine Person, es ist der gekreuzigte Christus selbst: „Crux est crucifixus" – „Das Kreuz ist der Gekreuzigte". Darum ist es das kostbarste Zeichen der Christen. Im Zeichen des Kreuzes wird er getauft. Im Zeichen des Kreuzes empfängt er das Sakrament der Firmung. In der Eucharistie wird er mit dem Kreuzesopfer Christi berührt. Unter dem Zeichen des Kreuzes wird ihm im Bußsakrament Vergebung und Gnade zugesprochen. Das Kreuzzeichen besiegelt den Bund zwischen Mann und Frau fürs Leben. In der Priesterweihe werden durch Handauflegung dem Weihekandidaten die Forma Christi Crucifixi eingeprägt. Schließlich wird uns im Zeichen des Kreuzes das Sakrament der Krankensalbung gespendet, und auf unseren Gräbern wird man das Kreuz als Zeichen der Auferstehung und des Lebens aufrichten. Wir Christen sind Kreuzes-Menschen, d. h. Anhänger Jesu, die mit ihm in den göttlichen Salto mortale hineingenommen sind in den Abstieg zum Kreuz und in den Aufstieg der Auferstehung. Wenn das Kreuz dann in der Karfreitagsliturgie enthüllt und verehrt wird, begegnen wir persönlich diesem dramatischen Geschehen. Weil wir im Abgebildeten das Urbild sehen und berühren können, knien wir vor ihm nieder und beten den an, der durch sein Kreuz die ganze Welt erlöst hat.

Löscht den Geist nicht aus
Predigt in der Osternacht 1990 im Hohen Dom zu Köln

Die erste Lebensäußerung eines neugeborenen Kindes ist ein Schrei. Ich atme! Ich lebe! Wir wissen heute besser als frühere Zeiten, dass viele Kinder damit den Sieg über eine neunmonatige Geschichte zum Ausdruck bringen, in der ihnen oftmals der Tod näher als das Leben war. Die erste Lebensreaktion der Kirche vor dem Ostergeschehen ist ebenfalls wie ein Freudenschrei: das Alleluja. Er lebt, und mit IHM auch wir. Unser geschlossenes Weltbild vom Werden und Vergehen, vom Kommen und Gehen, von Geburt und Tod ist durchbrochen. Es stimmt nicht mehr. Das Wort, das in der Weihnachtsnacht Mensch geworden ist, wurde in der Osternacht zu ewigem Leben erweckt. Es gibt nun eine Einbruchstelle des Lebens in das Reich des Todes und diese ist der österliche Christus selbst.

Deshalb trägt er auch als Auferstandener sichtbar seine Wundmale, gleichsam als Einbruchstellen des Lebens in den Tod, leibhaftig an sich. Im Alleluja bekennt die Kirche nicht nur, dass der Tote von Golgota lebt, und zwar für immer, sondem dass auch wir als Kirche unsterbliches Leben in uns tragen, weil wir mit dem Auferstandenen buchstäblich in Berührung gekommen sind. Das ist ja das Osterereignis dieser dreimal seligen Nacht. In ihr wird den von Christus Erwählten in Taufe, Firmung und Eucharistie dieser Kontakt, diese Berührung, diese Tuchfühlung mit dem Auferstandenen zuteil, so dass sie selbst lebendig werden.

Aus seiner geöffneten Seite am Kreuz floss das Wasser heraus, das den Menschen ewiges Leben ermöglicht. Christus zeigt bei der Auferstehung den Jüngern ausdrücklich seine geöffnete Seite, ja, er lässt sie sogar prüfend betasten. Die Kirche weiht in der Osternacht das Taufwasser, damit Menschen von heute mit dem Herzwasser von damals in Berührung kommen können, um lebendig zu werden. Wer den Lebendigen berührt, wird selbst lebendig. Dieses Ereignis unserer Taufe liegt mehr oder weniger weit hinter uns. Die Tauferneuerung in dieser Osternacht will eine wirkliche Rückkehr zu dem entscheidenden und springenden Punkt unseres Daseins werden, zu unserer Taufe, und sei es als reumütige Rückkehr zur verlorenen ersten Liebe. Tauferneuerung heißt auch, dankbar zu sein den Müttern und Vätern unseres Glaubens. Gedenken wir in dieser Stunde in Dankbarkeit derer, die uns damals zur Taufe getragen oder begleitet haben, die unseren Glauben ermöglicht haben. Wir sollten als Bistumsfamilie in dieser hochheiligen Nacht des Lebens wenigstens geistigerweise in die Totengruft unseres Domes herabsteigen zu den Vätern unseres Glaubens, zu Joseph Kardinal Höffner, zu Josef Kardinal Frings, zu Karl-Joseph Kardinal Schulte, bis hin zum ersten Kölner Bischof, dem heiligen Maternus.

Osterglaube fällt nicht vom Himmel, er wird uns immer von anderen glaubwürdig bezeugt. Tauferneuerung heißt Rückkehr zu diesem entscheidenden Punkt unseres Daseins, als uns das Lebenswasser Christi damals berührte.

Aus seiner geöffneten Seite fließt neben dem Wasser auch das Blut. Die Kirche hat es gleichsam in ihrem Kelch aufgefangen, und in der Osternacht reicht sie es zum ersten Mal den Neugetauften als Lebenstrunk schlechthin und zum wiederholten Male den Vielen anderen, die schon getauft sind, damit sie das Leben haben und es in Fülle haben. Die Kommunion der Osternacht lässt uns dankbar an unsere erste Heilige Kommunion denken, an jene, die uns darauf vorbereitet und dabei begleitet haben, und an jenen Priester, der sie uns damals gereicht hat.

Ist von der Ergriffenheit der ersten Heiligen Kommunion bei unserer vielleicht 2000. Kommunion heute noch etwas zu spüren? In jedem wirklichen Christen hat sich der auferstandene Christus eine Einbruchstelle in diese tote Welt geschaffen. Wir sind gleichsam als lebendige Christen seine verklärten Wundmale, an denen man mit dem auferstandenen Christus in Berührung kommen kann. Ich bin überzeugt, unsere Welt wird sich nur dann zum österlichen Christus bekehren, wenn sie seine Wundmale in unseren offenen Händen berühren kann, wenn sie ihn gleichsam in unseren offenen Herzen erfassen kann. Jeder von uns darf für den Herrn eine Einbruchsstelle des Lebens in die Welt des Todes sein.

Und schließlich heißt es in der Schrift: Er neigte am Kreuz sein Haupt und hauchte seinen Geist aus: „Vater, in deine Hände empfehle ich meinen Geist!" In der Osternacht neigte er wiederum sein Haupt den Jüngern zu und hauchte ihnen den inzwischen vom Vater wiedererhaltenen Geist zu, indem er spricht: „Empfanget den Heiligen

Geist." Im Sakrament der Firmung, das in dieser Nacht den Neugetauften gespendet wird, wird das zum Ereignis, zur Realität: „Empfanget den Heiligen Geist." Unser Firmtag liegt ebenfalls mehr oder
weniger weit hinter uns. Der Heilige Geist will uns aber immer gegenwärtig bleiben. „Lösch den Geist nicht aus", ist die apostolische
Mahnung in dieser heiligen Nacht. Der Lebensgeist des Auferstandenen wird zur Mitgift des Herrn für seine Jünger in dieser Welt, so
dass wir mit dem Apostel sprechen dürfen: Nicht mehr ich lebe,
sondern der österliche Christus lebt in mir. Und wenn nicht mehr ich
leben muss, sondern Christus in mir lebt, dann entlastet und entsorgt
das unser Dasein. Der Heilige Geist, den der Herr Ostern den Jüngern
zuhaucht, schenkt uns ein permanentes Ostern. Das ist der Durch-
bruch aus vielen Todesschatten in sein Leben, aus einem bedrücken-
den Umstelltsein von vielen Ängsten in die österliche Freiheit der
Kinder Gottes. Der Heilige Geist als Gabe der Auferstehung holt uns
aus den Depressionen heraus und führt uns in seine österlichen
Inspirationen hinein. Im Alleluja bekennen wir den Sieg Christi über
den Tod, aber auch über unseren alten Menschen der Sünde. Christus
lebt, und mit ihm auch ich, damit andere mit mir Christus leben
können.

Durch seine Wunden sind wir geheilt
Predigt am Osterfest 1990 im Hohen Dom zu Köln

Die alten Völker erhofften das Heil von ihren Helden. Der griechische
Philosoph Plato sah das Heil allein in der Philosophie, das Mittelalter
weithin in den Künstlern, die Aufklärung in den Gelehrten, Goethe in
den Poeten, Tolstoi in den Armen, Friedrich Nietzsche in dem Übermenschen und Karl Marx in den Proletariern. Die Menschheit erwartet das Heil. So viele Menschen stehen in der Erwartung des Erlösers
und sind dabei in der Gefahr, den eigentlichen Erlöser zu übersehen,
der wirklich die Welt vom Tode erlösen konnte und kann.
Wir feiern heute das Osterfest: unsere Erlösung, die Einheit des sterblichen Menschen mit dem lebendigen Gott, die uns geschenkt worden
ist durch den Tod und die Auferstehung des Herrn. Die fünf roten

Siegel seiner Wundmale sind gleichsam die göttliche Bestätigung, dass diese Erlösung zu allen Zeiten und an allen Orten gilt. Die fünf verklärten Wundmale Christi sind gleichsam das Faustpfand Gottes für seinen Einsatz am Kreuz und zu Ostern zu Gunsten der Welt und der Menschen. Die fünf Wundmale Jesu sind wie die fünf Sinne des Menschen; sie entsprechen genau den Handlungen und Leiden der Menschen auf Erden.

Zwei Wundmale prägen die Hände des Erlösers. Mit den Händen arbeiten und schaffen wir. Mit den Händen beten und dienen wir. Die Hände können zerstören und töten. In den Handlungen der Hände wird die Haltung des Herzens deutlich. Wenn es wahr sein sollte, dass sich der Mensch biologisch aus anderen Lebewesen entwickelt hat, dann wäre allerdings ein wesentlicher Schritt im Prozess der Menschwerdung der Augenblick, als aus seinen vorderen Gehwerkzeugen Hände wurden. Wie deine Hand sich bewegt, so schlägt dein Herz! Die Handmale des österlichen Christus bringen unsere Hände in den österlichen Grundgestus, indem sie aus Fäusten helfende Hände machen. An den Händen, die das Brot brachen, erkannten die Emmausjünger den auferstandenen Herrn. Die Handmale Jesu lassen dem Brudermörder Kain die Keule aus der Hand fallen und machen sie zum verbindenden Handschlag fähig. Nur die österlichen Wundmale Jesu an seinen Händen werden letztlich die Mächtigen dieser Erde veranlassen, die Waffenarsenale zu verringern und die Brotvorräte zu vermehren, damit die Menschen nicht verhungern müssen. Können wir uns den heiligen Franziskus, der mit den Wundmalen Jesu gezeichnet war, mit einem Maschinengewehr in der Hand vorstellen? Wohl aber mit gefüllten Händen, die den Hungernden das Brot brachten! Ist es Zufall, dass auch die Völker Osteuropas, bei denen Ostern im Jahresablauf die gleiche Rolle spielt wie bei uns etwa Weihnachten und zwar im guten Sinne, nicht mehr dem ideologischen Druck nachgaben, der ihnen Klassenhass in die Herzen und Klassenkampf in die Hände drückte? Die österliche Revolution wird sichtbar in unseren Händen, die geprägt sind von den Handmalen des österlichen Christus. Wie deine Hand sich bewegt, so schlägt dein Herz.

Und zwei Male prägen seine Füße. Die Füße setzen den Menschen in Bewegung, hin zur Sünde oder zur Caritas. Sie tragen den Menschen ins Leben oder in den Tod. Der Mensch ist der unruhige Nomade Gottes, der ewige Pilger, der über die Straßen der Welt wandert. Sind die Füße des Menschen gezeichnet von den Fußmalen Christi, dann geht er die Wege des Herrn und nicht die Trampelpfade der Trends. Dann geht er nicht im Gleichschritt öffentlicher Meinung, sondern – wenn es sein muss – auch gegen alle Trends die Wege Gottes. Der Auferstandene durchschreitet sogar verschlossene Türen. Auferstehungsmenschen sind befähigt, in versperrte und verriegelte Räume des Menschen zu gehen. Unsere Füße sind verantwortlich, dass in rheinischer Erde die Fußspuren Jesu nicht verwischt werden, so dass die Menschen von den Holzwegen und aus den Sackgassen immer wieder zu den Spuren Jesu zurückfinden können, die zum Leben führen. Wir sind als Kirche gleichsam das Spurensicherungskommando des Auferstandenen, damit seine Spuren nicht verwischt werden und die Hoffnung auf das ewige Leben nicht ausstirbt.

Die Mitte Jesu, die Herzmitte, ist gezeichnet nur von einer Wunde. Hier ist nur eine einzige, aber die schmerzlichste, tiefste und verheißungsvollste Wunde vorhanden. Sie trifft das Herz des Menschen, das in Sehnsucht, Hass und Reue leidet und in Jubel und Hoffnung bangt und zittert. Auf die Frage: Was ist härter als ein Stein?, antwortete ein vom Leben enttäuschter Mensch: Das menschliche Herz. Seit Ostern haben wir nicht mehr das Recht zu einer solchen Antwort. Seitdem das Herz des Osterchristus offen steht, haben wir die Vollmacht zu bitten: „Bilde unser Herz nach deinem Herzen!" Das menschliche Herz kann eine Mördergrube sein oder eine Goldgrube. Alles Böse in der Welt: Krieg, Hass, Feindschaft und Not kommen zuerst aus dem menschlichen Herzen. Alles Gute in der Welt: Friede, Freude, Eintracht und Trost sind ebenfalls zuerst im Herzen der Menschen. Das Herz des Herrn steht seit Ostern offen, so dass die Christenheit beten kann: „In deine Wunden berg ich mich!"

Die fünf Wundmale, die auf den verklärten Gliedern Christi aufleuchten, beinhalten alles, was den Menschen bewegt. Die Kirche stellt sie uns heute besonders in der Osterkerze zur Verehrung vor die Augen.

Es würde uns nicht schlecht anstehen, könnten wir wie Thomas damals sagen: „Wenn ich nicht meine Hände in seine Wundmale legen kann, glaube ich nicht". Es wäre wirklich die Gnade des Osterfestes, wenn wir im Angesicht der verklärten Wundmale Jesu wie Thomas weitersprechen könnten, indem wir anbetend dem Auferstandenen sagen: „Mein Herr und mein Gott!" – „Durch seine Wunden seid ihr geheilt" (1 Petr 2,24), sagt der Heilige Petrus. Das Erbarmen Gottes strömt durch die Wundmale seiner Jünger in die Gegenwart, sichtbar bei den großen Heiligen und Erwählten Gottes, spürbar bei den vielen unerkannten und ungenannten Ostermenschen in unserer Mitte. Ich erinnere an Franziskus von Assisi einerseits und manche geistlich Stigmatisierte in der Verborgenheit andererseits, die wegen ihrer Gottesliebe verwundet werden; junge Menschen, die Wunden an ihrer Seele tragen, weil sie Gott mehr gehorchen als dem Menschen; Frauen und Männer, die ihren Weg gehen, aber dabei verwundet werden, weil sie mit ihrem Gewissen nicht handeln lassen. Durch seine Wunden seid ihr geheilt, durch ihre Wunden werden wir heil, weil es seine österlichen Siegesmale sind.

„Der Herr ist wahrhaft auferstanden", verkündet die Kirche und sie hat die Stimme des Meisters im Ohr: „Seid getrost, ich habe die Welt überwunden." Als mit seinen verklärten Wunden Gezeichneter sitzt Christus zur Rechten des Vaters. Als Gezeichnete Christi stehen wir auf Seiten der Zukunft, weil wir auf der Seite Christi stehen. Dazu dürfen wir uns heute beglückwünschen, das ist der Sieg, der die Welt überwindet: unser Osterglaube.

Seht in den Emmaus-Jüngern eure Vorläufer

Predigt zur Eröffnung der Ministrantenwallfahrt nach Rom
am Ostermontag 1990 im Hohen Dom zu Köln

Ihr seid die Nachläufer der beiden Emmausjünger! In ihnen dürft ihr eure Vorläufer sehen. Sie sind die ersten Wallfahrer der Kirche. Wenn ihr es ihnen abguckt, werdet ihr so glücklich von Rom ins Rheinland zurückkehren, wie diese beiden Jünger Jesu von Emmaus nach Jerusalem am ersten Osterfest. Ihnen wurden fünf Geschenke nach Hause mitgegeben, die auch schon für euch bereitliegen, wenn ihr es so macht, wie sie.
Erstes Geschenk: Sie machten sich zu zweit auf den Weg. Und plötzlich waren sie zu dritt. Ich will mit euch heute am zweiten Ostertag

keine Mathematik betreiben. Das würde wohl auch das Osterfest entweihen. Aber ich möchte euch doch erinnern, dass es im Neuen Testament eine ganz tolle Mathematik gibt. Da heißt es: eins + eins = drei! Da bin ich mitten unter ihnen! – Wenn zwei in meinem Namen zusammen sind, da will ich als Dritter dabei sein, sagt Jesus. Die beiden Vorläufer von Jerusalem nach Emmaus haben das erfahren. Und, man ist immer dann im Namen Jesu zusammen, wenn wir so beieinander sind, dass Jesus dabei sein könnte. Ich muss euch an etwas erinnern, was euch aus dem Deutschunterricht vielleicht bekannt ist. Von dem schönen deutschen Wort „zwei" leiten wir so hässliche Wort wie Zweifel, Zwang, Zwietracht, Zwist, Entzweiung ab. Alle guten Dinge sind nicht zwei, sondern drei. Darum sagt Jesus: Wenn ihr so zu zweit zusammen seid, dass ich dabei sein kann, dann seid ihr nicht mehr zu zweit, sondern zu dritt; da bin ich mitten unter euch. – So die ersten beiden Vorläufer. Von Jerusalem gehen sie zu zweit los und kamen in Emmaus zu dritt an.

Ich wünsche euch, dass ihr von Rom nach Köln wieder zurückkommt mit Jesus in der Mitte, weil ihr so zueinander seid, dass Jesus dabei sein kann.

Zweites Geschenk: Es wurde euren beiden Vorläufern das offene Ohr für das Wort Gottes gegeben. Diese beiden konnten noch zuhören. Wir sind ja hier unter uns. Als ich vorhin in den Kölner Dom hereinkam, dachte ich: Haben unsere Wallfahrer etwas verwechselt? Meinen sie, wir säßen hier im Wartesaal des Kölner Hauptbahnhofes? Es wurde unentwegt geredet. Gott sei Dank, mit Beginn des Gottesdienstes ist es hier still geworden. Unser Ohr ist zum Horchposten geworden. Wir machen heute alle die Erfahrung, dass es in der Welt viele Mikrofone, Megafone, viele Lautsprecher gibt. Und je lauter es in der Welt wird, desto weniger können die Menschen hören. Wenn die Menschen das Gehör verloren haben, wissen sie nicht mehr, zu wem sie gehören und wohin sie gehören. Dann laufen sie jedem Rattenfänger nach. Wir brauchen das Gehör, damit wir offen sind für die Stimme Jesu, damit uns bewusst wird: Wir gehören zu Christus, und wir folgen Christus! Den Emmausjüngern wurde das offene Ohr geschenkt.

Im alten Russland sind die Menschen sehr viel gewallfahrtet. Dort hat man ihnen als Tipp für die Pausen Folgendes gesagt: Setz dich unterwegs ab und zu still hin und schließe die Augen, halte den Mund, senke den Kopf und leite deinen Verstand vom Kopf ins Herz. – Ich wünsche euch das offene Ohr, damit ihr das Wort Gottes hört!

Drittes Geschenk: Als der Herr in der Herberge von Emmaus das Brot brach, gingen ihnen die Augen auf, obwohl sie vorher mit Blindheit geschlagen waren. Viele Menschen sind heute geblendet von so vielen Dingen – so wie es ist, wenn man abends über Land geht und ein Auto kommt, das aufgeblendet hat. Dann wird einem schwarz vor den Augen. Man sieht nichts mehr. Viele Menschen gehen so geblendet durch die Welt. Es ist ihnen schwarz vor den Augen geworden, sie sehen nichts mehr. Wir sollen nicht als Geblendete durch die Welt gehen. Christus ist nicht der Blendscheinwerfer der Welt, der euch anstrahlt, so dass es euch schwarz vor den Augen wird. Die Osterkerze auf dem Osterleuchter zeigt es uns. Christus ist das Licht der Welt. Es erleuchtet uns, damit uns ein Licht aufgeht und uns niemand mehr hinter das Licht führt. Die Emmausjünger erkannten den Herrn beim Brotbrechen. Es gingen ihnen die Augen auf. Es mögen euch auf eurer Pilgerfahrt die Augen aufgehen für die Gegenwart des Herrn in eurer Mitte.

Viertes Geschenk: Als sie den Herrn nicht mehr sahen, fühlten sie noch ihr Herz brennen. „Brannte unser Herz nicht in uns, als er mit uns redete und uns die Schrift erklärte?" Es wurde einmal die Frage gestellt: „Was ist härter als Stein?" Da gab ein vom Leben enttäuschter Mensch die Antwort: „Das menschliche Herz!" – Das soll härter sein als ein Stein? Das würden die Emmausjünger nicht unterschreiben! Sie sagten: „Brannte nicht unser Herz, als er mit uns redete und uns die Schrift erklärte?" – Ich wünsche euch, dass ihr ein brennendes Herz von Rom mitbekommt. Das ist wie ein Motor, der uns in Bewegung bringt, damit wir wie die Emmausjünger dem Herrn nachgehen.

Und das fünfte und letzte Geschenk: Der österliche Christus machte den beiden Emmausjüngern Beine. Sie liefen noch am selben Abend von Emmaus nach Jerusalem zurück. Wir Christen sitzen zu viel herum und laufen zu wenig in die Welt, um die frohe Botschaft von Christus zu verkünden. Die ersten Christen nannte man „Anhänger des neuen Weges". Wenn ich mich nach eurem Befinden erkundige,

frage ich doch nicht: „Wie sitzt's denn?" Ich frage: „Wie geht's?" –
Warum? Weil ein Christ ein Pilger ist, der auf den Weg gestellt ist,
der Jesus nachgehen soll wie die beiden Jünger von Emmaus nach
Jerusalem. Allen großen Christen wurden buchstäblich Beine gemacht. Franz Xaver, der durch ganz Asien lief, um das Evangelium
zu verkünden. Die heilige Elisabeth, die zu den Armen ging. Oder
Mutter Teresa von Kalkutta. Christen bringt der österliche Christus
auf den Weg, damit sie zu den anderen Menschen gehen, um ihnen
die frohe Botschaft zu übermitteln.
Fünffach ist das Pilgergeschenk der Emmausjünger. Damals gingen
sie zu zweit los und kehrten zu dritt zurück. Sie wurden beschenkt:
erstens – mit der Gegenwart Jesu, zweitens – mit den offenen Ohren,
drittens – mit den offenen Augen, viertens – mit dem brennenden
Herzen, fünftens – mit den laufenden Beinen.
Ihr dürft nur von Rom wieder heimkommen, wenn ihr diese fünf
Gaben mitbringt. Hoffentlich muss keiner in Rom zurückbleiben. Ich
rechne mit eurem Mitgebringe aus Rom! Damit ihr das nicht vergesst, bitte ich euch, wenn ihr im Petersdom seid, auf Folgendes zu
achten: Im Mittelgang von St. Peter sind die Maße der größten Kirchen der Welt eingezeichnet und wie viel Raum des Petersdomes sie
einnehmen würden. Unter diesen acht größten Kirchen der Welt steht
natürlich unser Kölner Dom. Dort auf der Kölner Linie im Mosaik-
boden von St. Peter müsst ihr Kölner Pilger euch versammeln. Versucht dort, ganz kurz eure Taschen abzutasten: Haben wir schon die
fünf Geschenke beieinander? Und wenn nicht: Worauf müssen wir
noch achten, damit wir heimkommen – gesegnet mit der Gegenwart
des Herrn, dem offenen Ohr, dem offenen Auge, dem brennenden
Herzen und den laufenden Beinen. Gute Reise!

Der Friede sei mit euch

Predigten zum Osterfestkreis 1991

Bereitet den Weg des Herrn, ebnet seine Pfade
Predigt am Palmsonntag 1991 im Hohen Dom zu Köln

Mit dem Palmsonntag machen sich viele Christen in unserem Land auf den Weg in die große heilige Woche, die wir auch die Karwoche nennen. Die Bewohner von Jerusalem sind uns dafür wirkliche Schrittmacher. Sie legen ihre Kleider ab und breiten sie vor Jesus auf dem Weg aus. Sie decken gleichsam den Raum der Karwoche nach unten hin ab. Dem einziehenden Christus rufen sie entgegen: „Hosanna in der Höhe!" Damit tasten sie den Karwochenraum nach oben hin ab. Und schließlich halten sie dem Herrn die Siegespalme entgegen. Sie berühren so gleichsam den Raum der Karwoche in der Mitte. Christus begrenzt die Karwoche und ist zugleich ihr Inhalt: Christus unten, Christus oben und Christus in der Mitte.

• Christus unten

„Bereitet den Weg des Herrn, ebnet seine Pfade", so lautet der prophetische Imperativ an Johannes den Täufer. Johannes fühlt sich als der große Vorläufer, als der Wegbereiter des Herrn. Die Bewohner von Jerusalem werden heute am Palmsonntag die Nachläufer des Johannes, für uns aber zu Vorläufern. Sie breiten ihre Kleider auf dem Weg aus, damit der Herr darüber hinweggehe, und auch die Apostel legen ihre Kleider ab und legen sie dem Esel auf den Rücken, damit der Herr darauf Platz nehme. Es ist die gleiche Bewegung von den Aposteln und den Jerusalemern. Das Kleid ist das Symbol für die Person selbst, die es trägt. Der aus dem Schoß des ewigen Vaters kommt, soll über unsere eigenen Herzen seinen Weg in die Welt hineingehen. Das ist wirklicher Freundschaftsdienst. Wir werden auf den Herrn nur dort treffen, wenn wir ihn an der Stelle erwarten, an der er auf uns zukommt, und das ist ganz unten.
Dreimal fällt er auf dem Kreuzweg zu Boden. Wohin fällt er? Auf wen fällt er? Auf dich, auf mich? Werden wir zu einem Christophorus, zu einer Christophera, zu jemand, auf den der Herr fällt, und der ihn dann in die Welt hineinträgt, weil wir ihn dort erwarten, wo er auf uns zukommt, wo er auf uns zufällt, und das ist ganz unten. Der Mensch will hoch hinaus und begegnet einem Gott, der tief herunter-

30

steigt, und darum nicht bei ihm verweilt. „Bereitet den Weg des Herrn, ebnet seine Pfade!" Das ist der Raum der Karwoche nach unten. Dass ich dort nicht fehle, wo ich nötig bin, unten.

• Christus oben

„Hosanna in der Höhe", rufen die Bewohner von Jerusalem heute, nachdem die Engel von Betlehem in der heiligen Nacht sangen: „Ehre sei Gott in der Höhe!" Der Herr ist kein menschliches Genie, das unsere Bewunderung herausfordert. Dann wäre er wie alle Großen dieser Welt einer von unten. Er ist aber der Einzige von oben, der an der Brust des Vaters ruhte. Der von oben ist, hat uns Kunde gebracht, und darum ist er außer Konkurrenz. Darum rufen wir mit Recht: „Hosanna in der Höhe."
Schon oft sind über die Straßen Heilbringer, Erlöser gezogen. Aus der entfernteren und näheren Geschichte der Neuzeit nur zwei Namen: Napoleon, Adolf Hitler. Die Menschen haben damals vielfach mit erhobenem Arm gerufen: Heil dir, in der Höhe! Und wie tief war dann die Enttäuschung! Das Heil in der Höhe kommt allein von dem aus der Höhe. Von wem erwarten wir heute das Heil? Von der Arbeit, vom Geld, von Menschen, von politischen Parteien? Wann endlich wird die Welt klug werden, dass nur der Heiland das Heil zu bringen vermag?

• Christus in der Mitte

Die Jerusalemer reichten dem Herrn die Siegespalme. Auf wen setzen wir die Wette? Wem räumen wir die Priorität in unserem Leben ein? Ein Sieg, der den Tod ausklammert, wäre eine neue Niederlage, weil sie dem Tod nicht gewachsen ist. Das wäre kein Sieg, der die Welt überwindet. Das Kreuz Christi bringt allein den Sieg. Die Mitte des Karwochenraumes ist deshalb Christus und zwar als der Gekreuzigte. Entscheidend ist die Erlösungsurkunde, die Inschrift auf dem Kreuz: „Das ist der König der Juden!" Das ist nicht das Firmenschild eines privaten religiösen Vereins. Der so genannte Titulus, die Inschrift über dem Kreuz Christi, ist in den drei Weltsprachen geschrieben: Hebräisch, Griechisch und Latein. Das geht die ganze Welt an! Das

31

ist die Siegesurkunde, die den Tod überwindet! Wir halten sie gleichsam persönlich in der Hand in der Form unseres Taufscheins, der ein Berechtigungsschein für das ewige österliche Leben ist und ein Garantieschein, dass hinter den Verheißungen Christi nicht die Enttäuschung, sondern die Erfüllung steht. Darum geben wir ihm heute wie damals die Siegespalme in die Hand. Wir setzen auf ihn! Christus unten, Christus oben, Christus in der Mitte. Die Kirche betet heute um Teilnahme am Weg durch die Karwoche, damit uns die Teilhabe an der Osternacht geschenkt werde.

Einer von euch wird mich verraten
Predigt zur Missa Chrismatis 1991 im Hohen Dom zu Köln

Wir sind heute als das Presbyterium und Diakonium des Erzbistums Köln in unserer Bischofskirche versammelt, um in dieser Eucharistiefeier die Heiligen Öle zu weihen. Jeder von euch im Priesteramt führt eine unsichtbare Prozession in diesen Gottesdienst mit hinein, die mehr oder weniger umfangreich ist. Es sind die Kinder und Erwachsenen, die im kommenden Jahr bei der Taufe mit diesem heiligen Öl gesalbt werden. Es sind die Kranken und Sterbenden, denen ihr mit diesem heiligen Öl die Krankensalbung spenden werdet, und vielleicht gehört ja der eine oder andere von uns auch dazu. Es sind die zahlreichen Firmlinge, die ihr in den kommenden Wochen und Monaten auf das Sakrament der Salbung vorbereiten werdet, das wir Bischöfe ihnen dann spenden dürfen. Es sind schließlich unsere zukünftigen 25 Neupriester, die wir von Gottes Erbarmen für dieses Jahr erhoffen dürfen und die in der Weihe mit dem heiligen Chrisam gesalbt werden. Das heilbringende Leiden Jesu erreicht durch unsere Hände die Wunden und Herzen der Menschen. „Alle, die ihn berührten, wurden geheilt; denn es ging eine Kraft von ihm aus, die alle heilte."
In dieser heiligen Salbung der Priesterweihe haben wir Priester unseren gemeinsamen Ursprung. Gemeinsam können wir auch nur die Sendung an diesem Stück gequälter und hoffender Welt, die unser Erzbistum ausmacht, erfüllen.

Wir tun als Priester gut daran, wenn wir heute bei der Weihe der heilige Öle in der Karwoche versuchen, uns dem von Gott geschenkten Mysterium der Einheit im Presbyterium zu nähern. Der Herr zeigt uns diese Einheit gleichsam negativ, aber umso tiefer in dem erschütternden Wort an die Apostel: „Einer von euch wird mich verraten" (Joh 13,21). Es geht nicht um den Verrat, wohl aber um die gewichtigen, inhaltsschweren drei Worte: „einer von euch".

• Die Gemeinschaft der Berufung

Wir stehen in Gemeinschaft durch unsere Berufung. In diesem Wort „einer von euch" wird – vor aller eucharistischen Kommunion – eine Art Kommunion des Lebens sichtbar. Dieses Wort „einer von euch" enthält die Stiftung der Communio Presbyterorum, diese innere Zusammengehörigkeit von uns Priestern, angefangen von den Kaplänen über die Pastoren und Prälaten hinweg bis zu unseren wichtigen Pensionären, von uns Priestern hin zu den Diakonen und von uns Priestern und Diakonen zusammen hin zu unseren Mitarbeitern in Seelsorge und Caritas und zu allen an Christus Glaubenden. Die Grundlegung dieser inneren Einheit beginnt in der Erschütterung, mit welcher der Herr nicht nur einen Verräter vor sich hat, sondern diesen als einen von uns. Alle Jünger haben gemeinsam die Fußwaschung an sich erfahren. Alle sitzen mit Christus und Judas gemeinsam um den gleichen Tisch. Alle sehen die Erschütterung des Meisters und es prägt den Charakter des Judas, dass er einer aus ihrer Mitte, einer aus unserer Gemeinschaft ist. Durch diesen Gemeinschaftscharakter springt er dem Herrn geradezu in die Augen: „einer von euch". Nicht wahr, auch wir wären viel weniger betroffen und erschüttert durch den Verrat, wenn Judas nicht einer von uns wäre, wenn er nicht mit uns alles gemeinsam hätte?
Alle Geheimnisse des Lebens Jesu sind in irgendeiner Weise an alle Christen verschenkt. Dennoch glaube ich, dass einige Situationen seines Lebens uns Priestern vorbehalten sind, wie etwa die Verstörung und Erschütterung des Meisters über den Verrat des Jüngers. Der Herr möchte uns gleichsam beteiligen am inneren Zusammenhalt unseres Presbyteriums, er möchte uns gleichsam tiefer hineinziehen in seine brennende Sorge: „Lass alle eins sein!" Dadurch oder des-

halb bekommen wir Anteil an der Erschütterung und an der Verstörung des Meisters über den Verrat des Jüngers. Wir stehen in einer tiefen Gemeinschaft durch Berufung.

• Die Gemeinschaft in der Sünde

Wir stehen aber auch in einer tiefen Gemeinschaft durch die Sünde. Nach der Ankündigung Jesu: „Einer von euch wird mich verraten", heißt es im heiligen Text, dass die Jünger einander ansahen, ratlos darüber, von wem er rede (Joh 13,22). In diesem sich gegenseitigen Anschauen der Jünger suchen sie den Verräter. Jeder – außer Judas – sucht ihn bei einem anderen. Keiner denkt daran, dass er es selber sein könnte. Für sie ist das Erfahrbare der Gemeinschaft in der Sünde noch nicht vorhanden. Sie spüren es noch nicht, dass sie mit drin hängen, dass sie mitverantwortlich sind. Sie sehen in der Sünde nur etwas ganz Persönliches, etwas ganz Privates, etwas in sich selbst Abgerundetes. Sie wissen nicht, dass jede Sünde übergreift auf die Gemeinschaft. So liefert Judas den Herrn den Händen der Juden aus, die Juden liefern ihn den Heiden und die Heiden dem Tod aus. Sünde, auch die verborgenste, löst immer eine Kettenreaktion aus, ob wir das wahrnehmen können oder nicht. Die Jünger ahnen es nicht, was es heißt, sowohl mit dem Herrn als auch mit dem Verräter am gleichen Tisch zu sitzen. Sie wissen nicht, welche Folgerungen das einschließt, denn: mitgegangen – mitgehangen! Indem der Herr auf Judas hinweist als den, der „einer von uns" ist, deckt er unsere Gemeinschaft auch in der Sünde auf. Jeder von den Aposteln fühlt sich jetzt noch als Jünger und Bekenner und ahnt nicht, wie schnell Treue schwach wird. „Amen, Amen, das sage ich dir: Noch bevor der Hahn kräht, wirst du mich dreimal verleugnen" (Joh 13,38). Distanzieren wir uns darum nicht von unseren Mitbrüdern, die von uns gegangen sind und die nicht mehr mit uns konzelebrieren. Sie machen das Herz der Kirche blutend, aber sie sind und bleiben welche von uns, mit denen wir alles gemeinsam haben: unser Priestertum, denn: mitgegangen – mitgehangen.

• Die Gemeinschaft der Gnade

Wir stehen in Gemeinschaft durch Berufung, durch Sünde und durch Gnade. Bei der Fußwaschung hatte der Herr noch unterschieden zwischen rein und unrein. Jetzt heißt es nur noch „einer von euch". Der Herr legt seinen Finger auf unsere priesterliche Solidarität. Wir sind füreinander verantwortlich! Einer von unseresgleichen wird den Herrn verraten, nicht einer von seinesgleichen. Er erklärt damit, dass jeder von uns mittragen muss an der Last des Verrates, mittragen muss an seiner eigenen menschlichen Schwachheit. Nicht wahr, das kennen wir doch alle aus Erfahrung, dass es in der Beichte das einfache Bekenntnis unserer Sünden gibt. Daneben aber gibt es doch auch das Wissen, dass man noch zu ganz anderem fähig gewesen wäre, vor dem uns nur eine besondere Gnade bewahrt hat. Andere haben diese besondere Gnade vielleicht nicht bekommen. Darum bist du gewissermaßen verpflichtet, für ihn zur Gnade zu werden. Deshalb sollst du für deinen Mitbruder zur vorausgehenden Gnade werden, du sollst für deinen Mitbruder zur begleitenden Gnade werden, und du sollst für deinen Mitbruder zur nachgehenden Gnade werden. Das ist der Anfang alles stellvertretenden Sühnens und Tragens in der Kirche.

Erlaubt mir hier ein ganz persönliches Wort. Ich habe Grund zu danken, dass ihr mir in vielfacher Weise zur Gnade geworden seid, zur vorausgehenden, zur begleitenden und zur nachfolgenden Gnade. Der Bischof steht in besonderer Weise unter dem Wort des Herrn: „Du aber stärke deine Brüder." Wer aber stärkt den Bischof? Euer Glaube, eure Treue, eure Solidarität sind meine Stärke! Ich danke Gott, dass ich einer von ihnen, dass ich „einer von euch" sein darf. Und ich bitte alle die um Vergebung, denen ich als Bischof nicht zur vorausgehenden, begleitenden und nachfolgenden Gnade geworden bin, die vergeblich gewartet haben, weil ich dort fehlte, wo ich nötig war.

Mit seinem „einer von euch" schaltet der Herr alle Anwesenden in sein Miterlösungswerk ein. Er gibt uns Anteil an seinem Leiden, damit wir auch am Mysterium seiner Fruchtbarkeit mitbeteiligt sein können. Denn manche Früchte des Kreuzes sind nur verschenkbar, wenn der Schenkende selbst am Kreuz beteiligt war.

Die Gestalt unseres Mitbruders Judas begleitet uns durch das ganze Kirchenjahr. Immer tritt er bei der Zelebration der heiligen Messe gleichsam als Assistent in Erscheinung, besonders bei der heiligen Wandlung, wenn wir die Worte sprechen: „In der Nacht, da er verraten wurde." Zweimal küssen wir beim Zelebrieren den Altar, küssen wir den Herrn, wenn wir kommen und wenn wir gehen. Und wieder spüren wir den Mitbruder Judas neben uns als das Zeichen der Erinnerung unserer Gemeinschaft durch Berufung, unserer Gemeinschaft durch Sünde, unserer Gemeinschaft durch Gnade.

Ich habe euch ein Beispiel gegeben
Predigt am Gründonnerstag 1991 im Hohen Dom zu Köln

Die Verschwendung und der Überfluss sind die Kennzeichen Gottes in unserer armen, bedürftigen Welt. Das ist der Inhalt dieses wahrhaft heiligen Abends, an dem der Herr seinen Jüngern die Füße gewaschen, das Brot und den Kelch in seine Hände genommen und zum ersten Mal das unvergessliche Wort über beides gesprochen hat: „Das ist mein Leib, das ist mein Blut, für euch vergossen, für euch alle hingegeben." Dieser Vorabend des Karfreitags lässt schon das Kreuz Christi sichtbar werden, und zwar in der Gestalt der Fußwaschung. Er lässt uns in der Gestalt von Brot und Wein die Frucht des Kreuzes essen.
Das ist der wahrhaft Staunen erregende Vorgang, dass Gott in unbegreiflicher Selbstvergessenheit sich selbst verausgabt, um das Staubkorn Mensch zum Heil zu führen. Der Verstand und das Herz des Rationalisten, des Kalkulators und des Rechners wird das ewig absurd finden müssen, dass Gott selbst für den Menschen aufgewendet wird. Dass Gott einen solchen Aufwand mit den Menschen treibt, ist für menschliche Logik ein Skandal. Darum sagt der heilige Augustinus: Das Leben ist herabgestiegen, um getötet zu werden. Das Brot ist herabgestiegen, um zu hungern. Der Weg ist herabgestiegen, um auf der Reise müde zu werden. Die Quelle ist herabgestiegen, um zu dürsten. Und das alles, alles pro nobis, für uns! Deshalb müssen wir vor diesem Geheimnis der Liebe Gottes unsere Journale und Kassenbücher schließen, um in Anbetung niederzuknien.

36

Über dem Kreuz steht das Wort: „Umsonst". Gott gibt umsonst! Er ist immer reine, ungeschuldete Gnade, grundlos sich selbst verschenkende Liebe. Er ist jenseits jener Grenzsetzung, die menschliche Vernunft für unabdingbar hält in allen materiellen und geistigen Belangen. Deshalb sagt uns der Herr: „Umsonst habt ihr empfangen, umsonst sollt ihr auch geben!"

Wie der Herr sich über die Waschschüssel herab neigt und sein heiliges Antlitz aus dem Waschwasser widerspiegelt, so spiegelt die Fußwaschung das Geheimnis des Kreuzes Christi wider. Der Überfluss Gottes ergreift in der Fußwaschung den Menschen. Er greift ihn, er packt ihn an den Beinen. Gott kommt nicht von oben nach unten, sondern er kommt von unten nach oben. Er, der an der Brust des Vaters ruhte, hat seinen Platz eindeutig zu Füßen des Menschen gefunden. Er wäscht nicht nur seine Füße, er wäscht sie mit sich selbst. Er ist, wenn wir so wollen, der Wäscher, das Waschmittel und das Waschzeug in einem. So tief steht er unten, dass er nicht nur der Aktive ist, der wäscht, sondern dass er auch der Passive ist, womit gewaschen wird. Hier wird die Gestalt des Kreuzes sichtbar: Die Welt wird nicht nur erlöst, sie wird mit ihm erlöst. Das ist die Struktur, die Gestalt unserer Taufe, ihr Kern: Wir sind nicht nur abgewaschen, wir sind mit ihm abgewaschen. Er ist der Wäscher, das Waschzeug und das Waschmittel, auch bei uns persönlich. Wir Menschen achten nicht oder nur selten auf die Füße der anderen. Darum treten wir wohl auch oft auf den Füßen des anderen herum. Der Herr sieht die Füße des anderen, und darum wäscht er sie. In diesem „Unten", in dem er sich befindet, wirbt er um unser Herz, ganz ernst, unwiderruflich, nicht nur im Vorübergehen. Er ist so tief unten, dass keiner der Großen und keiner der Kleinen sich übersehen fühlen kann. In seiner Demut ist der Herr schon immer so tief, dass kein Mensch ihn unterbieten kann. Wo du auch stehst, du stehst immer auf dem Herrn. Das ist buchstäblich dein Standort in dieser Welt, das solide Fundament für unsere Hoffnung, die aus dem Glauben kommt. Fußwaschung heißt: unten sein.

Der Überfluss Gottes wird heute Abend sichtbar in der eucharistischen Gabe, die der Herr uns reicht. Gott gibt uns nicht etwas, er gibt sich vielmehr selbst, sein Wort, sein Herz, seine Verheißung. Der Vater schenkt uns in der heiligen Kommunion sein Lebensnotwendigstes, seinen einzig geborenen Sohn. Hier hat er alles zu unseren Gunsten geopfert, alles, was er hat. Dieses sein „Alles", die kleine weiße Hostie, ist materiell fast ein Nichts, in Wirklichkeit aber ist sie Gottes Ein und Alles! Mehr kann er nicht mehr geben! Deshalb erwartet auch Gott als Antwort von uns nicht etwas, sondern alles, unseren ganzen Einsatz, unser Herz, unser geltendes Wort. So wie durch den Einsatz seiner Liebe in der tiefen Verhüllung des Kreuzes die Weltsituation verändert und in ihr Gegenteil verkehrt wurde, indem er die Ausweglosigkeit der Welt in einen Weg der Hoffnung verwandelt hat, so kann auch der Mensch durch den Einsatz seines Herzens – und durch nichts anderes sonst – von jenem verborgenen Platz aus, an dem das Weizenkorn in die Erde fällt und stirbt, um viel Frucht zu bringen, wirksam die Welt verändern helfen.

Wenn das wahr ist, dass der Mensch – weil Gottes Ebenbild – jenes Wesen ist, für welches immer das Überflüssige das Notwendige ist, dann ist die heilige Eucharistie Gottes Überfluss für das dem Menschen Notwendige. Der Gottmensch bewirkt durch die heilige Kommunion die wunderbare Brotvermehrung, damit niemand mehr Hunger leidet. Der Menschengott dagegen bewirkt durch seinen Egoismus die traurige Brotverminderung, die im Hungertod endet.

So begegnen uns der Überfluss und die Verschwendung Gottes im „Umsonst" des Kreuzes, im Unten der Fußwaschung und in der Ganzhingabe der Kommunion. „Ich habe euch ein Beispiel gegeben", sagt der Herr. Nein, ich habe euch mich selbst gegeben, damit ihr fähig und würdig werdet, morgen schon an euch zu tun, was ich heute an euch getan habe.

Das Kreuz – Zeichen unserer Hoffnung
Predigt zum Karfreitag 1991

Das Kreuz ist das Plus-gewordene Minus der Welt durch den Einsatz Gottes in Jesus Christus. Schon die äußere Gestalt des Kreuzes zeigt darauf hin. Gott hat in Jesus Christus alle Minus-Zeichen der Welt durchkreuzt und daraus ein Plus werden lassen.

Das Kreuz zeigt drei geometrische Punkte: die Vertikale, die Horizontale und den Kreuzpunkt.

• Die vertikale Kreuzeslinie

Die Kreuzlinie ist von ganz oben nach ganz unten gewendet. Sie hat ihren Ausgangspunkt im Herzen der Heiligsten Dreifaltigkeit, die sich nach außen wendet, nach ganz unten, bis zum Grab des ersten Menschen Adam, um gleichsam alle Schichten der einzelnen Generationen zu durchstoßen, bis hin zum ersten Menschen. Nach der Überlieferung der Kirchenväter stand der Kreuzesstamm im Grab des ersten Menschen Adam auf Golgota. Alle Lebensringe der Menschheit sind von der vertikalen Gotteslinie geöffnet und berührt worden bis hin zum Herzen des ersten Menschen selbst. „Im Anfang war das Wort, und das Wort war bei Gott, und das Wort war Gott" (Joh 1,1). Das ist der Ausgangspunkt der vertikalen Bewegung. „Und das Wort ist Fleisch geworden und hat unter uns gewohnt" (Joh 1,14). Das ist der Endpunkt der Vertikalbewegung Gottes bis in das Grab Adams. Alle bisherigen menschlichen Generationen sind von dieser vertikalen Liebesbewegung Gottes berührt worden. Die Vertikallinie verbindet Gott und Mensch, Himmel und Erde, oben und unten, sodass es nun wirklich heißen kann: „Wie im Himmel, so auf der Erde" (Mt 6,10), wie es in der Weihnachtsnacht von den Engeln verkündet wurde: „Verherrlicht ist Gott in der Höhe, und auf Erden Friede bei den Menschen" (Lk 2,14).

• Die horizontale Linie des Kreuzes

Sie verläuft ins Unendliche, nach rechts und links. Auf ihr sind alle menschlichen Generationen angesiedelt, alle Menschen, die nach Adam bis zu dieser Stunde über die Erde gegangen sind. Ihr Lebensraum ist die Horizontallinie. Sie bekommt ihr unermessliches Gewicht durch die Milliarden von Menschen mit ihren persönlichen Lasten und Belastungen. Wer das Gewicht dieser Horizontallinie zu erahnen versteht, der weiß, was es bedeutet, wenn wir beten: „Der für uns das schwere Kreuz getragen hat", der erstaunt eigentlich, dass Jesus auf seinem Kreuzweg nicht mehr als dreimal mit seiner Last hingefallen ist. Die Horizontale hat keine Chance, in die Vertikale zu gelangen. An keinem Punkt kann sie über sich selbst hinaus. Sie ist verurteilt zum Unendlichen nach rechts und links. Das ist eigentlich die Hölle.

• Der Kreuzpunkt

Einen einzigen Punkt gibt es auf dieser Horizontalen, an dem die Bewohner dieser Linie über sich selbst hinauskommen können, und das ist der Kreuzpunkt, jener Punkt, an dem die Horizontale von der Vertikalen durchkreuzt wird, wo gleichsam aus dem Minus das Plus entsteht. Dort ist plötzlich Überstieg, Aufstieg und Vollendung möglich. Dieser Kreuzpunkt ist das große Geschenk des Karfreitags. Der Mensch ist nicht zur Horizontalität verurteilt, sondern ihm ist der Aufstieg und Überstieg durch die Vertikale Gottes geschenkt worden. Der wichtigste Punkt dieser Welt ist darum der Kreuzpunkt. Darum appelliert der Apostel Paulus so leidenschaftlich, den Kreuzpunkt nicht wieder zu begradigen, indem man das Kreuz horizontalisiert oder linealisiert, indem man es zur langen Latte zurückkreuzt. Dann aber wäre das Leben ohne Hoffnung.

Nicht umsonst ist der Kirche von je her das Wort „Ave crux spes unica" so teuer: „Sei gegrüßt, heiliges Kreuz, du bist unsere einzige Hoffnung", denn nur du bietest die einzige Möglichkeit, aus der Horizontale in die Vertikale zu gelangen. Das Kreuz ist das Plus-gewordene Minus dieser Welt durch den Einsatz Gottes. Das Kreuz ist deshalb das positivste Zeichen, das der Menschheit geschenkt wurde. Und wir tun gut daran, das nie zu vergessen. Wenn wir uns dann vor dem Kreuz niederknien, um nach der Kreuzenthüllung den Gekreuzigten zu verehren, dann schauen wir dabei unserer eigenen Zukunft ins Angesicht. „O ave crux spes unica" – „Sei gegrüßt, du heiliges Kreuz, du unsere einzige Hoffnung", denn nur du qualifizierst das Minus dieser Welt in das Plus Gottes um. Du qualifizierst Verzweiflung in Hoffnung, Tod in Leben, Verlust in Gewinn und Finsternis in Licht. Darum bekennen wir dabei wie nach der heiligen Wandlung in der Eucharistiefeier: „Deinen Tod, o Herr, verkünden wir und deine Auferstehung preisen wir, bist du kommst in Herrlichkeit."

40

Ich lebe, und auch ihr sollt leben

Predigt in der Osternacht 1991 im Hohen Dom zu Köln

Ihr sucht Jesus von Nazareth, den Gekreuzigten? Er ist auferstanden! Das ist die Summe der Osternachtfeier. Sie ist das Fest unseres Glaubens schlechthin. Was uns damit geschenkt ist, wird erst auf dem dunklen Hintergrund des Unglaubens sichtbar. Die Problematik des Unglaubens ist am tiefsten im Ausgeliefertsein des Menschen an die Grüfte und Gräber des Todes zu sehen, obwohl sie Christus längst aufgebrochen hat. So wie die Hölle und der Tod längst überwunden sind, so ist auch die an den Unglauben verfallene Welt grundsätzlich überwunden.

Der Karsamstag, der Tag des Todes und damit der Tag des Unglaubens, beginnt eigentlich schon am Karfreitag mit den Worten der Gottverlassenheit auf den Lippen Jesu: „Mein Gott, mein Gott, warum hast du mich verlassen?" Der Karsamstag ist der Tag ohne Gott, der Tag ohne Gottesdienst. „Gott ist tot, und wir haben ihn getötet", sagt Friedrich Nietzsche. Der Sohn Gottes ist zur Sache geworden, zur Materie, zum Leichnam, und wir legen ihn dort ab, wo wir unsere Verstorbenen hinterlegen: in das Erdinnere! Gott ist also in seinem Sohn am Karsamstag ein Insider des Unglaubens geworden. Er ist – wenn Sie so wollen – ein Fachmann des Atheismus und ein Mitbewohner der menschlichen Gräber geworden. Gerade von dieser Stelle des Todes und der Verwesung ist das Leben erstanden. Christus kennt die Gott-ist-tot-Theologie nicht nur aus dem akademischen Hörsaal, sondern aus eigener, bitterer Todeserfahrung.

Die Osternacht beendet den Karsamstag, den Tag der Gottlosigkeit, den Tag des Unglaubens. Sie schenkt uns ein ganzes Osterjahr. Das Grab war vom Stein verschlossen, nun aber ist es geöffnet. Der Tote ist lebendig für immer! Der gekreuzigte Christus ist nun der auferstandene Christus! Die Apostel saßen hinter verschlossenen Türen, nun steht der österliche Herr trotzdem in ihrer Mitte. Das Herz des Thomas war vom Unglauben verschlossen, nun aber bekennt er in Gegenwart des Auferstandenen: „Mein Herr und mein Gott!"

Der Glaube liefert uns buchstäblich dem Leben aus. „Ich lebe, und auch ihr sollt leben!" Das ist keine Zukunftsmusik, das ist Gegenwart, vielleicht für manche von uns eine verschüttete Gegenwart. Un-

41

ter unseren Personalpapieren beurkundet uns der Taufschein, wann die Osternacht für uns ganz persönlich geschehen ist: Gemeint ist die persönliche Teilnahme an Tod und Auferstehung Christi in unserer Taufe. Der Taufschein bezeugt uns: Du hast nicht nur den Namen, dass du lebst, nein, du lebst wirklich. Weiter bezeugt das Erstkommunionandenken, dass wir seit vielen Jahren die Frucht von Tod und Auferstehung Christi genießen, die heilige Eucharistie, den Leib des Herrn, der uns zum verklärten Leibe Christi umgestaltet. „Nicht ich lebe, sondern Christus lebt in mir," ist die Ostererfahrung des Apostels Paulus. Und die Firmurkunde zeigt schließlich, dass auch uns der österliche Lebensodem Christi getroffen hat, von dem es heißt: „Er hauchte sie an und sprach: Empfanget den Heiligen Geist!" Wir können gar nicht mehr von allen guten Geistern verlassen werden, seitdem uns der Geist des österlichen Christus ergriffen hat.

Als Summe von Ostern sagt Paulus: „Unser Leben ist mit Christus verborgen in Gott." Es ist uns oft auch selbst verborgen! Und was ich nicht weiß, das macht mich nicht heiß! In dieser Osternacht empfangen auf Gottes weiter Welt viele Erwachsene die Taufe. Zugleich werden ihnen auch die Erste Heilige Kommunion und das Sakrament der Firmung gespendet. Was die meisten von uns in drei Etappen in der Zeitspanne von ca. 15 Jahren empfangen haben, wird den Täuflingen alles in dieser einen Nacht geschenkt. Deshalb lädt die Kirche alle schon Getauften in dieser Nacht zur Tauferneuerung ein. Ich darf in diesem Zusammenhang daran erinnern, dass wir auch bei der Feier unserer Ersten Heiligen Kommunion und bei der Firmung Tauferneuerung gehalten haben. Insofern schließt die Erneuerung der Taufe in der Osternacht auch die Erneuerung der Ersten Heiligen Kommunion und die Firmerneuerung mit ein. Deshalb dürfen wir heute zu unserer persönlichen Osternacht heimkehren, da wir berührt wurden vom Tod und von der Auferstehung des Herrn. „Unser Leben ist mit Christus verborgen in Gott!"

Diese Verborgenheit drängt ans Licht. Davon muss doch etwas sichtbar werden! Wenn nicht der Tod das letzte Wort in unserem Leben hat, sondern das Leben, dann muss das doch in unserem Dasein irgendwie sichtbar werden. „Wessen Brot du isst, dessen Lied du singst!", heißt es im Volksmund. Wessen Brot isst du denn? Das Brot des Herrn, das er selbst ist! „Wessen Brot du isst, dessen Lied du singst!" Sein Lied ist das Halleluja! Es darf zur Grundmelodie unseres Lebens werden und zwar nicht nur in den Hochs unseres Daseins, sondern auch in den Tiefs. Dazu ermutigt und ermächtigt uns der österliche Herr selbst, indem er uns sagt: „Seid getrost, ich habe die Welt überwunden." Halleluja.

Dass sie das Leben haben und es in Fülle haben
Predigt am Osterfest 1991 im Hohen Dom zu Köln

Als die Frau des alttestamentlichen Lot sich dem sündhaften Sodom und Gomorrha zuwandte, erstarrte sie zu einer Salzsäule. Als Gott, der Herr über Leben und Tod, sich von der Sünde des Menschen und der Welt abwandte, erstarrte der Mensch zu einer Salzsäule und die Welt zu einer Salzwüste. Ihr Kennwort lautet: Erstarrung, erstarrte Herzen, erstarrte Fronten, erstarrte Meinungen. Wo sich Eltern von ihren lebenden, ungeborenen Kindern abwenden, droht ihnen die Abtreibung. Wenn sich ein Volk von seinen noch nicht geborenen, aber schon lebenden Kindern abwendet, indem es ihnen den Rechtsschutz nimmt, verliert es die Zukunft. Die Wende in Deutschland scheint zu einer Abwendung vom ungeborenen Kind zu pervertieren. Unser Land droht in vorösterliche Erstarrung zurückzusinken. Am Ostertag hat der auferstandene Sohn dem Vater das Gesicht seiner Schöpfung wieder zugewandt. Und nun konnte sich der Vater, der sich von der Sünde abwenden musste, seinerseits wieder ganz seiner Welt zuwenden. Wenn die Abwendung Gottes von der Schöpfung und dem Menschen Tod bedeutet, dann heißt die Zuwendung Gottes zu seiner Welt: Leben. Bei seiner Menschwerdung verließ der Sohn einen von seiner Schöpfung abgewandten Gott, in seiner Auferstehung begegnet Christus einem seiner Welt wieder zugewandten Gott und das ist die Quelle des Lebens. Gottes Zuwendung heißt Leben, „dass sie das Leben haben und es in Fülle haben". Nun hat die Salzsäule Mensch die Chance, wieder ein lebender Mensch zu werden, die Salzwüste Welt hat wieder eine Chance, ein blühender Garten zu werden. Der auferstandene Sohn wird heute von seinem Vater empfangen als einer von uns. Der auferstandene Sohn ist Erde im Himmel. Christus er-

43

steht als verklärter Mensch und nimmt die ganze Welt in das ewige Leben Gottes mithinein. Ostern heißt, der Auferstandene ist Erde im Himmel und ist Mensch in der Heiligen Dreifaltigkeit. Das verändert fundamental den Status quo der Welt und des Menschen.

Wenn die Erde durch Christus im Himmel ist, dann ist ihr seit heute eine göttliche Qualität, österlicher Glanz zu Eigen. Hier wird ein gleichsam göttlicher Materialismus definiert, der Marx und Engels weit hinter sich lässt. Die Materie ist daher nicht wertfreier Stoff in der Hand des Menschen zur Manipulation und Ausbeutung, wie er es möchte. Nein! Die Materie ist mit Christus im Himmel, Gottes Schöpfung, geheiligt durch die Auferstehung seines Sohnes. Das verändert den Status quo zu unseren Gunsten.

Weil Christus der Erstgeborene von den Toten diese Wiedergeburt für uns durchlebt hat, weil sein gleichsam vertikaler Gehorsam zum Vater hin horizontal den Toten das Tor zur Auferstehung geöffnet hat, wird die Auferstehung des Herrn zu einem Kennzeichen, dass der Raum des Menschen im Himmel mündet, dass seine vergängliche Zeit in die Ewigkeit einfließt. Seit Ostern wird der Himmel nie mehr verschlossen. Welches Gewicht bekommt dann aber der Augenblick, wenn unsere vergängliche Zeit in die Ewigkeit mündet! Welche Bedeutung bekommt dann dein Lebensraum, und sei er noch so klein und bedeutungsarm, wenn er sich eines Tages in den Himmel hineinweitet! Seit Ostern ist der Himmel nie mehr verschlossen. Für den Menschen hat sich seit Ostern schlechthin alles verändert und zwar, das sei nochmals wiederholt, zu seinen Gunsten. Erlösung und Auferstehung sind identisch. Deshalb lautet der Begrüßungsgruß des auferstandenen Christus inmitten seiner Jünger: „Pax vobis" – „Der Friede sei mit euch!" Das ist die neue Qualität österlichen Lebens. Dieser Friedensgruß des österlichen Herrn will nicht als eine konventionelle, fromme Floskel verstanden sein. Vergessen wir nicht, der, der ihn uns zusagt, ist gekennzeichnet durch seine fünf Wundmale. Sein Friede ist keine oberflächliche Bequemlichkeit, ganz im Gegenteil, er ist der Ausbruch aus der bequemen Lebenslüge des Menschen hinein in die Annahme des Kreuzes. Die Psychotherapie weiß heute sehr genau, dass die Verdrängung tiefster Grund der Krankheit ist und dass Heilung in den Schmerz der Wahrheit hinabsteigen muss. Dass Heilung in den Schmerz der Wahrheit absteigen muss, hat Christus im Paschamysterium getan: am Kreuz und in der Auferstehung. Nun schaut Gott durch ihn seine Welt wieder an, er schaut hinein in ihre Abgründe und er durchschaut ihre Verlogenheit. Deshalb ist der Ostergruß des Herrn „Der Friede sei mit euch" austauschbar mit dem anderen Gruß „Der Herr sei mit euch!"

Der Osterfriede ist der Osterherr selbst, er, der am Kreuz die Lüge der Menschheit aufarbeitet, ihren Hass durchleidet und überwindet. Er ist unsere Versöhnung und unser Friede. Dieser wahre Friede kommt vom Osterkreuz Christi. Das möchte man allen Friedensdemonstranten sagen: Der Friede kommt vom österlichen Kreuz. Der Herr wünscht uns in seinem österlichen Friedensgruß nicht etwas, sondern er gibt sich selbst. Für den Frieden eintreten und sich selbst dabei heraushalten, ist eine Lüge. Für den Frieden sprechen, ohne sich den wahren Frieden vom Auferstandenen schenken zu lassen, ist ein tragischer Irrtum. Im Ostermahl gibt sich der Herr den seinen als Friede in die Hand und das Herz. Wir haben mit der eucharistischen Gabe den Frieden buchstäblich in der Hand. Was haben wir mit diesem Frieden gemacht?

Als Brot des Lebens einigt der Herr die Kirche und möchte nun durch uns die Menschen zusammenführen in seinem Auferstehungsleib, damit uns das gleiche Wort gilt, wie dem Herrn im Jordan: Diese Menschheit „ist mein vielgeliebter Sohn, an dem ich mein Wohlgefallen habe". Unter dem Wohlgefallen Gottes leben, ist österliche Existenz, keine Utopie. Wir tragen den Frieden Christi wirklich in der Hand und im Herzen: die Möglichkeit, Frieden zu schaffen. Der Herr hat heute am Ostertag das Gesicht seiner Schöpfung dem Vater wieder zugewandt. Nun kann sich der Vater, der sich von der Sünde abwenden musste, wieder seiner Welt zuwenden. Wenn die Abwendung Gottes von der Schöpfung Tod heißt, dann bedeutet seine heutige, bleibende Zuwendung zu seiner Welt Leben: „dass sie das Leben haben und es in Fülle haben!" „In Fülle haben" meint von der Empfängnis des Menschen bis zu seinem Tod und darüber hinaus. Seien wir Menschen der Fülle.

In deine Wunden berg ich mich

Predigten zum Osterfestkreis 1992

Gott lässt den Menschen nicht los

Predigt am Palmsonntag 1992 im Hohen Dom zu Köln

Es gibt Menschen, die träumen von einer Stadt ohne Gott. Mit dem Palmsonntag müsste dieser Traum ausgeträumt sein. Gott zieht in seinem Sohn Jesus Christus leibhaftig in die Stadt Jerusalem ein, und zwar auf immer. Jede Stadt ist die Stadt Jerusalem, der Ort der Anwesenheit Gottes. Denn es ist die Freude Gottes, bei den Menschenkindern zu wohnen. Im Grunde gibt es deshalb auch seit dem heutigen Tag keinen Gottlosen mehr; denn seit heute ist Gott in Christus immer unterwegs nach Jerusalem. Jeder Mensch ist „Jerusalem" – Ort der Gegenwart Gottes. Zur Gottlosigkeit gehören immer untrennbar zwei: Gott und der Mensch. Selbst wenn der Mensch Gott loslässt, lässt Gott den Menschen noch lange nicht los. Darum wird er auch die von ihm als auf ewig verflucht bezeichneten Fragen nach Gott und sich selbst nicht los. Darum wird auch unsere Gesellschaft die Kirche Gottes nicht los, mag man auch noch so sehr auf sie einschlagen. Gott zieht damals wie heute in das von uns einseitig aufgekündigte Gottesverhältnis hinein. Deshalb ist er heute weithin als der Verlassene, der Verratene und Verborgene unter uns, indem er in sein Eigentum kam, aber die seinen ihn nicht aufnahmen. Dort, am Ort der Verachtung, gebührt ihm unser „Hosianna dem Sohne Davids".

Die so genannte Heilige Pforte in St. Peter in Rom wird nach einem „Heiligen Jahr" für 25 Jahre wieder geschlossen; das Tor von Jerusalem aber muss offen bleiben. Auch wir hören nicht auf, zu hoffen und zu beten, dass das Hahnentor in Köln, die Ulre-Pforte und das Eigelsteintor unserer Stadt Tore Jerusalems werden oder bleiben, durch die der Erlöser zieht und hinter ihm alle, die ihm folgen sollen und wollen. Unsere Stadt muss wieder eine Stadt Gottes werden! Das ist nicht damit getan, dass man alte Kirchen restauriert; es müssen alte Herzen – oft in jungen Körpern – restauriert, d. h. erneuert werden. „Siehe, ich mache alles neu!", sagt der Herr. Darum muss das Tor von Jerusalem offen bleiben: dein Herz und mein Herz, damit der Erlöser durch uns in sein Jerusalem, in unsere Städte und Dörfer einziehen kann.

Der Herr geht nach Jerusalem und nimmt dort die exponierteste Stelle ein. Er tritt den Mächtigen dieser Welt entgegen. Dort gibt er

Zeugnis, dass sein Reich nicht von dieser Welt, aber in dieser Welt ist. Darum braucht er für sein Reich keine Bestätigung und Begutachtung durch die so genannte Gesellschaft. Nur eines braucht er: die Bestätigung seines Vaters im Himmel. Diese deutet sich heute schon an. Der Herr betritt seine Stadt nicht mit einem römischen Panzerwagen, sondern mit einem palästinensischen Esel. Er kommt nicht in der Macht der Waffen, sondern in der Ohnmacht seiner Liebe, die stärker ist als der Tod. In dem demütigen Eselsritt des Palmsonntags wird die Torheit des Karfreitags sichtbar. In der Torheit des Karfreitags leuchtet schon die Unüberwindlichkeit des Ostertages auf. Zwischen dem Palmsonntag und dem nächsten Sonntag steht der Karfreitag. Der nächste Sonntag aber ist der Ostersonntag. Gott bestätigt den Palmsonntag durch den Ostersonntag, das Kreuz durch die Auferstehung, den Gekreuzigten durch den Verklärten. Wer A sagt, darf auch B sagen; wer heute „Hosianna" singt, darf am Ostertag auch „Halleluja" singen. Wer dem Mann auf dem Esel nachfolgt, ist davon frei, hergelaufenen Eseln nachzulaufen. Der Herr exponiert sich in das Schicksal des Menschen und in die Geschichte seiner Kirche.

Darum ist der Mensch nie „nur Mensch." Er ist immer mehr: Er ist, wie die Schrift sagt, „Tempel Gottes". Deshalb ist er das Heilige Land, das man nicht ohne Ehrfurcht betreten darf. Es gibt im Menschen einen Bereich, sein Gewissen, wovor auch die Gesellschaft ihre Grenzen hat. Der einzelne Mensch ist vor der Gesellschaft da. Der Bereich des Gewissens ist das Heilige Land, das eigentlich nur Gott in uns betreten darf. In das Gewissen hat er seine Norm hineingeschrieben: „Seid heilig, wie euer Vater im Himmel heilig ist." Vor Gottes Heiligkeit haben wir wohl immer ein schlechtes Gewissen. Paulus sagt es ausdrücklich: „Ich tue nicht das Gute, das ich will, sondern das Böse, das ich nicht will" (Röm 7,19). Deshalb ist der heilige Gott in Jesus Christus gekommen und wurde ein Mensch, um seinen Menschenbrüdern das schlechte Gewissen zu nehmen. Das hat ihn gleichsam am Kreuz zerrissen.

Als der Heilige, der ganz Aufschwung zum Vater, ganz Vertikale ist, hat er die menschliche Natur angenommen, die ganz Abschwung vom Vater, ganz Horizontale ist – und das ergibt das Kreuz. Dort, wo die Vertikale die Horizontale kreuzt, wird aus dem Minus das Plus, aus der Schuld Vergebung, aus dem schlechten Gewissen das begnadete Gewissen. Das ist unser Friede und unsere Versöhnung, die Frucht des Einzugs Christi nach Jerusalem.

Weil der Herr in seine Stadt kommt, gibt es letztlich nicht die Stadt ohne Gott, den Menschen ohne Gott und die Zeit ohne Gott. Das wird für uns erfahrbar in der Feier der heiligen Eucharistie.

Du aber stärke deine Brüder und Schwestern
Predigt zur Missa Chrismatis 1992 im Hohen Dom zu Köln

Einmal im Jahr – bei der Weihefeier der heiligen Öle – darf sich der Bischof bei der Verkündigung des Wortes speziell an seine Mitbrüder im Priesteramt wenden, ohne dabei unsere Bischöfe, Diakone, Ordensleute, Mitarbeiterinnen und Mitarbeiter im pastoralen und caritativen Dienst ausklammern zu wollen. Sie alle sind – entsprechend ihrer Lebenssituation – immer mit gemeint.

Im Schicksal der Jünger Jesu ist auch das Schicksal ihrer Nachfolger präformiert, nicht prädestiniert. Wir in Köln fühlen uns besonders dem heiligen Petrus verpflichtet, dem Patron unseres Domes. Von seiner Mitfeier der ersten Karwoche gehen Weisungen aus, die bedeutsam sind für unsere persönliche Salbung und Sendung.

Durch die Berufung des Herrn wurde Petrus gebunden, sich um die Bande des Herrn stärker zu kümmern: Du aber stärke deine Brüder und Schwestern (vgl. Lk 22,32), oder: „Was du auf Erden binden wirst, das wird auch im Himmel gebunden sein" (Mt 16,19). Wir sind durch die Priesterweihe gebunden, uns um die Bindungen des Herrn zu kümmern.

Zunächst müssen wir von Petrus sagen: Petrus verleugnete den Herrn, als er sich wärmte. Er war damit beschäftigt, für sein Wohl zu sorgen und es sich am Feuer bequem zu machen. Da trifft ihn die Frage der Magd: „Gehörst nicht auch du zu ihm?" Diese Frage trifft ihn unvorbereitet in der Niedergeschlagenheit des Seelsorgealltags. Und Petrus antwortet: Nein. Als ob er irgendein Unbeteiligter wäre, der sich für den Herrn nicht interessiert und der nicht bereit ist, etwas für ihn zu riskieren. Er sieht in dieser Frage nichts anderes als eine Störung seines momentanen Wohlbefindens.

50

Wir lebten hier zu Lande als Kirche wohl weithin konform mit der Öffentlichkeit. Heute schlägt das radikal um, so dass auch uns wie Petrus in der Niedergeschlagenheit des Seelsorgealltags unvorbereitet so viele Infragestellungen treffen. Wenn der Magnet seinen Pol, wenn der Glaube seinen Himmel und die Erde ihre Schwerkraft verlieren, dann fallen sie. Das ist die Erfahrung des Petrus. Weil der Widerspruch so allgemein, weil Lösungen so fern, weil ich mich allein und trostlos fühle, wird aus Petrus, dem Felsen, der Stolperstein. Der Herr wird vom Hohen Rat geohrfeigt, während sich Petrus wärmt und verleugnend für sein eigenes Wohlbefinden sorgt.

Wie oft hat sich in der Kirchengeschichte dieser Vorgang wiederholt? Der Herr wird vor dem Hohen Rat geohrfeigt, während der Jünger sich wärmt und verleugnend für sein Wohlbefinden sorgt. Das ist geschehen durch mich persönlich, vielleicht auch durch dich? Wir brauchen diese Szene nicht weiter auszudeuten. Sie spricht für sich selbst. Wenn der Magnet seinen Pol verliert, der Berufene den Rufer und der Glaube seinen Himmel, dann fällt er. Ein Glück, dass Gottes Erbarmen den Hahn krähen ließ und der Herr sein Antlitz dem Petrus zuwandte. Dort gewinnt der Magnet wieder seinen Pol und der Glaube seinen Himmel. Deshalb geht er hinaus in die Nacht – nicht wie Judas in die Verzweiflung, sondern in die Reue. Und er weint bitterlich. Bitten wir den Herrn, wenn es nötig ist, um die Gnade des Hahnes, eines Mahners, um die Gabe der Tränen, deren wir uns nicht zu schämen brauchen.

Petrus schüttelt den Mantel der Liebe von sich ab, den der Herr um seine Schultern gelegt hat. Es ist ihm, als sei er durch die Liebe des Herrn bevormundet worden, als hätte sie ihn eingeengt, ihn in seiner persönlichen Bewegungsfreiheit gehemmt. Die Wege, die er in der Gemeinschaft des Herrn gegangen ist, scheinen ihm nicht mehr die eigenen Wege zu sein. Nun möchte er endlich wieder einmal er selbst sein. Er sehnt sich danach, in sein früheres Leben zurückzukehren. Er möchte untertauchen. Er schüttelt die Liebe von sich ab, mit einem Gefühl, wie wenn ein Priester viele Jahre ganz umgeben von der Liebe des Herrn gelebt hat und diese nun verleugnet und versucht, sich davonzumachen.

Petrus schüttelt im Hof des Hohenpriesters die Liebe ab. Aber er wird dort erneut von dieser größeren Liebe überschüttet, indem ihn der

Herr in seinem Elend anschaut. Er distanziert sich vom Kreuz und wird immer tiefer in das Kreuz hineingezogen. Er bleibt gefangen in seiner Liebe. Petrus ist das Symbol einer sich selbst überlassenen Schwäche. Er ist allein und schon fällt er. Als der Herr an Petrus im Hof vorübergeht, sieht er an ihm, wie groß das Maß seines Einsatzes, seines Leidens wird, da sogar seine Getreuen keine Treue kennen. Er sieht an Petrus, wie seine Kirche aussieht, wenn sie ihn vergisst und was er in sie zu investieren hat. Darum lässt er sich am Kreuz an seine Kirche annageln! Darum lässt er sich in der Priesterweihe an uns binden, nicht um uns zu belasten, sondern um uns zu tragen und zu halten.

Petrus verleugnet die Kirche. Der Herr und die Kirche bilden eine Einheit. Ist der Herr gefährdet, dann wird auch seine Kirche gefährdet sein. Wie Petrus den Herrn stehen lässt, so lässt er auch die Kirche stehen. Er lässt beide in gleicher Weise fahren. Petrus ist verpflichtet, auch für die anderen zu glauben: „Du aber stärke deine Brüder und Schwestern", denn er gehört nicht nur dem Herrn. Er gehört ebenso sehr auch der Kirche. Er ist der Stellvertreter der Kirche. In dem Maß, in dem die Kirche im Einzelnen auf den Plan tritt, wächst die Tragweite seines Tuns und Lassens.

Petrus hat die anderen verraten, die Glaubenden, die er hätte vertreten müssen und die er durch seinen Verrat im Stich gelassen hat. Petrus ist einer, der in die Verfügbarkeit der Kirche enteignet ist. Seine sakramentale Einheit mit dem Herrn wird ihm nie mehr die Möglichkeit geben, als Einzelner zu leben. Er ist gebunden und damit nach zwei Seiten hin gehalten: zum Herrn und zur Kirche hin. Wir sind durch die Priesterweihe gebunden und gehalten, uns stärker um die Bande des Herrn mit seiner Kirche zu sorgen.

Dann krähte der Hahn! Das Krähen des Hahnes macht Treue bis zum Grabe möglich, weil Gottes Erbarmen unsere Schwäche auffüllt. Mit Petrus stehen wir als Priester in der Mitte, im Schnittpunkt zwischen dem Herrn und der Kirche: als Repräsentant des Herrn auf die Kirche zu und als Repräsentant der Kirche auf den Herrn zu. Wir stehen in diesem Schnittpunkt als Sünder, damit offenbar werde, wie sehr die ganze Kirche in das Leiden Christi einbezogen wird, damit offenbar werde, wie sehr die Kirche als ganze des Leidens Christi bedarf, und damit auch offenbar werde, wie wenig sie an der Seite des Leidens

Christi zuschauend stehen darf. Gerade durch den Verrat der Spitze und des Hauptes ist die Kirche ganz hineingenommen in die Passion, so dass sie dann die geheiligte, gereinigte und begnadete Braut Christi sein kann. So ist Petrus doch noch zu seiner Kopfwäsche gekommen, um die er vergeblich im Abendmahlssaal gebeten hat. Wir feiern das selig machende Leiden Christi. Es muss uns ein großer Trost sein, dass er auch Ostern seine Wundmale behält, jedoch verklärt.

Petrus steht als Patron unserer Bischofskirche in besonderer Weise vor uns: nicht als Vollkommenheitsgigant oder als Tugendheld, sondern als einer, der gezeichnet ist von Versagen und Traurigkeit. Er steht aber auch als einer vor uns, der um die bekehrende und erlösende Kraft der Gnade Christi aus Erfahrung weiß. Feiern wir an seiner Seite die heilige Woche! Arbeiten wir an seiner Seite im pastoralen Alltag und beten wir an seiner Seite zum Herrn, der uns liebt.

Gott ist der ganz Andere
Predigt am Gründonnerstag 1992 im Hohen Dom zu Köln

„Wer Gott sieht, der muss sterben", heißt ein mahnendes Prophetenwort für das Haus Israel. Wenn Gott dem Menschen begegnet, hat er dann ein günstigeres Schicksal zu erwarten? Wir stoßen den in Jesus Christus menschgewordenen Gott mit allen Kräften zurück, weil er es wagte, ganz anders zu sein, als wir uns Gott je vorstellten.

Gott schuf den Menschen nach seinem Ebenbild und Gleichnis. Der Mensch aber hat es ihm vergolten, indem er Gott nach seinem menschlichen Ebenbild und Gleichnis schuf – so sehr, dass er ihn nicht mehr erkannte, als er ihm in Jesus Christus leibhaft begegnete. Aus Gottesglauben kreuzigte darum der Mensch Gott – mit einem guten Gewissen. Als Gott sich aber den Menschen in Jesus Christus zeigte, wurde es überdeutlich, dass er ganz anders ist als der Mensch sich ihn vorstellte.

Das wird am Gründonnerstag bei der Fußwaschung im Abendmahlsaal wie in einem Brennglas sichtbar. Gott offenbart sich hier nicht unter Blitz und Donner wie am Sinai. Er offenbart sich bei der Fußwaschung vielmehr mit Schürze und Waschschüssel. Als Gott sich zeigte, erschien er nicht als der mächtige König der Ehren, sondern als Knecht der Knechte Gottes. Das ist ein Milieuwechsel für den Menschen. Denn indem sich Gott offenbart, zieht er dem Menschen seine Tarnkappe vom Haupt, so dass sich der Mensch plötzlich in einer ganz anderen, neuen Rolle sieht. Die Fußwaschung zeigt, dass der Mensch durch die Götzen Macht, Besitz und Taktik verführt wird, das wahre Ebenbild Gottes in sich selbst zu verlieren.

Petrus lehnt das Angebot der Fußwaschung ab. „Niemals sollst du mir die Füße waschen!" (Joh 13,8). Er sieht den Herrn lieber in Panzer und Rüstung. Denn dann kann er wieder das Schwert aus der Scheide ziehen und zuschlagen. Der erste Papst ließe sich schon lieber ein paar Hundertschaften gepanzerter Soldaten zuweisen, so wie man fast 2.000 Jahre später noch nach der Macht des Papstes fragen wird. Aber als Gott sich vor den Menschen offenbarte, zeigte er sich nicht in der Macht des Schwertes, sondern in der Macht der Liebe. Nicht das Schwert des Petrus ist sein Wahrzeichen, sondern die Waschschüssel des Gründonnerstags.

Die Macht ist unsere große Versuchung, unsere Gottebenbildlichkeit zu verlieren. Wer von uns möchte denn nicht, wenn er nur ein Schwert in der Hand hätte, es herausziehen und dreinschlagen bei all dem himmelschreienden Unrecht, das uns oft begegnet? Das ist nicht der Weg Christi! Seine Macht ist die Macht der Liebe, die oft wie Ohnmacht aussieht, aber letztlich alle Macht überwindet. Das ist der Sieg, der die Welt überwindet: unser Glaube an die Macht der Liebe!

Und dann ist da die Versuchung des Besitzes, die uns die Gottebenbildlichkeit verlieren lässt. Judas lässt sich getrost vom Herrn die Füße waschen, obwohl er ihn längst verkauft und verraten hat. Als Maria von Betanien die kostbare Salbe über die Füße des Meisters schüttet – jenem Gegenbild zur Fußwaschung –, protestiert der Rechner und Verräter Judas. Man hätte doch den Inhalt für dreihundert Denare verkaufen können, um den Erlös den Armen zu geben, sagt er, wobei zu bemerken ist, dass den damaligen Verwaltern zehn Prozent Anteil zustanden. Er wäre auf jeden Fall auf seine dreißig Silberlinge gekommen, für die er nun den Herrn verrät und verkauft. Wo die Liebe zerbricht, wird sie zur bloß berechnenden Nützlichkeit. Maria berechnet maßlos, Judas aber zählt. Des Judas Silberlinge landen auf dem Töpfer-Blutacker, Marias Salböl erfüllt mit seinem Wohlgeruch das ganze Haus – die Kirche. Nur die Liebe verändert die Welt zum Positiven.

Die dritte menschliche Versuchung, die uns das Bild Gottes verlieren lässt, ist die Taktik. Johannes ruhte an der Brust des Meisters. Seine Mutter bittet für ihn um den ersten Platz an der Seite des Herrn. Jetzt ist er wie alle anderen Jünger verwirrt über die Demutsgeste des Meisters in der Fußwaschung. Aber er lässt es gelassen geschehen. Man muss doch nicht bei jeder Übertreibung gleich protestieren. Solange der Meister nicht noch unvernünftiger wird, muss man gute Miene zum bösen Spiel machen. Es kommt auf die richtige Taktik an. Einige Stunden später, als die Häscher den Herrn ergriffen hatten, läuft ihnen Johannes in die Arme. Als sie auch nach ihm greifen, lässt er den Mantel in ihren Händen zurück und flüchtet nackt in die Nacht (vgl. Mk 14,50 ff.). Als es darauf ankam, war der Vogel ausgeflogen. Da war der Zeuge weg vom Fenster. Da hielten die Häscher nur noch seinen Mantel in der Hand.

Sind wir nicht auch manchmal der Meinung, dass die Kirche das eine oder andere übertreibt und wir nur noch gute Miene zum bösen Spiel machen? Wenn es nur nicht noch unvernünftiger käme! Und wenn es dann ernst wird, hält mancher Pfarrer den Kirchenaustrittsbescheid in der Hand, wie die Häscher den Mantel des Johannes. Gott offenbart sich nicht in der Taktik, sondern in der Treue. „Da er die seinen liebte, die in der Welt waren, liebte er sie bis zur Vollendung" (Hochgebet IV). Nicht die Taktik, sondern die Treue ist einer der Namen Gottes.

Wer Gott sieht, der muss sterben. Wenn Gott aber dem Menschen begegnet, geht es ihm anders? Er offenbart sich nicht in der Macht, sondern in der Liebe. Nicht das Schwert des Petrus, sondern die Waschschüssel dieses Abends ist sein Kennzeichen. Er offenbart sich nicht in Geld und Reichtum, sondern in seiner göttlichen Armut. Nicht der Geldbeutel des Judas, sondern die leeren Hände des Meisters, die den Jüngern die Füße waschen, sind unser Erkennungszeichen. Und als Gott sich offenbart, zeigt er sich nicht als ein Gott der Taktik, sondern als ein Gott der Treue. Nicht der lose, übergeworfene Mantel des Johannes, sondern die festgebundene Schürze am Christusleib ist das Kleidungsstück seiner Kirche.

Die Liebe hat ihren Ursprung im Kreuz

Ansprache am Karfreitag 1992 in einer Rundfunk-Morgenfeier

„Dein Kreuz, o Herr, verehren wir und deine heilige Auferstehung preisen und rühmen wir, denn siehe: Durch das Holz des Kreuzes kam Freude in die Welt", so singt die Kirche heute, am Karfreitag, bei der Enthüllung des Kreuzes in der Liturgie.

Hier wird die Dialektik christlicher Existenz deutlich. Das Leben des Christen ist geprägt vom Kreuz und der Auferstehung des Herrn. Das Kreuz wiederum ist das Zeichen der absoluten Liebe Gottes in den Dimensionen dieser Welt. Die Welt ist eine Kugel, die sich dauernd um ihren eigenen Mittelpunkt dreht. Die Menschen sitzen auf dieser Kugel und machen diesen Dreh um sich selbst mit, so dass Augustinus das menschliche Herz definiert als „cor incurvatum in se". Es ist ein in sich selbst verkurvtes Herz. Die Kugel wird darum zum Symbol des Menschen.

Das Kreuz ist dagegen die Antikugel. Es ist der plastische Ausdruck dessen, was das Neue Testament unter Liebe versteht. Der Mensch, in dem die Liebe Gottes wohnt, ist darum wie Christus am Kreuz: Er hat offene Hände, offene Arme, ein offenes Herz und sein Haupt ist herabgeneigt zu den Menschen. Das Kreuz ist auch der Bauplan Christi für seine Kirche. Er zieht seine Jünger in diese eigene Lebensform hinein. Wo das gelingt, dort geben Menschen ihre Kugelgestalt auf, indem sie ihre Arme, Hände und Herzen öffnen. Sie werden tragfähig und belastungsfähig, sie geraten in die Form des Kreuzes. Weil aber die Menschen spüren, dass man sich nicht geben und zugleich behalten kann, dass man nicht dem Willen eines anderen folgen und weiterhin seine eigenen Wege gehen kann, zerreißt sie die Angst. Sie entlaufen dem Punkt, an dem ihr Wille sich mit dem Willen eines anderen kreuzt. Diese Flucht vor dem Kreuzpunkt lässt die Menschen aus ihrem Kugelgehäuse nicht herauskommen. Wo aber die horizontale Linie der Menschen von der vertikalen Linie Gottes durchkreuzt wird, geraten sie hinein in die herrliche Freiheit der Kinder Gottes. Das tut weh und das schenkt Freude zur gleichen Zeit.

Diese Transformation aus der Kugelgestalt in die Form des Kreuzes lässt den Menschen das „Miserere" und das „Jubilate" zu gleicher Zeit singen. Wirkliche Freude wird aus der Liebe geboren. Die Liebe hat aber ihren Ursprung im Kreuz. Worte bringen es an den Tag. Im Satz: „Ich mag dich leiden" spricht sich eine Liebeserklärung aus, auch – ja gerade – weil dabei das Wort „leiden" gebraucht wird. Was der Mensch besonders liebt, wird ihm zur Passion, zur Leidenschaft. Der Mensch ist die große Leidenschaft Gottes. Darum sagt die Heilige Schrift ganz folgerichtig: „Denn Gott hat die Welt so sehr geliebt, dass er seinen einzigen Sohn hingab" (Joh 3,16). Schon im alttestamentlichen Bild vom Bund zwischen Jahwe und seinem Volk als Ehebund wird diese absolute Form göttlicher Liebe sichtbar. „Wie könnte ich dich preisgeben, Efraim, wie dich aufgeben, Israel? ... Mein Herz wendet sich gegen mich, mein Mitleid lodert auf. Ich will meinen glühenden Zorn nicht vollstrecken und Efraim nicht noch einmal vernichten. Denn ich bin Gott, nicht ein Mensch, der Heilige in deiner Mitte. Darum komme ich nicht in die Hitze des Zorns" (Hos 11,8.9).

Das Gottsein Gottes zeigt sich nicht mehr im Strafenkönnen, sondern in der Unzerstörbarkeit und Dauer seiner Liebe, die ihm Leiden schafft. „Da er die seinen liebte, die in der Welt waren, liebte er sie bis ans Ende", d. h. bis in den Tod. „Aus Liebe geht Gott, das Leben, in den Gegensatz seiner selbst ein, in den Tod" (Heinrich Spaemann) und hat ihn damit besiegt. Das ist christliches Pathos, d. h. christliche Leidenschaft, im wahrsten Sinne des Wortes.

An der Kugelgestalt seiner selbst festzuhalten bedeutet, in eine Apathie zu verfallen. Dann lässt den Menschen alles kalt. Er bleibt der große Unberührbare. Weder Leid noch Freude reichen an sein Herz heran. Er kennt das Miserere und das Jubilate nicht.

Als Leidvermeidung ist die Apathie zugleich Verzicht auf die Freude. Es gibt eine Apathie nach innen, auf den Menschen zu, wie sie in der antiken Stoa sichtbaren Ausdruck gefunden hat. Der Mensch gewinnt von seinen intellektuellen Überzeugungen her eine solche Souveränität über sich selbst, dass er den Schmerz, das Wechselhafte des Lebens, wie etwas Fremdes gelassen hinter sich lässt. Er wird dabei auch unberührbar für Freude. Sein Dasein wird innerlich steril, d. h. keimfrei für Leid und Freude. Für die Apathien nach außen zu steht Epikur, der die Menschen eine Technik des Genusses lehrt, mit der er das Leid in seinem Leben ausklammert. Beides läuft auf eine Hybris hinaus, die das wahre Menschentum leugnet.

Von hier aus ist zu verstehen, warum der Tod Christi so völlig anders aussieht als etwa der Tod des Sokrates. Christus stirbt nicht in der souveränen Geste des Philosophen. Er stirbt mit dem Schrei auf den Lippen: „Mein Gott, mein Gott, warum hast du mich verlassen?" (Mt 27,46). Hier nimmt Gott das Menschsein in all seiner Erbärmlichkeit an und erlöst es damit. Während in den beschriebenen Formen der Apathie der menschliche Stolz vergeblich nach dem Gottgleich-Sein greift. Der Wille, das Leid gänzlich abzuschaffen, wäre mit der Ächtung der Liebe verbunden und bedeutete die Zurücknahme des Menschen selbst. Der Mensch, der sich dem Leid nicht stellt, verweigert sich auch der Freude.

Die Sünde unserer Zeit beruht auf einer Erziehung, die den Menschen am Kreuz vorbei oder gegen das Kreuz ins Leben einführen will – und damit führt sie ihn an der Freude vorbei.

Gottes Liebe zur Welt heißt dann Sympathie. Sie ist im letzten Ergebnis und Ausdruck des Ausgespanntseins Jesu Christi vom Herzen Gottes bis in die Hölle des „Mein Gott, mein Gott, warum hast du mich verlassen?". Wer seine Existenz so ausgestreckt hat, dass er gleichzeitig in Gott eingetaucht ist und in die Tiefe des gottverlassenen Geschöpfes, der muss gleichsam auseinander reißen, der ist wirklich gekreuzigt. Es ist wichtig zu betonen: Nicht der Schmerz als solcher zählt, sondern die Weite der Liebe, die die Existenz so ausspannt, dass sie das Ferne und das Nahe vereint, den gottverlassenen Menschen mit Gott in Beziehung bringt. Sie allein gibt dem Schmerz Richtung und Sinn. So haben sich die großen Gestalten des Christentums gleichsam ihr Leben wegreißen lassen, ihre Lebensprojekte in Stücke zerlegen lassen: so der Apostel Paulus bis hin zu Maximilian Kolbe. Sie haben ihr Leben wirklich weggeben müssen, so dass es ganz anders geworden ist als sie es sich gedacht hatten. Gerade darin wurde die Wahrheit des Wortes erfahren: „Nur wer sein Leben verliert, wird es gewinnen" (vgl. Mt 9,24).

Christlicher Glaube beansprucht uns gegen unsere Bequemlichkeit, gegen das, was wir uns ausdenken und projektieren. Glaube ist immer unbequem. Aber gerade dadurch, dass er uns fordert, uns nötigt, uns führen zu lassen, wohin wir nicht wollen, dadurch macht er uns reich und tut uns die Tür des wirklichen Lebens auf. Es darf daher für die Kirche nicht den Flirt mit dem geben, was die Menschen gerade hören wollen. Die Kirche hat keine Marktforschung anzustellen, um herauszubringen, was den Leuten gerade lieb wäre.

Glaube stellt uns in die Ordnung Gottes hinein und damit in die Spannung von Kreuz und Auferstehung. Aber damit wird uns das wahre Heil eröffnet. Um die Unterscheidung des Christlichen zu ringen, wie es uns heute besonders aufgetragen ist, wird deshalb immer bedeuten, an der Passion Christi teilzuhaben, ein Stück weit fremd zu sein in der Welt, auf Widerspruch zu stoßen. Aber ein Christentum, das nicht mehr das Leiden einschlösse, würde kein Salz mehr sein, würde seine Kraft der Verwandlung verloren haben. Ein Christentum, das nicht mehr brennt, würde auch nicht mehr leuchten, nicht mehr Licht der Welt sein. Es wäre nur ein fades, schal gewordenes Salz, nur wert, zertreten zu werden. Zum Christsein gehört der Mut der Passion, in der die Verwandlung der Welt anhebt, in der Licht aufgeht. Wo immer wir in sie eintreten, Zeugen der Leiden Christi werden, da werden wir auch getroffen vom Licht des Evangeliums, von der großen Freude des Herrn, die gerade durch seine Passion mitten unter uns aufgegangen ist. Es ist darum verständlich, dass Gott gerade die, die er besonders liebt, in seine Leidenschaft hineinzieht. Er weiht solche Menschen in seinen Lebens- und Liebesstil ein. Er lässt sie teilhaben an seiner Passion. Darum dürfen wir die christliche Urerfahrung bestätigen: je größer die Liebe, desto dichter am Kreuz. Diese Erfahrung drückt der französische Literat Leon Bloy in dem unvergesslichen Wort aus: „Herr, du betest für die, die dich kreuzigen und kreuzigst die, die dich lieben."

Es gibt diese besondere Berufung in der Kirche: nicht Zuschauer, sondern Mitwirkender seiner Passion zu sein. Auch als österlicher Christus behält der Herr seine Wundmale, die er seinen Jüngern immer wieder als Erkennungszeichen vorweist. Dass die Verklärung die Wunden der Passion nicht ausgelöscht hat, ist die frohmachende Garantie dafür: In seiner durchbohrten Hand hält er jedes Leid und jeden Leidenden, jeden Tod und jeden Sterbenden. Die gläubige Erfahrung antwortet darauf im Gebet: „In deine Wunden berg' ich mich." Das ist unser Lebensraum. Hier ist man nicht preisgegeben und verraten, sondern angenommen und aufgenommen in den Innenraum seiner Liebe selbst. Den hier Angesiedelten gilt das Wort des Meisters: „Ich nenne euch nicht mehr Knechte; denn der Knecht weiß nicht, was sein Herr tut, vielmehr habe ich euch Freunde genannt, denn ich habe euch alles mitgeteilt, was ich von meinem Vater gehört habe" (Joh 15,15).

Wenn die Welt neu werden soll, kann und darf der Mensch nicht der Alte bleiben. Damit die Welt eine andere werde, muss vor allem der Mensch ein anderer werden. Im Drama der Emanzipation rüttelt unsere Zeit gewaltig an den vermeintlichen Gitterstäben, die die Freiheit des Menschen beengen. Aber er tastet nicht die Kugelgestalt seines Daseins an. Nicht die Emanzipation, sondern die Passion führt in die herrliche Freiheit der Kinder Gottes, in der der Mensch fähig ist, „Miserere" und „Jubilate" zugleich zu singen.

Dies ist der Tag, den der Herr gemacht hat
Predigt in der Osternacht 1992 im Hohen Dom zu Köln

„Gott sprach: Es werde Licht. Und es wurde Licht. Gott sah, dass das Licht gut war. Gott schied das Licht von der Finsternis, und Gott nannte das Licht Tag, und die Finsternis nannte er Nacht. Es wurde Abend, und es wurde Morgen: erster Tag" (Gen 1,3–5). Wenn es Tag ist und es dann plötzlich Nacht wird, erschrickt der Mensch. Wenn sich die Sonne am Tage plötzlich verfinstert, wird das Herz des Menschen ängstlich. Wenn aber eine Nacht plötzlich zum Tag wird, dann brechen nicht nur die Gräber auf, dann bricht auch das Herz des Menschen auf.

Der österliche Christus hat aus dieser Nacht einen hellen Tag gemacht, so dass sich der Psalm erfüllt hat: Die Nacht wird zum Tage, und die Finsternis wird hell wie Licht (vgl. Ps 139,12). Die Endzeitverheißung des Propheten Jesaja ist Wirklichkeit geworden: „Bei Tag wird nicht mehr die Sonne dein Licht sein, und um die Nacht zu erhellen, scheint dir nicht mehr der Mond, sondern der Herr ist dein ewiges Licht, dein Gott dein strahlender Glanz" (Jes 60,19).

Diese Nacht hat ihr Licht nicht vom ersten Schöpfungstag, nicht von jenen Tagen, von denen es heißt: „Es wurde Abend und es wurde Morgen ..." (Gen 1,8.13.19). Diese Nacht besingt der Psalm als den Tag, „den der Herr gemacht hat; wir wollen jubeln und uns an ihm freuen" (Ps 118,24). Denn dieser Tag ist abendlos, endlos, zeitlos, jung. Es ist Ostern geworden. Für alle, die mit gläubigem Herzen in dieses Osterlicht hineinschauen, bricht in dieser Nacht der ewige, lange Lichttag an, der keinen Untergang mehr kennt. Deshalb rufen wir unseren Verstorbenen in die Grüfte nach: Das ewige Licht leuchte dir, gerade dir; denn aus dem Grab ist dieses Licht herausgebrochen. In der Taufe geht es auf alle Menschen gläubigen Herzens über. Darum tauft die Kirche vornehmlich in der Osternacht. Denn die Taufe ist das Bad im Licht. So grüßen wir die Täuflinge, in die das Osterlicht in dieser Osternacht 1992 hineingegossen wird. Die Kirche ruft aber auch die schon Getauften in der Osternacht zur Erneuerung auf, zur Rückkehr aus dem Schatten in den Glanz der Osterkerze, in die verlorene erste Liebe. Der auferstandene Christus ist die glühende Feuersäule, die das neutestamentliche Gottesvolk durch die Wirrnisse und Fährnisse dieser Zeit in das herrliche Land der Kinder Gottes führt.

Der erste Schöpfungstag, der Tag des Lichts, ist mit dieser Nacht für immer abgelöst. Nun ist ein anderer Tag erster geworden, Tag des Lichts: der Ostertag, der Sonntag, von dem aus sich das Leben spendende Osterlicht über alle Tage der Woche und des Jahres ergießt. Es ist eines Christen unwürdig, aus dem Sonntag „ein schönes Wochenende" zu machen. Der Sonntag ist der erste Tag. Die Priorität unseres Lebens gehört dem Herrn. Der erste Tag ist der Tag des Herrn, nicht der Tag der Freizeitindustrie oder der Sonntagsschichten. Diesen Tag hat sich der Herr mit seinem Blut am Kreuz erkauft und durch das herrliche Licht dieser Nacht, das keinen Untergang kennt. Der Sonntag hält die Christen, mehr als die Christen den Sonntag halten. Der heilige Gregor von Nyssa sagt dazu: „Der Christ lebt die ganze Woche seines Lebens das einzige Ostern und durchleuchtet seine Lebenszeit mit diesem Licht", und Origines fügt hinzu: „An keinem einzigen Tag feiert der Christ nicht Ostern." Von Ostern leuchtet das verwandelnde Licht in die kleinste Parzelle unserer Zeit.

Das sind die letzten Worte des österlichen Christus an unsere Welt: „Ich bin bei euch alle Tage bis zum Ende der Welt" (Mt 28,20). Darum gibt es grundsätzlich keine bösen Tage, sondern immer nur Herrentage. Deshalb ist jede Stunde gut zu leben und jede Stunde gut zu sterben. Denn dieses Osterlicht kennt keinen Untergang. So ist auch unser Tod nichts anderes, als das Hinabsinken von der Oberfläche des Lebens in die Tiefe des Lebens, vom Schein des Lichts in das Licht selbst, vom Karsamstag in die Osternacht, die der Herr zum Tag gemacht hat. Darum lasst uns jubeln und seiner uns freuen.

Der Herr ist wahrhaft auferstanden
Predigt am Osterfest 1992 im Hohen Dom zu Köln

„Ach", sagte die Maus, „die Welt wird enger mit jedem Tag. Zuerst war sie so breit, dass ich Angst hatte; ich lief weiter und war glücklich, dass ich endlich links und rechts in der Ferne Mauern sah. Aber diese langen Mauern eilen so schnell aufeinander zu, dass ich schon im letzten Zimmer bin, und dort im Winkel steht die Falle, in die ich laufe." – „Du musst nur die Laufrichtung ändern", sagte die Katze – und fraß sie.

Diese Fabel ist ein Bild für unser Leben. Zuerst liegt es vor uns, voll unendlicher Möglichkeiten, fast zum Erschrecken. Dann finden wir allmählich unseren Platz und richten uns ein. Aber mit den Jahren wird die Gewissheit immer deutlicher: Wir laufen auf das Ende zu, auf den Tod. Im letzten Zimmer steht dann die Falle. Kein Ausweichen ist möglich, keine Richtungsänderung hilft: vor uns die Falle, die zuschnappen wird, und hinter uns die Katze, die uns frisst, wenn wir der Falle zu entgehen suchen. – So empfinden viele Menschen das Leben: als ausweglosen Lauf in den Tod.

Im Grunde stimmt das Bild. Am Ende unseres Lebens steht wirklich der Tod und niemand kann ihm entgehen. Wie ein scharfer Kontrast dazu klingt das, was wir im österlichen Gottesdienst in immer neuen Worten und Bildern feiern und bekennen: Der Herr ist wahrhaft vom Tode auferstanden. Jesus lebt, der Tod ist besiegt! Der am Kreuze starb, ihn hat der Vater auferweckt!

Das ist nicht irgendeine unter vielen gleichrangigen christlichen Aussagen. Das Neue Testament lässt darüber gar keinen Zweifel aufkommen: Die Botschaft von der Auferstehung Jesu ist das absolute Fundament unseres Glaubens. Darum kann die Kirche diese ihre Urbotschaft nicht zur Disposition stellen. Damit steht und fällt das

Ganze. Paulus sagt es deutlich: „Ist aber Christus nicht auferweckt worden, dann ist unsere Verkündigung leer und euer Glaube sinnlos" (1 Kor 15,14). Wenn Christus nicht auferweckt worden ist, dann sind wir betrogen worden. So ist das österliche Bekenntnis: „Der Herr ist wahrhaft auferstanden!" die Mitte unseres Lebens und die Mitte unseres Glaubens.

Ostern bestätigt den Weg Jesu. Jesu Sendung war in den Augen der so genannten Realisten, derer, die die Verhältnisse und Entwicklungen zu kennen meinen, von vornherein zum Scheitern verurteilt. Sie glaubten zu wissen: Ein solches Leben kann nicht gut ausgehen. Statt die gesellschaftlichen Trends zu respektieren, statt sich anzupassen und mitzumachen, richtet er sich allein nach dem Willen des Vaters. Statt sich bei den Einflussreichen und Mächtigen Freunde zu machen, legt er nur Wert auf die Freundschaft Gottes. Das Urteil der Klugen schien am Kreuz bestätigt. Da aber greift Gott, der Vater, ein. Indem er Jesus von den Toten auferweckt, rehabilitiert er dieses scheinbar gescheiterte Leben.

Ostern sagt uns: So zu leben wie Jesus, ist nicht Utopie, sondern hat Sinn! Einem solchen Leben gehört sogar die Zukunft. Ostern widerlegt den angeblichen Realismus derer, die meinen, man müsse sich nach den Trends der Welt – wie sie nun einmal da sind – richten, sonst ziehe man den Kürzeren. So ist die Botschaft von der Auferstehung Ermutigung und Ermächtigung zur Nachfolge Jesu. Ostern macht Mut, Schritte auf dem Wege Jesu zu gehen.

Ostern schenkt uns Hoffnung auf Zukunft. Indem Gott seinen Sohn von den Toten auferweckt hat, öffnet er ein Tor, nicht für Jesus allein, sondern für uns alle. Denn er ist der Erstgeborene von vielen Brüdern und Schwestern. In ihm sind wir alle mitgemeint. Seine Auferstehung eröffnet auch uns einen neuen Weg. Wir enden nicht mehr ausweglos in der Falle oder in den Krallen der Katze, sondern im letzten Zimmer tut sich eine neue Tür auf: eine Tür, nicht zurück ins alte Leben, sondern hinein in Gottes unabsehbare Zukunft. Jesus hat uns die Tür geöffnet, durch die er selber gegangen ist. Was der Vater an ihm getan hat, wird er auch an uns tun.

Ostern gehört aller Welt. Darum dürfen wir den Herrn nicht nur in unserem Glauben auferstehen lassen, während wir die Welt dem Tod in seinen tausend alltäglichen Gestalten überlassen. Das hieße ja, den

Herrn schlimmer zu begraben, als er es je war. Wenn Osterfreude sich hinauswagt, nimmt sie eine andere Gestalt an: Sie wird zur fantasievollen Kreativität. Sagt doch der Psalm ausdrücklich: Der Herr kennt noch Auswege aus dem Tod (vgl. Ps 55,13). Ist nicht die Auferstehung des Herrn ein Werk dieser fantasievollen Kreativität des Schöpfers?

Leben aus der Auferstehung bedeutet: Leben in jenen Räumen, die dieses Ereignis freigesprengt hat, freigesprengt von Schutt und Asche und dem Schwergewicht menschlicher Eigensucht und Unbeweglichkeit. Es gibt Auswege aus der Ausweglosigkeit und den Versteinerungen des Todes. Wir brauchen solche österliche Kraft und Fantasie in einer Welt voller Sackgassen, in denen es kein Vorwärts und Rückwärts mehr zu geben scheint.

Das Leben des Auferstandenen bedeutet Anspruch, Anspruch an uns. Diesen müssen wir in der Grammatik unseres Betens und Handelns vor dieser Welt zu formulieren suchen. Nur diese Sprache ist glaubwürdig, weil in ihr die Kraft und Fantasie der lebenserweckenden Liebe Gottes selber zur Sprache kommt. Daran entscheidet sich, ob Jesus Christus auch der Herr jener Wirklichkeit ist, wie wir sie heute nun einmal erleben.

Dabei hat sich Jesus gleichsam zur bloßen Satzhälfte erniedrigt. Denn ohne dich und ohne mich ist er ja nicht Jesus Christus. Deshalb geht er auf die Namenssuche. Die erste Worthälfte heißt Jesus; die andere Hälfte ist der Christ. Jesus als das Haupt braucht die Kirche als seinen Leib. Erst beide gemeinsam zeugen glaubwürdig Jesus Christus. Denn nun ist er wahrhaft auch für unsere Mitwelt auferstanden, weil du sein Wort zu Ende sprichst: Jesus Christus.

Seht, ich mache alles neu

Predigten zum Osterfestkreis 1993

Ich glaube dir, Herr!
Predigt am Palmsonntag 1993 im Hohen Dom zu Köln

Am ersten Sonntag der österlichen Bußzeit begegnete dem Herrn der Satan (vgl. Mt 4,1–11; Mk 1,12 f.; Lk 4,1–13), der ihn zur Habsucht verführen wollte, indem er ihm sagte: „Wenn du Gottes Sohn bist, so befiehl, dass aus diesen Steinen Brot wird." Der Herr begegnete dem Satan, der ihn zur Geltungssucht verführen wollte, indem ihn dieser auf die Zinne des Tempels stellte und sagte: „Stürze dich hinab. Das macht Eindruck." Er begegnete dem Satan, der ihn zur Herrschsucht verführen wollte, indem er ihn auf einen hohen Berg stellte und sprach: „Falle vor mir nieder, dann will ich dir alle Reiche dieser Welt geben."

In einer Woche – in der Osternacht – werden wir bei der Erneuerung des Taufversprechens gefragt: „Widersagst du dem Satan und all seiner Verführung?" Jesus auf dem Palmesel ist das personifizierte „Ich widersage". Der Herr zieht nicht als Eroberer nach Jerusalem, sondern als Heilbringer. Er möchte von den Menschen nichts haben, er will ihnen etwas schenken. Er setzt gegen die Habsucht seine Hingabe, die am Gründonnerstag in der Einsetzung der Heiligen Eucharistie und am Karfreitag in der Hingabe seines irdischen Leibes greifbar wird. Wer diese Hingabe des Herrn erfahren hat, dessen Seele ist nicht mehr käuflich. Der verkauft nicht sein Gewissen um irdischer Vorteile willen, weil ihm Gott allein genügt. Wer das weiß, bewahrt seine menschliche Würde, die da besteht in der Wahrhaftigkeit, in der das äußere Tun mit der inneren Haltung übereinstimmt.

Jesus zieht nach Jerusalem: Nicht, um sich selbst einen Namen zu machen, sondern um dem Namen des Vaters die Ehre zu geben. Er richtet nicht ein Königtum auf neben dem Königtum Gottes. Er bezeugt jedoch das Königtum Gottes, indem er den Vater nicht verdeckt, sondern ans Licht bringt. In wessen Leben Gott die erste Stelle einnimmt, bei dem rückt alles andere – das eigene Ich eingeschlossen – in die zweite Reihe. Das entlastet und entsorgt, das macht froh und frei. Ein trauriger Sportler, dem es nicht zuerst um die Bestleistung geht, sondern darum, dass er der Beste ist! Seine sportliche Freude wird gleichsam vom Ehrgeiz und vom Neid aufgefressen. Weil unser

„Bester" der Herr ist, können wir noch fröhlich sein auf dem vor-
letzten oder gar auf dem letzten Platz der Besten.
Der Herr zieht nach Jerusalem, um den Vater „ins Licht zu rücken".
Er geht nicht nach Jerusalem auf einem Schlachtross, sondern auf
einem Esel, noch dazu auf einem geliehenen! Der geliehene Esel ist
der Ausdruck irdischer Machtlosigkeit und eines unermesslichen Ver-
trauens auf die Macht Gottes. Unsere Städte haben in diesem Jahrhundert viele Militärparaden erlebt. Dahinter stand mehr oder weniger deutlich das bedrückende Wort: „Willst du nicht mein Bruder
sein, so schlag ich dir den Schädel ein." Der Herr geht nach Jerusalem, nicht um andere zu schlagen, sondern um sich selbst ans Kreuz
schlagen zu lassen, damit er unser aller Bruder wird.
Was uns leben lässt, ist der Glaube, dass Gott so ist, wie Jesus Christus. Ja, dass Jesus Christus Gott ist, dass der Mann auf dem geliehenen Esel der wahre König, die wahre und letzte Macht der Welt
ist. Er ist wirklich das personifizierte „Ich widersage". Darum dürfen
wir ihm das zweite Wort sagen: „Ich glaube". Ich glaube dir, Herr!

Tu adesto – sei du dabei!
Predigt zur Missa Chrismatis 1993 im Hohen Dom zu Köln

Wir feiern heute die so genannte Messe der heiligen Öle. Die Spen-
dungen von Taufe, Firmung, Krankensalbung und die Priester- und
Bischofsweihen nehmen von diesem Gottesdienst aus ihren Ausgangspunkt in das ganze Erzbistum hinein. Mit Gottes Gnade werden
wir mit dem heiligen Chrisam dieses Tages 25 Diakone zu Diözesan-
priestern weihen dürfen. Es entspricht der theologischen Dichte dieses Tages, dass sich in der ganzen Welt die Presbyterien zu diesem
Gottesdienst um ihren Bischof versammeln. Wir sind heute als Gesalbte und Gesandte eingeladen, zur Quelle unseres Priestertums zurückzukehren, zur ersten Liebe.
Woraus leben und arbeiten wir Priester in unserem Alltag? Trägt und
verbindet uns die gemeinsame Priesterweihe spürbar? Sie ist doch
nicht die feierliche Beauftragung für pastorale Dienste, sondern eine
spezielle und wirkliche Inkorporation in das corpus Christi mysticum.

Wir sind dem Haupt unzertrennlich verbunden, so dass sein Mund uns sagt: „Euch nenne ich nicht mehr Knechte, euch nenne ich Freunde" (vgl. Joh 15,15). Wir sind unter dem Haupt als Glieder seines Leibes im Presbyterium des Bistums eins geworden. Darum reden wir doch voneinander als Mitbrüder, als confratres.

Fragen wir uns einmal, indem wir die Hände auf's Herz legen: Prägt die Priesterweihe tatsächlich unser tägliches Denken, Arbeiten, Sorgen und Beten? Lasst mich darüber mit euch ein wenig nachdenken, indem wir miteinander drei Bitten betrachten:

• Tu adesto – sei du dabei!

Mit diesem Stoßgebet auf den Lippen haben Christen früherer Jahrhunderte die Herausforderungen des Lebens bestanden. Tu adesto – sei du dabei! Das wäre ein gutes Stoßgebet und eine sinnvolle Erinnerung für uns Priester im so genannten nachchristlichen Zeitalter. Sei du dabei, ist unsere tägliche Bitte an den Herrn bei allem, was uns der Alltag abfordert. Tu adesto – sei du dabei, ist aber auch oft unsere unausgesprochene Bitte an den Mitbruder, an den priesterlichen Freund und Nachbarn, uns nicht allein zu lassen in unseren Einsamkeiten und Lebenskrisen. Jeder ist von jedem hier im Presbyterium in dieser Weise angefragt: Tu adesto, lass mich nicht allein, sei du dabei! Werden wir für diese Bitte hellhörig! Wir brauchen im Presbyterium buchstäblich einander. Wir sind eine reisefreudige Kirche geworden. Führen uns die Reiseziele auch zu den Mitbrüdern im Abseits, in der Isolation und in der Entfremdung? Das kann man nicht nur an den Bischof delegieren.

Wir brauchen solche Begegnungen in einem tieferen Sinn, als uns vielleicht bewusst ist. Denn der Christus im Mitbruder ist gewisser als der Christus in mir selbst. Um der Christusvergewisserung willen brauche ich den Mitbruder mit seinem Christusbekenntnis. Darum: Tu adesto – sei du dabei! Wir wissen darüber hinaus, dass der Mitbruder unverzichtbarer Träger sakramentaler Lossprechung ist. Ich kann nicht bei mir selbst beichten. Aber der Confrater neben mir trägt das Wort der Vergebung für mich in sich. Darum: Tu adesto – sei du dabei, damit ich jemanden habe, bei dem ich beichten kann. Aber darüber hinaus brauchen wir gerade bei aller Atomisierung unseres Lebens und Dienstes die brüderliche Begegnung um der geistlichen Wegweisung und des Gespräches willen. Tu adesto – sei du dabei.

Das sage ich euch jetzt ganz bewusst im Hinblick auf unsere priesterlichen Zusammenkünfte in Rekollektionen und Pastoraltagen: Um unserer und unserer Gemeinden willen brauchen wir neue Impulse, Anregungen, Erfahrungen und Begegnungen. Wir sind mit Recht in Sorge um die Abständigen in unseren Gemeinden, die überhaupt nicht mehr oder nur selten kommen. Könnt ihr meine bischöfliche Sorge um die Mitbrüder verstehen, die auch nicht mehr oder nur noch ganz selten zu unseren priesterlichen Zusammenkünften kommen? Tu adesto – sei du dabei – in dieser, meiner Sorge.

- Ora pro me – bete für mich!

Mit dieser Gebetsbitte werden wir von unseren Gläubigen oft und oft um Gebetshilfe ersucht: Beten Sie für mich! Gibt es das auch unter uns Priestern: Bete für mich? Die Briefe, die mit dem „oremus pro invicem" enden, werden nach meiner Erfahrung immer seltener.

Christus, unser ewiger Hohepriester, ist nach dem Hebräerbrief zum Vater zurückgekehrt, um Fürsprache bei ihm für uns einzulegen. Der Herr verklagt uns nicht beim Vater, sondern er legt für uns ein gutes Wort ein. Er kritisiert seine Nachfolger nicht, sondern er entschuldigt sie, im wahrsten Sinne des Wortes. Ora pro me, bitte für mich, lege für mich ein gutes Wort ein, vor Gott und vor den Brüdern. Wir werden uns fragen lassen müssen: Ist das „Reden für" oder das „Sprechen über" oder das „Sprechen gegen" der cantus firmus unserer Gespräche? Welch ungeheure Macht ist uns mit der Fähigkeit zum Wort gegeben! Man sagt, es gäbe auf der Welt mehr Wortversehrte als Kriegsversehrte. Auch in der Kirche, etwa im Presbyterium? Kann man bei unseren Konventen durchatmen, weil eine gute Gesprächsatmosphäre herrscht? Gilt dabei der bewährte Grundsatz: Über Abwesende wird nicht negativ geredet? Ora pro me, bitte für mich und rede nicht gegen mich! Jedes Wort im Negativen und im Positiven wirkt weiter und beeinflusst das Klima in unseren Konventen und im Presbyterium. Wir sollten uns um eine Gesprächshygiene mühen! Vielleicht meldet sich der eine oder andere mit seiner Not und seinen

Misserfolgen gar nicht mehr zu Wort, weil ihm die Gesprächs-atmosphäre einfach die Kehle zuschnürt. Viele Ängste und Probleme brauchen den geschützten Raum von Wohlwollen, Hörbereitschaft und Solidarität. Jeder ist für das Gelingen solcher Atmosphäre verant-wortlich. Gehen wir behutsam mit dem Wort um. Ora pro me, leg' für mich ein gutes Wort ein!

Was der Herr dem Petrus sagt, das gilt auch für uns: Ich habe für dich gebetet, dass dein Glaube nicht erlischt. Du aber stärke deine Brüder (vgl. Lk 22,32) – durch das gute Wort! Unser Wort soll wie das Wort Christi verbinden und trösten, ermutigen und vergeben. Wir haben alle einen unerschöpflichen Vorrat solcher guter Worte. Seien wir großzügig und hochherzig im guten Wort. Ora pro me; du aber stärke deine Brüder!

• Pro eis sanctifico meipsum – für sie heilige ich mich

„Für sie heilige ich mich", betet Christus im so genannten hohen-priesterlichen Gebet (vgl. Joh 17). Es ist für den Herrn im Hinblick auf seine Jünger in Gegenwart und Zukunft ein Schlüsselwort. Dieses „für sie heilige ich mich" meint doch, dass der Herr im Gehorsam gegenüber dem Willen des Vaters überall dort hingeht, wo es für seine Brüder und Schwestern nötig ist: Etwa unter die Augen des Verräters, auf die einsame Höhe des Ölbergs oder in die ehrfurchts-lose Kohorte römischer Soldaten. Dieses „für sie heilige ich mich" ist auch das Leitwort für meinen bischöflichen und Euren priesterlichen Dienst. Was heißt denn: „Für sie heilige ich mich?" für mich und für euch?

Wenn wir keine Berufsorganisation sind, sondern ein geistlicher Or-ganismus von Berufenen, dann bekommt dieses „für sie heilige ich mich" ein großes theologisches Gewicht. Darum trägt doch unsere Mittelmäßigkeit in der Nachfolge Christi dazu bei, dass sich das Niveau unseres Presbyteriums absenkt. Und umgekehrt: Meine per-sönliche Treue in der Sendung des Herrn, mein verborgenes Ringen um Heiligkeit und Reinheit bringt dem Presbyterium positive Im-pulse. Das gilt sicher – so sehe ich es – in erster Linie für den Bischof, aber ich glaube, das stimmt genauso für jeden Mitbruder im Presbyterium. Wenn nicht nur positive Impulse von der Priesterschaft in die Erzdiözese ausgehen, so empfinde ich das auch – das muss ich euch einmal sagen dürfen – als mein persönliches Versagen: Für sie wollte ich mich doch heiligen. War mein Glaube nicht radikal genug, meine Hoffnung nicht stark genug und meine Liebe nicht glühend genug? „Für sie heilige ich mich" – gilt das aber auch ein wenig für uns alle im Presbyterium?

Bei Judas stellt die Heilige Schrift immer den presbyterialen Bezug her, indem sie ihn als einen der Zwölf definiert. Der Herr sagt den Jüngern, dass manche unheilige Geister nur durch Fasten und Gebet ausgetrieben werden. Dieses „für sie heilige ich mich" wird die Form der Buße, die Gestalt der Sühne und Stellvertretung annehmen müssen.

Man sagt von uns: Wenn man früher einen Priester um ein Stück Brot gebeten habe, bekam der Bittsteller die Antwort: „Ich werde für dich beten". Wenn man ihn heute um ein Gebet bittet, bekommt man als Antwort ein Stück Brot. Das Volk Gottes braucht unseren Gebetsdienst. Sind wir von der ekklesiologischen Dimension unseres privaten geistlichen Lebens überzeugt, das gar nicht privat ist? Es wird sich dann als geistliche Bluttransfusion in unser Presbyterium hinein auswirken.

Bleiben wir den Mitbrüdern im Priesteramt geistliche Vitalität und Ermutigung nicht schuldig durch unseren Mangel an Fasten und Beten! Jeder Weggang eines Mitbruders z. B. ist immer auch eine ernste Frage an uns selbst, ein Anlass zur Gewissenserforschung und eine Aufforderung zu persönlicher Buße und Umkehr. Welche Dimensionen könnten sich hinter unserem oft bedürftigen und schlichten priesterlichen Alltag auftun!

Der heilige Pfarrer von Ars wusste um diese Realität und war darin zu Hause. Deshalb war er ein so begnadeter Priesterseelsorger. Er kämpfte in seinem aszetischen Streben den Mitbrüdern gleichsam den Rücken frei, indem er an der Geißelsäule seinen Rücken hinhielt, um die Schläge abzufangen, die einem anderen galten. Um einen anderen zu schützen, hielt er seine Stirn hin, wenn diesen ein Dorn aus der Krone Christi treffen sollte. Diese stellvertretende Solidarität im Presbyterium Christi mysticum ist die erste Gabe, auf die ich warte, auf die der Mitbruder neben uns wartet.

Wir sind doch eine wirkliche Körperschaft, gesalbt mit dem heiligen Chrisam des Herrn, sodass jeder von uns in persona Christi spricht:

„Das ist mein Leib" (Lk 22,19) und „das ist mein Blut". Es gibt doch nur einen Leib Christi. Es gibt nur einen Christus und darum nur ein Presbyterium. Bewahren wir nach dem Willen Christi die innere und die äußere Einheit unseres Presbyteriums!

Darum bitten wir heute den Herrn über uns und den Mitbruder neben uns: Tu adesto – sei du dabei, auch bei mir! Ora pro me – sprich für mich ein gutes Wort! Pro me sanctifica – heilige dich, auch für mich!

Tut dies zu meinem Gedächtnis
Predigt am Gründonnerstag 1993 im Hohen Dom zu Köln

„Schlacht- und Speiseopfer hast du nicht gefordert, doch einen Leib hast du mir bereitet; ... ja, ich komme ..., um deinen Willen, Gott, zu tun" (Hebr 10,6.7), so lässt der Hebräerbrief Christus, den Herrn, sprechen. Er hat uns einen Leib bereitet am heutigen Abend. Darum gibt es eine Gabenbereitung, eine Heilige Wandlung und Kommunion: „Tut dies zu meinem Gedächtnis" (Lk 22,19), und wir antworten: „Ja, ich komme, um deinen Willen zu erfüllen."

Das Ja der Menschheit Jesu hat uns die Herrlichkeit Gottes gebracht. Das Ja Mariens hat die Menschwerdung des Wortes erlaubt. Das Ja der Kirche ermöglicht das „Tut dies zu meinem Gedächtnis".

• Das Ja der Menschheit Jesu hat uns die Herrlichkeit Gottes gebracht

Gott geht in Christus auf Erdberührung. Er lässt sich auf den Boden nieder – er, der Meister und Herr! Er geht vor seinen Jüngern buchstäblich auf die Knie, und zwar vor allen, ohne Ausnahme. Auch vor denen, die unmittelbar vor der größten Sünde ihres Lebens stehen: Vor dem Verräter Judas und vor dem Verleugner Petrus. Die Verleiblichung Gottes in die Menschheit Jesu Christi hinein setzt sich in der Eucharistie fort. Sie ist eine Form der Selbstentäußerung Jesu Christi. Er liefert sich heute Abend den Händen der Feinde am Ölberg aus. Und er liefert sich heute Abend den Händen der Kirche im Abendmahlsaal von Jerusalem aus.

- Das Ja Mariens hat die Menschwerdung des Wortes ermöglicht

Ohne Willen zur Macht ist Christus vom Vater an die Welt ausgeliefert. Das ruft zum gleichen empfangend-antwortenden Ja auf. Maria hat dieses „Ja" gegeben, wie es nie ein zweiter Mensch gegeben hat. Darum gehört sie mit in den Gründonnerstag. „Es ist schrecklich, in die Hände des lebendigen Gottes zu fallen" (Hebr 10,31), sagt der Apostel Paulus. Schrecklicher ist es für Gott, in die Hände des Menschen zu fallen: Judas, Petrus und die Geschichte der Kirche – bis auf diesen Tag – zeigen das. Bei Maria ist das ewige Wort des Vaters in guten Händen. Sie definiert sich als „Magd des Herrn" (Lk 1,38) und nimmt daher ihren Platz neben dem Herrn auf dem Boden, vor seinen Jüngern, ein. Mit ihrem: „Mir geschehe, wie du es gesagt hast" kniet sie neben dem Herrn am Ölberg, der um den Willen des Vaters ringt: „Nicht mein, sondern dein Wille soll geschehen" (Lk 22,42). Maria gehört in den Gründonnerstag: Sie gibt exemplarisch Antwort auf das Ja Gottes zum Menschen in Hochherzigkeit und Großzügigkeit.

- Das Ja der Kirche ermöglicht das „Tut dies zu meinem
  Gedächtnis"

Das Ja des Hauptes muss in die Glieder seines Leibes hinabdringen. Christus darf nicht entleiblicht werden, indem man ihn von der Kirche trennt. Und die Kirche darf nicht enthauptet werden, indem man sie von Christus, ihrem Haupte, absondert. Wer von unten zu Gott emporstrebt, muss sich gleichzeitig von Gott nach unten weisen lassen – aus bloßen Vorstellungen und Ideen in eine in Mark und Bein sich einwurzelnde Wahrheit. Das Evangelium darf uns nicht nur in den Kopf steigen, sondern auch in unsere Hände und Herzen! Indem uns Christus leibhaftig in sein Fleisch und Blut aufnimmt, kann er uns dann dieses Fleisch und Blut als die zu Brot und Wein gewordene Versöhnung mitteilen: als den für uns dahingegebenen Leib, als das für uns vergossene Blut. Das ganze Christentum ist Inkarnation, d. h. Fleischwerdung: Gott in Christus, Christus in Maria und in der Kirche, d. h. in uns. Der Heilige Geist ist nie ein Geist der Entleiblichung, sondern immer ein Geist der Menschwerdung. Darum hat er uns einen Leib bereitet und darum hat er uns in der Heiligen Eucharistie den Leib Christi bereitet, damit wir mit ihm ein Leib werden. Nun sind wir an der Reihe zu sprechen: „Schlacht- und Speiseopfer hast du nicht gefordert, doch einen Leib hast du mir bereitet; ... ja, ich komme ..., um deinen Willen, Gott, zu tun."

Seht das Holz des Kreuzes
Predigt am Karfreitag 1993 im Hohen Dom zu Köln

Im Mittelpunkt des Karfreitags steht das Kreuz. Daher steht in der Mitte der Karfreitagsliturgie auch die Kreuzverehrung: „Seht das Holz des Kreuzes, an dem das Heil der Welt gehangen." Der Kirchenvater Dionysius Areopagita schreibt über das Kreuz: „Amor extasim facit", d. h.: „Die Liebe Gottes geht in die Ekstase". Das ist eine sehr treffende Beschreibung der Innenseite des Kreuzes Christi. Am Kreuz begegnet Christus, der Symbolos, dem Diabolos. Es begegnet der Symbolos, der Gott und Mensch wieder zusammenbringen möchte, dem Diabolos, der die Gemeinschaft zwischen Gott und Mensch zerbrechen will.

Der Diabolos hat die Einheit und Gemeinschaft von Gott und Mensch zerrissen. Das Ergebnis ist die Gottlosigkeit. Was diese letztlich bedeutet, weiß jeder, der mit offenen Augen durch die Welt geht. Der Diabolos, der Satan, hat die Gemeinsamkeit der Menschen untereinander zerstört. Angefangen von Kain vor dem erschlagenen Bruder Abel auf dem Feld bis hin zum früheren Jugoslawien führt die blutige Spur durch die Weltgeschichte. Der Diabolos, der Satan, hat die Harmonie zwischen Mensch und Welt zerrissen und damit den Kosmos weithin zum Chaos werden lassen.

Christus tritt als Symbolos gegen den Diabolos an, also als einer, der das Getrennte zusammenbringt, das Zerrissene eint und das Zerstreute sammelt. Darum bleibt er am Herzen des Vaters im Himmel und steigt andererseits am Karfreitag zugleich in das Reich des Todes hinab. Dieses Beim-Vater-Sein und gleichzeitig Im-Tode-Sein ist die Vertikalität des Kreuzes, die Himmel und Erde verbindet – dabei aber den Herrn selbst zerreißt.

Christus tritt als Symbolos gegen den Diabolos an, also als einer, der das Zerrissene zusammenfügt. Darum betet er für die Menschen, die ihn kreuzigen und er kreuzigt die, die ihn lieben. Er wird horizontal ausgestreckt zwischen die Extreme menschlicher Ehrfurchtslosigkeit und Gemeinheit und die höchsten Ideale menschlicher Heiligkeit, so dass ihm dadurch die Glieder ausgerenkt werden. Dabei wird er selbst wiederum zerrissen.

So betet der leidende Gottesknecht Christus einerseits vor dem blasphemischen Kreuz des Tünnes in der so genannten Kölner „Stunksitzung": „Herr, vergib ihnen, denn sie wissen nicht, was sie tun" (vgl. Lk 23,34) und er ist andererseits in irgendeinem Kölner Krankenhaus blutschwitzend mit dabei, wo ein Christ mit dem Sterbekreuz in der Hand den Todeskampf erleidet. Er ist und bleibt nach rechts und links horizontal festgenagelt an die Lästerer und an die Heiligen. Das zerreißt ihn. Christus tritt am Kreuz als Symbolos gegen den Diabolos an, als Zusammenbringer gegen den Auseinanderreißer. Darum identifiziert er sich mit der Schöpfung, die bei seinem Tode buchstäblich erbebt und mit dem Menschen, der mit den entfesselten Kräften der Natur nicht mehr fertig wird. Dabei wird der Herr selbst zerrissen.

„Amor extasim facit", die göttliche Liebe geht am Kreuz in die Ekstase, indem sie oben und unten, Gott und Mensch, rechts und links, Heilige und Lästerer, Welt und Menschen verbindet. Das kostet dem Herrn das Leben.

Wir sind ihm so lieb und teuer. „Es gibt keine größere Liebe, als wenn einer sein Leben für seine Freunde hingibt" (Joh 15,13). Für uns ist das Kreuz letztgültiges Zeichen einer letzten göttlichen Liebe. Deshalb ist es unser Lebensbaum. Darum beugen wir auch unser Knie vor ihm: „Seht das Holz des Kreuzes, an dem das Heil der Welt gehangen."

Kinder des Lichtes
Predigt in der Osternacht 1993 im Hohen Dom zu Köln

In dieser Osternacht wird jedem Menschen, der wacht und betet, ein Tag geschenkt, der keinen Abend mehr kennt und eine Zukunft gegeben, die nie mehr Vergangenheit wird. Die Sehnsucht des Menschen nach Unendlichkeit und Unsterblichkeit hat in dieser Nacht eine Antwort gefunden: Christus ist von den Toten auferstanden!

Der österliche Herr kennt den Raum, wo die von Gott ausgewanderte Liebe ihren Sieg hinterlegt hat: Er selbst, der Auferstandene, ist dieser Raum. Inmitten unseres Aufbegehrens gegen das Dunkel des Todes macht sich in unserem Herzen Dankbarkeit breit für das Licht, das aus dem Dunkel des Karfreitags an Ostern auf uns zukommt. Das Osterlicht leuchtet uns heim in den Raum der ausgewanderten Liebe Gottes – in den Christusraum. Ihr seid erwählt aus der Finsternis hinein in sein wunderbares Licht (vgl. 1 Petr 2,9). In diesem Osterglauben ist uns ein Licht aufgegangen, so dass uns niemand mehr hinter das Licht führen kann. Wer einmal in das Osterlicht geschaut hat, der lässt sich von den Scheinwerfern und den Irrsternen dieser Zeit nicht mehr blenden. Dieses Licht leuchtet uns heim in den Christusraum, so dass man uns einmal ins Grab nachrufen wird: „Das ewige Licht leuchte dir."

„Kinder des Lichtes" ist unser österlicher Ehrentitel. Es gibt den Raum der ausgewanderten Liebe, weil Gott durch die Todeswunde Jesu Christi in diese Welt eingewandert ist: Es ist der österliche Herr selbst. Durch das Wasser der Taufe betreten wir diesen Lebensraum. Das Wasser seines Herzens trägt uns hinein, wie das Schiff in den Hafen getragen wird. Aus seiner Seite strömte Blut und Wasser heraus, berichtet der Apostel Johannes vom Todesgeschehen Jesu (vgl. Joh 19,34). Die Taufe ist unser urpersönliches Osterfest. Wir werden bei der Erneuerung unseres Taufgelöbnisses eingeladen, Rückschau zu halten zur ersten Liebe, zur Unversehrtheit unserer Taufgnade. „Ich werfe dir aber vor, dass du deine erste Liebe verlassen hast" (Offb 2,4) ist das ernste Wort des Auferstandenen, unter dem wir uns neu zu ihm bekennen und uns für ihn entscheiden sollen. Die Taufe ist unser urpersönliches Osterfest. Das Weihwasser am Portal der Kirche will uns das ganze Jahr über erinnern: Du bist getauft; Christ, erkenne deine Würde.

Es gibt den Raum der ausgewanderten Liebe, weil Gott selbst durch die Todeswunde seines Sohnes eingewandert ist in diese Welt. In diesen Raum ist das Weizenkorn hinein gefallen und darin gestorben, um aufzugehen und Frucht zu bringen. Nun zehren wir buchstäblich von der Frucht des gestorbenen und auferstandenen Weizenkorns: Im

Weizenbrot der Eucharistie empfangen wir die unerschöpfliche Brot-vermehrung der Liebe Christi, die im Stande ist, den Hunger der Jahrhunderte zu sättigen. Durch dieses Brot sind wir hineingelangt in den Lebensraum des Auferstandenen.

Das Osterlicht, das Osterwasser und das Osterbrot haben uns den Raum der ausgewanderten Liebe Gottes erschlossen, die durch die geöffnete Todeswunde Jesu Christi in unsere Welt eingewandert ist. Lasst uns darum das Halleluja singen, einsam und gemeinsam. Und weil das Halleluja in dir für mich stärker ist als in mir selbst, singe mir dein Halleluja zu. Und weil das Halleluja in mir für dich stärker ist als in dir selbst, leihe mir dein Ohr, damit ich dir mein Halleluja zusingen kann. Und weil unser Halleluja für euch stärker ist – und umgekehrt –, lasst uns einander das Halleluja zusingen, ja, lasst uns allen, die in dieser Osternacht schlafen, das Halleluja vorleben.

Das Osterlicht, das Osterwasser und das Osterbrot sind uns ge-schenkt, um den Raum der ausgewanderten Liebe Gottes offenzuhal-ten, damit sie hineinwandern kann in unsere Stadt, in unser Land, in unsere Welt. Halleluja!

Auch ihr sollt leben!
Predigt am Osterfest 1993 im Hohen Dom zu Köln

Der Glaube an den Sieg der menschlichen Vernunft befindet sich in einer tiefen Krise. Lange Zeit meinten wir alle, das Leben sei ein einziger stetiger Fortschritt mit ein paar misslichen Begleiterschei-nungen am Rande, mit denen man im Lauf der Entwicklung noch fertig werden könne. Wir fühlen heute aber alle den harten Schock in den Gliedern, erkennen zu müssen: Noch immer – und mit einer neu-en Radikalität ohnegleichen – steht die Menschheit vor ihrer ältesten und zugleich primitivsten Aufgabe: als Menschen zu überleben.

Wie man als Mensch überleben kann, zeigt uns das Osterfest mit der Botschaft des Herrn: „Ich lebe und auch ihr werdet leben" (vgl. Joh 14,19). Im Ende Jesu geschieht ein neuer Anfang. Die Endgültigkeit dieses Endes heißt: Vollendung. Das Ende Jesu ist sein Ankommen beim Vater. Der Vater empfängt den auferstandenen Sohn als einen von uns. Der auferstandene Christus ist die Erde im Himmel. Christus bringt uns an Ostern eine wirkliche „revolutio", „reformatio" und „renovatio".

- Die Revolution Gottes

„Angelus revolvit lapidem" (Mt 28,2). Der Engel des Herrn wälzte den Stein vom Ostergrab hinweg: revolvit, d. h. Revolution. Der Auferstandene löste damit die größte Revolution der Weltgeschichte aus, deren Kraft die Jahrhunderte bewegt hat – bis hinein in diese Stunde, die wir jetzt feiern. Diese Revolution ist eine Revolution für das Leben und zu Gunsten des Lebens. Ich lebe und auch ihr sollt leben, spricht der Herr. Diese Revolution für das Leben heißt heute in unserem gesellschaftlichen Kontext: Statt ungeborene Kinder zu hunderttausenden abzutreiben, könnte man sie zur Welt bringen, um die neun von zehn Elternpaaren glücklich zu machen, die sich vergeblich darum bemühen, ein Kind zu adoptieren. Wir könnten die vielen am Leben erhalten, die unsere selbstsüchtige Gesellschaft schon zum Tode verurteilt hat, ehe sie geboren sind. Das ist österliche Revolution. Wir könnten inmitten einer gefräßigen Konsummentalität deutlich machen, dass die lebensnotwendigsten Güter im Leben solche sind, die man nicht käuflich, sondern nur geschenkweise erhalten kann: Es sind Glaube, Hoffnung und Liebe – die großen Ostergaben Gottes an seine Welt, denn „das ist der Sieg, der die Welt überwindet: unser Osterglaube" (vgl. 1 Joh 5,4).

- Die Reformation des Menschen

Der Vater empfängt den auferstandenen Sohn als einen von uns. Der auferstandene Christus ist der Mensch im Himmel. Die Kirche nennt diesen Ostermenschen: homo mirabilius reformatus, d. h. der Mensch, der wunderbarer als erschaffen, erneuert wurde. Die Geschichte des Menschen ist durch drei Schlagworte zu kennzeichnen: mirabiliter formatus, d. h. wunderbar erschaffen; dann heißt es weiter: peccato deformatus – durch die Sünde deformiert, und schließlich als Drittes: mirabilius reformatus – wunderbar erneuert. Das ist die österliche Definition des Menschen.

Dieser Osterglaube zeigt, dass es für einen jeden Menschen Zukunft gibt, dass der Ruf nach Unendlichkeit und Unsterblichkeit, der in jedem Menschen wohnt, beantwortet ist: „Ich lebe und auch ihr sollt leben", spricht der Herr. Weil Gott – in seiner Menschheit – im Grabe lag, ist das Grab Stätte des Lebens und der Hoffnung geworden. Im Osterlicht erhält unser Leben Perspektive. Sie befreit den Menschen von der Daseinshektik und der Lebensangst. Der osterlose Mensch lebt unter der gnadenlosen Devise: Was du bis zu deinem Tode nicht erreicht hast, das hast du verloren. Was du bis zur Stunde deines Sterbens nicht erjagt hast, das holst du nie mehr ein. Was du hier nicht zu Ende bringst, das verendet, weil der Osterlose an keine Vollendung durch Gott nach dem Tode glauben kann. Deshalb ist sein Leben immer ein Wettlauf mit der Zeit. Darum ist sein Lebensstil von Hektik und Angst geprägt. Es fehlt ihm der österliche lange Atem und die heitere Geduld, die das Mögliche tut und das Unmögliche erhofft. Der osterlose Mensch wird darum zu einem großen Sicherheitsrisiko für die Mitwelt, denn seine Hektik und Daseinsangst lässt ihn blindwütig zuschlagen und zerstören; er geht buchstäblich über Leichen, ehe er zur Leiche wird. Er kennt nicht den Sieg, der die Welt überwindet: unseren Osterglauben.

• Die Renovation der Gesellschaft

Der Vater empfängt den auferstandenen Sohn als einen von uns. Er ist der Herr aller Menschen, das Leben des Alls. Darum ist der auferstandene Sohn die menschliche Gesellschaft im Himmel. Mit seiner Auferstehung ist die ganze Welt mit auferstanden. Der österliche Mensch steht darum unter den österlichen Imperativen: Statt die Welt neu zu entwerfen und auf die alte Welt mit Steinen zu werfen, sollten wir sie mit der Ostergnade zu heilen suchen. Statt den Menschen zu ändern, sollten wir ihn durch die österliche Kraft gesund machen. Statt die neue, schöne Gesellschaft zu planen, sollten wir die alte österlich renovieren, gemäß dem Wort des Herrn: „Seht, ich mache alles neu" (Offb 21,5).
Dazu gibt uns Ostern den langen Atem des Auferstandenen, den er uns einhauchte, als er am Ostertag unter seinen Jüngern stand, sie anhauchte und zu ihnen sprach: „Empfanget den Heiligen Geist"

(Joh 20,22). Darum beginnen wir, was uns möglich ist, und darum erhoffen wir von Gott alles, was uns unmöglich ist. Denn er ist der Meister des Unmöglichen, wie uns das Ostergeschehen lehrt. Furchtbar ist es für einen Menschen, wenn er nach jahrelanger Arbeit an einer Sache sagen müsste: Es war alles umsonst.

Noch furchtbarer wäre es, wenn zuletzt die ganze Menschheit sagen müsste: Es war alles umsonst. Der Christ weiß am Ende seines Lebens, dass alles nicht umsonst war. Jede Aussaat des Guten wird in die österlichen Scheunen eingebracht werden. Jeder gute Gedanke, jedes positive Tun wird in irgendeiner Weise Frucht tragen. Das gibt unserem Leben Hoffnung wider die Hoffnung. Das ermutigt uns, die vor uns liegenden Nahziele der Erneuerung in der Gesellschaft anzupacken, was freilich revolutionärer ist als das, was die fortschrittlichsten Programme der Weltverbesserer beinhalten.

Christus ist auferstanden. Er hat die Höhe mit der Tiefe vereinigt, die Erde mit dem Himmel, den Menschen mit Gott verbunden. Darum löste er die größte Revolution aus. Deshalb reformiert er den Menschen an seiner Wurzel und darum bietet er die Möglichkeit zur Renovation unserer altgewordenen Gesellschaft an. „Das ist der Sieg, der die Welt überwindet: unser Glaube" (1 Joh 5,4). Halleluja!

Der Herr ist wirklich auferstanden

Predigten zum Osterfestkreis 1994

Das „Hosanna" wartet auf unser Echo

Predigt am Palmsonntag 1994 im Hohen Dom zu Köln

Die Stunde der Rückkehr des Sohnes zum Vater hat geschlagen. Mit dem heutigen Palmsonntag beginnt die große Heilige Woche. Heute macht der Herr sich auf den Weg, nicht wie Elias mit einem brennenden Wagen und mit feurigen Rossen, sondern mit dem Vehikel der armen Leute: mit einem Esel. Mit Ochs und Esel hatte es damals in Betlehem begonnen, mit dem Esel hört es jetzt in Jerusalem auf.

Weil der Herr „von oben" ist, hat er den untersten Platz bei uns eingenommen. Liebe ist immer unten. Darum hat uns der Herr bei der Fußwaschung gezeigt, wo sein Lebensraum ist: unter den Füßen seiner Jünger. Darum hat er wirklich und buchstäblich „unter uns gewohnt". Deshalb ist er am Palmsonntag in die heilige Stadt eingezogen auf einem Reittier unterster Klasse. Darum ist er am Karfreitag auf dem Kreuzweg unter das Kreuz getreten, um alles, auch das Unterste noch, auf sich zu nehmen, es anzunehmen und mitzunehmen zum Vater. Deshalb ist uns jetzt schon alles Drückende letztlich abgenommen, weil er es schon übernommen hat.

Damit das den Menschen erfahrbar wird, sucht der Herr heute den Simon von Cyrene, der seine Schultern gleichsam unter das Kreuz der Brüder und Schwestern schiebt, das ja immer auch das Kreuz des Meisters ist und bleibt. Simon von Cyrene wird so zum ersten Nachfolger des Palmesels. Er wird zum Lastenträger Christi auf dem Kreuzweg Christi.

Weil der Herr die Allmacht ist, ist er ohnmächtig geworden, um uns für seinen Dienst zu ermächtigen. Daher kommt er nicht auf einem gepanzerten Streitross des Weges, sondern auf einem jungen Esel. Menschen erlösen sich von der Bedrückung, indem sie andere bedrücken. Sie löschen das Gedächtnis an empfangene Schläge aus, indem sie selbst um sich schlagen. Unrecht läuft um wie eine Währung, die nicht konvertierbar ist: Man gibt sie wieder aus, wie man sie empfängt. In Christus aber ist sie konvertierbar, wechselbar. Denn statt der empfangenen Schläge gibt er Vergebung aus. Er nimmt das Leid an und setzt stattdessen ein neues, lösendes Mittel in Umlauf: die Liebe. Da wird Leiden verwandelt und beseitigt, ohne dass man Menschen bedrücken oder beseitigen muss.

Unter dem Kreuz wird Johannes, der Jünger der Liebe, stehen, der hierin den Meister am besten verstanden hat. Wir leben in einer Welt unter dem Kreuz. Sie braucht deshalb Johannes-Menschen, die zur Liebe in besonderer Weise ermächtigt sind, die sich nicht fürchten vor der Eselei der Liebe, die uns oft zum Dummen macht, zu jemandem, der sich ausnutzen lässt. „Wie mich der Vater geliebt hat, so habe auch ich euch geliebt!" (Joh 15,9). Das zeigt der Palmsonntag in ergreifender Weise.

Weil der Herr frei ist, kann er uns alle vertreten. Deshalb kommt er ohne Leibgarde und kugelsichere Limousine. Er kommt „vogelfrei" auf einem Esel.

Je freier ein Mensch ist, desto wirksamer ist seine stellvertretende Kraft. Dann kann er für andere einstehen und muss dies nicht mehr pausenlos für sich selbst tun, für seine eigene Anerkennung und Sicherheit. Weil Christus auch gefesselt frei bleibt, steht er auch noch angenagelt für den Schächer am Kreuz ein, befreit er auch noch vom Kreuz herab seine Mutter von ihrer mütterlichen Sorge um den Sohn zu Gunsten der Menschen, indem er sagt: „Frau, siehe, dein Sohn" (Joh 19,26).

Die Kirche braucht solche marianischen Existenzen, die für den anderen einstehen, weil sie von sich selbst befreit worden sind. Schon auf der Flucht nach Ägypten hat Maria mit ihrem Kind auf dem Esel gesessen. Hier hat der Herr seine Mutter schon vor dem Palmsonntag in seine Schule genommen. Das Hosanna des Palmsonntags wartet auf ein Echo: auf Simon von Cyrene, auf Johannes, auf Maria, auf dich und mich.

Gesegnet vom Glanz seiner Verheißung
Predigt zur Missa Chrismatis 1994 im Hohen Dom zu Köln

In der alten Weiheliturgie sang uns bei der Priesterweihe die Kirche die Worte Christi als Antiphon zu: „Ich nenne euch nicht mehr Knechte; denn der Knecht weiß nicht, was sein Herr tut. Vielmehr habe ich euch Freunde genannt" (Joh 15,15).

Weil Christus wirklich Mensch ist, ist er immer auch Mitmensch.

Von Anfang an gesellt er sich deshalb Freunde und Mitarbeiter zu, denen er zunächst nur einen Anteil seiner Vollmachten und seiner Sendung überträgt. Das priesterliche Vollmaß aber vermacht er ihnen erst in den Stunden seiner Passion, indem der Eingeweihte und Beauftragte nun in eine Konformität mit dem Meister gerät, in der er sprechen muss oder sprechen darf: „Das ist mein Leib, der für euch hingegeben wird … Das ist mein Blut, das für euch und für alle vergossen wird."

Wir Priester haben nicht mehr zu sagen. Weiter können wir es nicht bringen. Der Herr identifiziert sich in einer Weise mit uns Priestern, dass ich von meinem eigenen Leib und Blut sprechen darf, obwohl es sich doch um den Leib und das Blut Christi handelt. Dem Herrn geht es im Hinblick auf uns Priester um eine Totalidentifikation. In allem ist er uns gleich geworden, außer der Sünde. Sie ist die einzige Differenz, das einzige Hindernis seiner sehnsuchtsvollen Totalidentifikation mit uns Priestern. Die Missa Chrismatis möchte uns zum Bewusstsein bringen, dass die Berufung zur Heiligkeit unsere einzig mögliche Antwort auf diese Erwählung und Begnadigung ist.

Christus liebt Gott nicht über seinen Leib hinweg oder an seinem Leib vorbei. Er zieht seinen Leib in seine geistige Liebe hinein und macht ihn zum Werkzeug seiner Hingabe. Nach dem Evangelium muss alles Unsichtbare sichtbar vermittelt werden. Alles Ungreifbare muss greifbar übersetzt werden. Nach dem Willen Christi ist der Priester die sichtbar gewordene Leidenschaft Gottes für die Welt. Deshalb darf auch unser Leib bei unserem Heilsdienst nicht draußen bleiben, trotz unserer Sünden, die ein großes Hindernis für diesen priesterlichen Einsatz im Geheimnis des Leibes Christi sind.

Die Eucharistie birgt als Leibgeheimnis Christi ein Geheimnis der Gemeinschaft, das Geheimnis der Kirche in sich. Der Herr verteilt sich nicht nur eucharistisch, leibhaft an die vielen. Vielmehr geschieht durch diese Verteilung die Einigung, die Vereinigung der vielen zu einem Leib, zu seinem Leib. Durch den eucharistischen Leib baut sich der Herr den erweiterten Leib der Kirche auf.

Es gibt nicht zwei Leiber Christi. Der eucharistische Leib kann nur wie ein Ferment innerhalb seines kirchlichen Leibes enthalten sein. Darum gibt es keine Eucharistie ohne Kirche, und keine Kirche ohne Eucharistie. Wer über Brot und Wein die Worte spricht: „Das ist mein

Leib. Das ist mein Blut", kann nicht in einer Distanz, auch nicht in einer inneren Distanz, zur Kirche stehen, die doch sein Leib ist. Zum Zeichen dafür nennt der Priester ja auch bei der Feier der heiligen Eucharistie den Namen des Papstes und des Ortsbischofs. „Keiner hat je seinen eigenen Leib gehasst, sondern er nährt und pflegt ihn, wie auch Christus die Kirche" (Eph 5,29), heißt es im Brief an die Epheser.

Für uns Priester ist die Identifikation mit der Kirche nicht eine Forderung kirchlichen Verbandsgeistes, sondern eine Konsequenz unseres Glaubens. Kirche wird zuerst für uns konkret im Presbyterium, das nicht eine Organisationsgröße ist, sondern buchstäblich eine Körperschaft. Wir sind als Presbyterium das, was wir über das Brot sprechen: „Das ist mein Leib." „Glaubst du das?", ist die Frage des Herrn an den konsekrierenden Priester.

Wie sieht denn leibhaftig diese unsere Grundbefindlichkeit als Presbyterium aus? Das Erscheinungsbild unseres Presbyteriums hängt von der Antwort auf folgende Fragen ab: Wie gehen wir miteinander um? Wie sprechen und denken wir voneinander? Ist der Kontakt zu den Brüdern, die vielleicht ein wenig ins Abseits geraten sind, eine Selbstverständlichkeit? Welchen Stellenwert geben wir unseren kranken Mitbrüdern? Wie tief tragen wir an der Sorge um geistliche Berufungen mit? Weiß ich, dass ich der erste Seelsorger meines Mitbruders bin? Gilt uns das Wort: „Unser Heil der Herr, unsere Sorge der Mitbruder?" Es gibt keine zwei Leiber Christi. Das Presbyterium kann nur wie ein Ferment innerhalb seines kirchlichen Leibes enthalten sein. Wie wir im Presbyterium miteinander umgehen, so werden wir uns in der Gemeinde bewegen. Es gibt einen Zusammenhang zwischen dem Presbyterium und unseren Gemeinden.

Von dieser heiligen Stätte schickt euch die Kirche nicht mit leeren Händen in eure Dekanatskonvente und Gemeinden zurück, sondern sie gibt euch die heiligen Öle mit auf den Weg. Gesegnet mit einem unwahrscheinlichen Reichtum dürfen wir zu den Mühseligen und Beladenen heimkehren. Der heilige Chrisam, mit dem bei der Weihe unsere Hände geweiht wurden, lässt unter unseren Händen täglich das Wunder der heiligen Wandlung erstehen. Wir stehen nicht mit leeren Händen vor dem Volke Gottes. Sind wir denn jemals reicher, als wenn wir mit der gefüllten Opferschale an die Kommunionbank treten? Wir nehmen das Katechumenenöl mit, das wir bei der heiligen Taufe verwenden. Wir dürfen mitwirken, dass sterbliche Menschen nicht nur Kinder Gottes heißen, sondern Kinder Gottes sind. Wir nehmen das Krankenöl mit nach Hause. Wir dürfen helfen, dass die Kranken und Sterbenden in die Nähe des Kreuzes Christi rücken, wo sie die Stimme des Herrn hören dürfen: „Amen, ich sage dir: Heute noch wirst du mit mir im Paradies sein" (Lk 23,43). Es geht immer um Christus, der sich unseren Händen anvertraut. Wenn Christus – und daran glaube ich – die letzte Sehnsucht aller menschlichen Sehnsüchte, wenn er die letzte Antwort auf alle menschlichen Fragen ist, dann sollte unser priesterlicher Dienst trotz aller äußeren Armseligkeit gesegnet sein vom Glanz seiner ewigen Verheißungen. Wir dürfen uns gratulieren, dazu gesalbt und gesandt zu sein.

Den Schwestern und Brüdern, die nicht zum Presbyterium, aber als Diakone zum Diakonium oder als Welt- und Ordenschristen zum Volke Gottes unseres Bistums gehört, haben wir zu danken, dass sie in dieser Stunde hier sind. Denn unser Priestertum hat nur einen Sinn, wenn wir es zu ihren Gunsten ausüben. Keiner von uns ist Priester für sich selbst geworden, sondern für sie. Wir haben euch zu danken, dass ihr uns nicht an den Altären des Herrn alleine stehen lasst. Wie viele Priester kennen diese Not, wochentags allein am Altar stehen zu müssen. Wir haben euch zu danken, dass ihr uns nicht alleine lasst. Wir danken den Mitbrüdern im Diakonat, dass sie neben und hinter uns stehen und mit uns den Heilsdienst an der Welt vollziehen. Unser Dank gilt auch allen anderen haupt- und ehrenamtlichen Mitarbeitern in Seelsorge und Caritas.

Wir haben euch als Priester aber auch um Vergebung zu bitten, dass wir euch manchmal Gottes Gaben so ungeschickt darreichen, vielleicht mit zu wenig innerer Begeisterung und Ergriffenheit. Wir brauchen euch alle, um lebendig Priester sein zu können, und wir fügen hinzu: Und ihr braucht uns, um Christ bleiben zu dürfen. So sind wir aufeinander verwiesen, ergänzen einander in unserer Berufung. Wir sagen es getröstet in dieser Stunde mit dem heiligen Augustinus: „Es erfüllt uns mit schwerer Verantwortung, was wir für euch sind: Priester. Und es erfüllt uns mit großer Zuversicht, was wir mit euch sein dürfen: Christen."

Liebe sucht Gemeinschaft
Predigt am Gründonnerstag 1994 im Hohen Dom zu Köln

Was wir Menschen im Verlaufe unseres Lebens sprechen und tun, ist nicht immer von großer Bedeutung. Was aber ein guter Mensch in der letzten Stunde seines Lebens sagt und tut, besonders, wenn sich darin sein letzter Wille äußert, das hat Gewicht, und das vergisst man nicht so schnell. Wenn wir uns heute Christi letzten Vermächtnisses erinnern – er nahm sich und gab sich –, dann verstehen wir, dass sich darin das ganze Leben des Herrn ausdrückt.

Christus hat in seinem Leben viele Ausdrücke verwandt, um sich den Menschen zu verdeutlichen. Hier aber, in der heiligen Eucharistie, ist er selbst zum Ausdruck geworden: Er nahm sich und gab sich. Wir müssen uns dabei bewusst bleiben, dass alles, was uns über dieses Sich-Nehmen und Sich-Geben in der Passionsgeschichte geschrieben wird, eigentlich nur Bilder sind, gleichsam äußere Zeichen. Das Geheimnis selbst, das Mysterium, liegt dahinter, liegt tiefer. Die Passionsberichte sind deshalb gleichsam eine Biblia pauperum, eine Armenbibel, in der mühsam versucht wird, das Mysterium für uns Menschen zu buchstabieren. Der Gründonnerstag erhält hier seine Deutung vom Palmsonntag und Karfreitag her.

• Der Lastträger: der Esel

Am Palmsonntag kommt der Herr nicht auf hohem Ross, sondern auf einem demütigen und verspotteten Lasttier, auf dem Palmesel. Wenn man das einmal so sagen darf: Er selbst ist zum „Esel der Menschen" geworden, zum demütigen, verspotteten Lasttier, das alle Lasten der Welt trägt. „Werft all eure Lasten auf ihn, denn er trägt alle Dinge!" (vgl. Jes 53,4), so sagt die Heilige Schrift. Wir knien vor der heiligen Eucharistie und beten unseren Gott an, der sich in der Fußwaschung so tief gebückt hat, um die Lasten der Welt auf sich zu nehmen, wie ein Esel. Wir knien vor ihm, der sich in der heiligen Eucharistie so klein gemacht hat, um seinen Rücken auch noch unter die unscheinbarste Last des kleinsten Menschen schieben zu können. Der Herr ist zum Lastenträger der Welt geworden. Nur die Liebe tut so etwas.

- Crucifixus est crux – das Kreuz ist der Gekreuzigte

Der Karfreitag deutet den Gründonnerstag. Am Kreuz wird einem tragisch Gescheiterten das Leben nicht genommen. Vielmehr gibt dieser in Freiheit sein Leben für die seinen hin: Vater, in deine Hände gebe ich für die Brüder und Schwestern mein Leben. Eine größere Liebe hat niemand, als wenn einer sein Leben hingibt für seine Freunde (vgl. Joh 15,14). Darum ist das Kreuz nicht das Zeichen der Vernichtung, sondern Offerte für das Lebensmittel schlechthin, das die heilige Eucharistie ist. Wie eine Ware ein Werbebild als Inhaltsangabe auf der Verpackung trägt, so ist das Kreuz das Firmenschild für die heilige Eucharistie. Sie ist Lebensmittel. Das ist nicht ein Etwas, eine Sache, sondern ein Du, eine Person. Das Kreuz ist der Gekreuzigte – Crucifixus est crux.

- Mitgegangen – mitgehangen

Liebe will nahe sein, Liebe sucht Gemeinschaft. Liebe verdoppelt, verdreifacht, vervielfältigt sich: „Wenn einer isst und tausend essen, so werden alle gleich ernährt", so der heilige Thomas von Aquin. Die Jünger sind dem Herrn gefolgt bis in den Abendmahlssaal. Danach jedoch werden sie zerstreut, als der Hirt geschlagen wird: Sie verraten, sie schlafen, sie fliehen und verleugnen. Es ist gleichsam eine List des Herrn, dass er ihnen zuvor seinen Leib, zerbrochen für die vielen, und sein Blut, vergossen für die vielen, zur Speise darreicht, um eins mit ihnen zu werden und zu bleiben, so dass sie dann – trotz Flucht – sakramental dabei sind, mit ihm sind, wenn er leidet und stirbt. Wenn das Haupt leidet, dann leidet der ganze Leib: mitgegangen – mitgehangen.
Sind wir uns dieser Konsequenz der Abendmahlskommunion bewusst: Solidarität mit dem Leiden des Herrn in unserer Zeit und unserer Welt? Liebe ich die Kirche, seinen Leib, wenn sie verraten, angespien, mit Dornen gekrönt und gekreuzigt wird? Bin ich dabei? Vielleicht haben wir hier zum Beispiel Papst Johannes Paul II. einiges abzubitten. Sein Standhalten gegen die Babylonisierung, Atheisierung und Sexualisierung von Kirche und Welt hat ihn oft – wenigstens bei uns in Deutschland – auf die Anklagebank der öffentlichen

Meinung gesetzt. Wie beschämend wenige sind es manchmal, die sich neben diesen ersten Leidensgenossen des Herrn gestellt haben. In der heiligen Eucharistie ist und bleibt der Herr der Lastträger, der sich so klein macht, um unter alle Lasten zu passen. Er ist das Kreuz selbst und dabei die Offerte des Lebensmittels, das gar kein Mittel, sondern Er selbst ist. Er ist das Haupt und wir seine Glieder. Mitgegangen – mitgehangen. An welchem Kreuz?

Wie im Himmel, so auf Erden
Predigt am Karfreitag 1994 im Hohen Dom zu Köln

Mit der Enthüllung des Kreuzes in der Karfreitagsliturgie zieht Gott selbst für einen Augenblick den Vorhang des Himmels zurück. Nichts anderes sagt der Evangelist aus, wenn er vermerkt, dass beim Tode des Herrn der Vorhang des Tempels von oben nach unten zerriss (vgl. Mt 27,51). Gott öffnet heute den Vorhang des Himmels, und was wird für uns sichtbar? Der Gekreuzigte in der Nacht von Golgota.

Was am Kreuz geschieht, passiert seit Ewigkeit her im Himmel. Nur heißt dieses Geschehen im Himmel nicht Kreuzigung, sondern: Liebe Gottes bis zur Vollendung. Liebe ist im Himmel ganz Aufschwung zu einem anderen hin: zum Vater, zum Sohn und zum heiligen Geist. Liebe ist hier ganz vertikale Linie. Das Wort des Herrn am Kreuz „Vater, in deine Hände lege ich meinen Geist" (Lk 23,46) wird im Himmel als Jubelruf des Sohnes an den Vater im Heiligen Geist hörbar. Das Neigen seines Hauptes am Kreuz im Sterben ist im Himmel das Erheben seines Hauptes in der Freude seiner Liebe zum Vater und Geist.

Diese göttliche Liebe wird in den Möglichkeiten der Welt zum Leiden. Unsere Sprache verrät es: Ich mag dich leiden, sagen wir, wenn wir jemanden lieben. Er wird dann auch zu meiner Passion. Ein japanisches Sprichwort sagt: „Wenn Gott ins Wasser fällt, wird er ein Fisch." Das will sagen, dass Gott sich den Bedingungen des Wassers anpasst. Wenn Gott Mensch wird und auf die Welt kommt, so werden wir folgerichtig weitersagen dürfen, wird er ein Leidender. Denn Leiden ist nur ein irdischer Name für Liebe.

Liebe ist – wie wir gesehen haben – im Himmel ganz Aufschwung, ganz Hingabe, ganz Vertikalität. Der Mensch auf Erden aber ist ganz Abschwung zu sich selbst, ganz Zurücknahme seiner eigenen Berufung. Er ist ganz ich-bezogen und ganz horizontal. Wo nun im Gott-Menschen Jesus Christus die Gotteslinie, die Vertikale, mit der Menschenlinie, der Horizontale, zusammentrifft, entsteht das Kreuz. Jede Liebe in dieser Welt kreuzigt. Wir sind deshalb nicht durch das Leid erlöst, sondern durch die Liebe. Darum sagt die Heilige Schrift: „Die Liebe ist stärker als der Tod", d. h., sie durchkreuzt den Tod. Sie macht aus dem Minus das Plus, aus dem Karfreitag Ostern, aus dem Tod das Leben.

Das ist das große Missverständnis Friedrich Nietzsches, der im Kreuz die ausgeklügelste Form menschlicher Dekadenz sah, die Schwäche in Stärke umlügt, Schande in Erfolg, Fluch in Segen und Versagen in Triumph. Auch den Juden und Heiden ging es nicht anders, wie Paulus sagt: „Für Juden ein empörendes Ärgernis, für Heiden eine Torheit" (vgl. 1 Kor 1,23) und den Christen heute manchmal beides zusammen.

Die Kreuzenthüllung öffnet uns den Blick in den Himmel. Wie im Himmel, so auf Erden, können wir hier ganz ehrlich als Erfüllung sagen. Der Sohn Gottes ist die Liebe, die ihn im Himmel zur Ekstase bringt zwischen dem Vater und dem Heiligen Geist und die ihn auf Erden zum Gekreuzigten macht. Wie im Himmel, so auf Erden, gilt auch für uns. Unsere Liebe, die hier im Zeichen des Kreuzes steht, wird dort einmal zur Gestalt der ewigen Glückseligkeit umgeprägt. Der Kern bleibt, nur die Gestalt verändert sich.

Ostern – Rückkehr zur Quelle
Predigt in der Osternacht 1994 im Hohen Dom zu Köln

Das erste Wort Christi ist nicht das Wort vom Kreuz. Das letzte Wort Christi ist nicht der Tod. Das erste Wort Christi ist die Freude und sein letztes Wort heißt Leben.

Als der Engel des Herrn in der ersten Osternacht den Stein vom Grab wegwälzte und aus dem Stein das neue Leben erstand, fiel der Welt buchstäblich ein Stein vom Herzen. In Christus sind wir wirklich steinreich geworden. Christus ist der zweite Mose, der in der Osternacht aus dem Stein des Todes die Wasser des Lebens schlägt. Wie in der Weihnacht das unsterbliche Leben Gottes menschliche Sterblichkeit angenommen hat, indem der Sohn Gottes Mensch geworden ist, so wird den Menschen in der Osternacht unsterbliches Leben geschenkt, indem Christus von den Toten auferstanden ist. Die endzeitliche Prophetie: „Kein Stein wird auf dem anderen bleiben" (Mk 13,2) ist in dieser Nacht Wirklichkeit geworden. Darum hat unsere Zukunft schon jetzt begonnen. Der Tod ist besiegt.

Wenn ein Bischof zu Beginn dieser Feier am Portal des Domes bei der Weihe des Feuers die fünf roten Nägel als Zeichen für die Wundmale Christi in die Osterkerze hineinbohrt, ist er wie ein dritter Mose, der in der Wüste dieser Welt eine Quelle anbohrt, die der Evangelist Johannes im Hinblick auf den gekreuzigten Christus so kommentiert: Aus seiner Seite „floss Blut und Wasser heraus" (Joh 19,34). Das Gleiche wird angedeutet, wenn in wenigen Augenblicken die brennende Osterkerze in das Taufwasser hineingesenkt wird. Dann beginnen die Wasser des Lebens zu strömen. Das ist ein Vorgang, der in den vorweltlichen Ratschlüssen Gottes entspringt und bis in diese Stunde hineinreicht, in der im Namen des Vaters, des Sohnes und des Heiligen Geistes über die Stirn vieler Menschen die lebendigen Wasser des Heiles in der Ostertaufe ausgegossen werden. Mehr denn je werden gerade in der Osternacht erwachsene Menschen getauft. Man könnte fast neidisch werden. Ist die Taufe denn wirklich nur ein einziges Mal zu empfangen?, fragen manche, die längst Christen waren, ehe ihnen später zu Bewusstsein kam, was das bedeutet. Dies gilt besonders im Hinblick auf erwachsene Täuflinge, die sich doch wahrscheinlich erst mit dem ganzen Einsatz ihres Willens stückweise das Christ-werden erringen mussten. Vergessen wir nicht: Auch das bewusste Erlebnis der eigenen Taufe reicht nicht an die eigentliche Wirklichkeit der Taufe heran. Sie ist die bleibende Osterwirklichkeit Christi in uns und ist zu einer Erneuerung von unbegrenztem Ausmaß fähig.

Deshalb hat es einen sehr tiefen Sinn, wenn die Kirche uns heute in dieser heiligen Nacht zur Erneuerung unserer Taufe einlädt und uns mit dem neuen Taufwasser besprengt. Tauferneuerung heißt: Rück-

kehr zum Ursprung, heißt: Rückkehr zur Quelle, Rückkehr zur ersten
Liebe, auf dass sich unser versteinertes Herz von der Osterwirklichkeit des auferstandenen Herrn zerbrechen lässt und wir den status
quo unserer eigenen Erfahrung aufgeben, der da oftmals lautet: Ich
kann mich doch nicht mehr wandeln, ich habe schon alles versucht,
ich bin zu festgefahren und zu alt. Zerbrich diesen status quo und gib
gegen deine Erfahrungen den österlichen Möglichkeiten Gottes in
deinem Leben Raum, auf dass seine Ostergnade unser altes Herz erneuern und unsere festgefahrenen Lebensplanungen wieder flott
machen kann. Wer vom Wasser des Heiles berührt wird, in dem
brechen selbst Quellen auf, die hineinströmen in das ewige Leben.
Dann braucht die Wüste unserer Welt nicht mehr vor Durst zu
weinen. Denn dann gilt uns das Wort des Herrn: Gebt ihr unserer
durstenden Welt von meinem österlichen Wasser aus euren Herzen zu
trinken (vgl. Mk 6,37).

Eine Welt ohne Auferstehung ist unmenschlich
Predigt am Osterfest 1994 im Hohen Dom zu Köln

Der erste Satz, den die Kirche in dieser Welt gepredigt hat, ist der
froh erstaunte Ausruf der Jünger: „Der Herr ist wirklich auferstanden ..." (Lk 24,34). Von Anfang an hat die Kirche ihr Sein und
Sagen vom Osterereignis abgeleitet. Wo immer der Mensch oder
seine Welt krank geworden sind, können sie nur an diesem Satz genesen: „Der Herr ist wirklich auferstanden." Gott ist im Tode Christi
den Menschen gleich geworden. Der Mensch aber ist in der Auferstehung Christi Gott gleich geworden. Der Vermenschlichung Gottes
entspricht so die Vergöttlichung des Menschen.
Am Karfreitag noch hieß es: „... und er neigte das Haupt und gab
seinen Geist auf" (Joh 19,30). Das kommt auf unserer Erde täglich
tausendfach vor. Der Tod ist das Etikett allen irdischen Lebens. Der
Gott-Mensch Jesus Christus hat sich auch dieses Etikett aufkleben
lassen. Darin vollendet sich seine Vermenschlichung; auch er ist gestorben. In seinem Begräbnis geht er in die Erde ein, die der Todesort
der Menschen ist. Dort bestatten wir unsere Verstorbenen. Von hier

aus wird Christus das Leben erneuern, den Tod ausräumen. „Wenn das Weizenkorn nicht in die Erde fällt und stirbt, bleibt es allein …" (Joh 12,24), sagt der Evangelist. Dort, wo die Konformität des Herrn mit uns Menschen ihren Höhepunkt oder, besser gesagt, ihren Tiefpunkt erreicht hat, nämlich im Tod, geschieht die Verwandlung, die Konformität des Menschen mit Gott, das ist die Auferstehung von den Toten. Das freilich ist ein Ereignis, das die Möglichkeiten dieser Welt, der menschlichen Wissenschaften und Künste hinter sich lässt. Es geht nicht nur über alles Menschenmögliche hinaus, es gehört vielmehr ganz der Welt Gottes an, wo das Leben das alleinige Etikett ist. So geschieht die Vergöttlichung des Menschen, denn durch den österlichen Christus ist das Menschsein eingelassen und eingefügt in Gottes eigenes Wesen. Die Auferstehung und Verklärung des Menschen Jesus von Nazareth wäre schon Grund genug für österliches Feiern. Aber was an diesem einen, ersten Menschen geschah, das offenbart die Absichten Gottes für alle Menschen. Das göttlich verklärte Leben in Jesus durchströmt nicht nur ihn persönlich, sondern es ist in ihm als eine überfließende Welle unsterblichen Lebens, die in der Taufe auf uns alle übergreift. Das Göttliche in ihm strahlt aus auf alle, die sich ihm nähern. Es ist wie mit einem gewaltigen Magneten, dessen Kraft alle Eisenteile in seinem Kraftfeld anzieht, sie dadurch verwandelt und ebenfalls zu Magneten macht. In dem Sinn, wie Eisen durch einen Magneten selbst zum Magneten wird, dürfen wir das Wort auf uns anwenden: Gott wurde Mensch, damit der Mensch Gott werde. Der Vermenschlichung Gottes am Kreuz entspricht die Vergöttlichung des Menschen zu Ostern. „Der österliche Mensch", sagt der heilige Gregor von Nyssa, „ist das menschliche Antlitz Gottes." So besteht zwischen Gott und dem getauften Menschen engste Verwandschaft. Ist das nicht ein Grund zum Feiern?

Eine Welt ohne Ostern wäre eine Welt ohne Gott. Eine Welt ohne Gott aber ist unmenschlich. Wenn der Mensch das Bild Gottes verliert, verliert er auch sein eigenes Bild. Dort, wo es keinen Gott gibt, gibt es auch keinen Menschen. Dort gibt es nur noch die Welt der Dinge, der Strukturen und der Konstruktionen. Der menschliche Geist entfaltet sich nur in der göttlichen Umgebung. Lässt er sich die nehmen, schrumpft sein Herz zusammen wie eine vertrocknete Pflaume; er gähnt sich vor Langeweile zu Tode.

„Christus ist auferstanden!" Wo eine Welt krank geworden ist, kann sie nur an diesem Satz genesen. Vielleicht verstehen wir jetzt besser, dass dort wirklich Überwindung des Unglaubens geschieht, wo aus der unbestreitbaren Erfahrung der Osternacht die Gläubigen als apostolische Menschen und gleichsam als Zeugen der Auferstehung auf den feindlichen Ruf: „Gott ist tot" voll Freude antworteten: „Der Herr ist wirklich auferstanden." Diese Überzeugung, dass Gott lebt und Christus auferstanden ist, macht uns Christen unüberwindlich, nämlich österlich.

Durch dein heiliges Kreuz
hast du die Welt erlöst

Predigten zum Osterfestkreis 1995

Öffnet dem Erlöser die Tore!
Predigt am Palmsonntag 1995 im Hohen Dom zu Köln

So wie wir unsere Gegenwart gestalten, so wird unsere Zukunft aussehen. Denn: Die Gegenwart ist die Quelle für die Zukunft. Darum ruft uns die Kirche heute am Palmsonntag zu: Öffnet dem Erlöser die Tore! Weil Jerusalem damals dem Erlöser die Türen geöffnet hat, konnte am Karfreitag der Vorhang des Tempels zerreißen. Weil Jerusalem damals dem Erlöser die Tore öffnete, konnten am Karfreitag und Ostersonntag die Gräber geöffnet werden. Die Gegenwart bestimmt die Zukunft: Öffnet daher heute dem Erlöser die Türen, damit morgen die Vorhänge zerrissen und die Gräber geöffnet werden können.

Das Leben in unserer Gesellschaft ist einem Theater vergleichbar, wo die Bühne durch einen Vorhang verdeckt ist. Ein verhülltes Dasein ist unser Lebensraum. Wie ein dichter, grauer, hässlicher Nebel liegt ein Hedonismus und ungehemmter Liberalismus über unserem Land. Oftmals gibt es hier keine Sicht mehr für den Menschen. Wo der Mensch aber keine Sicht mehr hat, dort hat er auch keine Aussicht. Viele Menschen leben hier sogar ohne Gesichter. Als Kind erlebte ich einmal einen Fliegeralarm im Keller. Die Aussicht, die wir aus dem kleinen Kellerfenster hatten, ging auf das Straßenpflaster. Darüber marschierte gerade eine Abteilung Soldaten. Man sah Hunderte von Füßen, die im Gleichschritt daher marschierten, aber keine Gesichter. Das ist die Situation in einem verhängten Dasein. Da wird nur noch marschiert, da geht man die Trampelpfade, die alle gehen. Dort tut man das, was alle tun, was gerade „in" ist.

Ein solches verhängtes Dasein wird dem Menschen buchstäblich zum Verhängnis. „Öffnet dem Erlöser die Türen!" heißt die Einladung der Kirche am heutigen Palmsonntag, damit der Vorhang unseres Tempels zerreißt und wir uns angeschaut wissen von Gott, der zu jedem von uns sagt: „Mit ewiger Liebe habe ich dich geliebt" (Jer 31,3). Bei wem der Vorhang zerrissen ist, von dessen Leben geht Glanz in unsere Gesellschaft und in unser Land hinein. Darum ist es für unser Vaterland als Gottesland so wichtig, dass sich das verhangene Dasein lüftet, der Vorhang darüber zerreißt und wir sehen. Für uns Christen haben sich die Vorhänge gelüftet. Wir wissen uns angeschaut, wir haben ein Angesicht. Wir sind nicht mehr die Menschen der Füße und Beine, die nur marschieren. Wir sehen und folgen der Spur Jesu. Wo sich dem Erlöser die Türen öffnen, dort öffnen sich auch die Gräber. Für uns ist mit dem Tod wahrlich nicht alles aus. Die Todsünde wird von der Barmherzigkeit Gottes im Bußsakrament getilgt. Hier stehen Tote heute schon auf. Menschen, die nicht mehr an eine Zukunft glauben, empfangen aus dem Evangelium eine neue Hoffnung auf Zukunft. Einen Menschen lieben heißt, ihm sagen: Du sollst nicht sterben. Das ist die Botschaft dieser heiligen Woche. Wer dem Erlöser die Türen in sein Leben geöffnet hat, dem öffnet der Erlöser die Tore des Todes ins ewige Leben. „Heute noch wirst du mit mir im Paradies sein" (Lk 23,43), sagt Jesus dem guten Schächer am Kreuz. Darum ist für uns der Tod nicht das Letzte, sondern nur das Vorletzte, das Grab nicht Endstation, sondern Durchgangsstation. Wir leben unter einem zerrissenen Vorhang und neben geöffneten Gräbern. Deshalb singen und feiern am heutigen Tag die Bewohner von Jerusalem.

Bei festlichen Anlässen – z. B. bei Eröffnungsfeiern Olympischer Spiele oder auch bei Heiligsprechungen in Rom werden manchmal Käfige geöffnet, aus denen weiße Tauben in den blauen Himmel hineinfliegen. Manche Staaten wiederum erlassen bei markanten Anlässen eine Amnestie. Sie öffnen die Kerkertüren, um die Gefangenen in Freiheit zu entlassen. Öffnet die Kerkerpforten eures Lebens! Erlösung ist geschehen, indem Gott Mensch wurde. Unsere menschliche Natur wurde seine Natur. Wo auch immer ein Mensch geboren wird, wird er zum Träger dieser Natur, die Gott sich zu Eigen gemacht hat. Ihr seid alle göttlichen Geblütes. Hier liegt die Unantastbarkeit der menschlichen Würde begründet. Jeder Angriff auf die Rechte der Menschen ist deshalb ein Attentat auf Gottes Heiligkeit.

So sehr wir bedauern, dass Menschenrechte oft mit Füßen getreten werden, so sehr schlagen wir aber auch demütig an unsere Brust und bekennen, dass die schlimmste Entwürdigung des Menschen durch den Menschen selbst geschieht. Sie vollzieht sich dort, wo der Mensch seine Ebenbildlichkeit mit Gott durch die Sünde mit Füßen tritt. In der Habsucht ist er fähig, das Ebenbild Gottes in sich für 30 Silberlinge zu verkaufen. In der Genusssucht kerkert er sich ein in das Gefängnis von Alkohol, Drogen und Sexus. Ein entwürdigtes

Dasein! In der Selbstsucht schließlich kehrt er dem Schöpfer den Rücken zu, so dass er sich nicht mehr angeschaut weiß. Öffnet daher dem Erlöser eure Pforten, auf dass wir uns befreien lassen aus den Süchten und Zwängen in die heilige Freiheit der Kinder Gottes.

Wir betreten heute mit dem Erlöser die geöffneten Pforten von Jerusalem und werden heute schon ansichtig des geöffneten Vorhanges und der geöffneten Gräber. Das Evangelium ist keine geheime Verschlusssache. Es ist Offenbarung. „Er kam in sein Eigentum, aber die Seinen nahmen ihn nicht auf. Allen aber, die ihn aufnahmen, gab er Macht" (Joh 1,11.12), Vollmacht, Bevollmächtigung, Zeugnis zu geben von der herrlichen Freiheit der Kinder Gottes.

„Adoro te devote" – Ziel priesterlicher Sendung
Predigt zur Missa Chrismatis 1995 im Hohen Dom zu Köln

Uns Priestern ist als wichtigster Dienst die Anbetung Gottes aufgetragen. Das „Adoro te devote" des heiligen Thomas zeigt das Ziel unserer priesterlichen Sendung: die Anbetung Gottes. In Christus ist Gott nicht mehr nur ein ferner, sondern auch ein naher Gott. Er geht wie ein Mensch, ja als ein Mensch mit uns und bleibt doch wahrhaft Gott, bleibt der ganz andere. Wir weihen heute die heiligen Öle, mit denen das Sakrament der Taufe gespendet wird, das die Menschen zu Kindern Gottes macht. Wir weihen ferner das heilige Öl, mit dem in der Firmung Menschen Tempel des Heiligen Geistes werden. Wir weihen außerdem das heilige Öl, durch das der Mensch in der Krankensalbung dem leidenden Christus gleichgestaltet wird. Und schließlich weihen wir den heiligen Chrisam, mit dem in der Weihe die Hände des Priesters gesalbt werden, so dass Christus bei der Eucharistiefeier buchstäblich unter unseren Händen Gestalt annimmt in Brot und Wein. Mit Recht singen wir im Hymnus: „Gottheit tief verborgen, betend nah ich dir. Unter diesen Zeichen bist du wahrhaft hier. Sieh, mit ganzem Herzen schenk ich dir mich hin, weil vor solchem Wunder ich nur Armut bin." Mit Recht dürfen wir unter diesen Gestalten nicht nur die Realpräsenz des Herrn in Brot und Wein verstehen, sondern die vielfältigen Gestalten, in denen sich menschliches

Leben vollzieht. Die heiligen Öle weisen auf diese Pluralität der Gegenwartsweisen Christi in der Welt hin.

Es darf keine Trennwand bestehen zwischen der Zeit, die wir uns für die Anbetung Gottes reservieren, und der Zeit, die wir für den so genannten pastoralen Dienst, in dem wir den Menschen begegnen, einsetzen. Uns ist eine Pastoral der Anbetung wesensgemäß, in der die „communio cum Deo" und die „missio ad homines" ein einziger Vorgang werden. Warum ist das möglich? Weil Gott wirklich Mensch geworden ist. Gott allein beten wir an. Er ist der ganz andere, dem es aber gefallen hat, uns zu zeigen, dass er allmächtig genug ist, auch ohnmächtig zu sein, dass er selig genug ist, auch zu leiden, dass er glorreich genug ist, sich auch auf den letzten Platz seiner Schöpfung stellen zu können. Gott tut dabei nicht, als ob er demütig und arm wäre. Nein, seine göttliche Allmacht reicht bis zur Macht, ein ohnmächtig sterbender Mensch sein zu können. „Da er die Seinen liebte, die in der Welt waren, liebte er sie bis zur Vollendung" (Hochgebet IV), bis zu diesem Ende. Alles an Jesus Christus sagt uns: So ist Gott. Er möchte es uns zeigen, damit wir es wissen, damit wir versuchen, in dieser Richtung zu leben und zu arbeiten.

Wir können also im menschgewordenen Sohn auf eine neue, christliche Weise Gott anbeten. Einzig dem Christen ist die Möglichkeit gegeben, in jedem Menschen etwas Einzigartiges zu schauen, ein Wesen, das Gott in seiner Einmaligkeit und Unersetzlichkeit liebt. Das gibt es nur von Jesus Christus her. Über ihm ist die Stimme vom Himmel erschollen: „Du bist mein geliebter Sohn, an dir habe ich Gefallen gefunden" (Mk 1,11). Du und kein anderer, du, der mit keinem anderen zu vergleichen oder zu verwechseln ist. In dir sind mir alle diese Menschen, für die du einstehst, lieb und teuer geworden. Jeder von ihnen hat in dir etwas von deiner Einzigartigkeit gewonnen. Darum hat der heilige Apostel Paulus Recht, wenn er sagt: „Alle, die er im Voraus erkannt hat, hat er auch im Voraus dazu bestimmt, an Wesen und Gestalt seines Sohnes teilzuhaben, damit dieser der Erstgeborene von vielen Brüdern sei" (Röm 8,29).

Diese Liebe, die uns Menschen umfängt, beten wir an. Sie ist anbetungswürdig. Wir sagen nicht das Unsinnige, dass sich die Menschen gegenseitig anbeten sollen. Wir meinen aber dieses Ernste und Folgenreiche: Jeder von uns kann dem anderen Anlass sein, Gottes Liebe zu uns Menschen anzubeten. Eine Pastoral der Anbetung sollte uns geschenkt werden. Wie darf ich mich darin als Priester erfahren? Unser priesterliches Dasein darf nicht aufgeteilt sein in weltlich und geistlich. Ich bin ein Weltgeistlicher, das ist meine eigene Wesensdefinition. Diese ist aber nicht eine differentia specifica in der Gattung Priester. Auch der Ordenspriester ist in dieser Weise Weltpriester. Ich bin immer Priester oder ich bin es nie. Geistliches Leben findet nicht nur in einem besonderen Rahmen oder in besonderen Übungen statt. Geistliches Leben ist eine Art, neu zu leben. Natürlich und übernatürlich sind eins, so wie Leib und Seele eins sind. Seien wir misstrauisch gegenüber Spiritualitäten, für die das Natürliche lediglich das Vorfeld des Übernatürlichen ist, in dem man sich nur solange aufhält, bis man zum Eigentlichen, zum Übernatürlichen kommt. Das heißt im Klartext: Es kann keinen glücklichen Geistlichen geben, der nicht auch ein glücklicher Mensch ist. Es gibt doch keinen frohen Priester, wenn er nicht zugleich ein froher Mensch ist. Christus hat in der heiligen Weihe die Mitte meines Lebens besetzt und er sammelt mich in sich hinein. Er konzentriert meine Kräfte auf sich hin. Darf ich dann nicht auch im Hinblick auf mich selbst beten: „Adoro te devote latens deitas?" Wie darf ich dann meine Gemeinde erleben in der Pastoral der Anbetung? Vielleicht als die kleine Herde mit seiner großen Gegenwart. Dass uns doch der innere Blick geschenkt werde für seine Gegenwart in unseren Gemeinden, für seine Herrlichkeit in äußerer Armseligkeit. Das wäre ein großer Trost für unsere tägliche Seelsorgearbeit.

Der Herr wartet in unseren Gemeinden darauf, von uns entdeckt und angebetet zu werden. Vergessen wir nicht im Umgang mit den Menschen außerhalb unserer Gemeinden, dass Gott keinen Menschen loslässt. Selbst wenn ein Mensch Gott losließe, Gott lässt den Menschen noch lange nicht los. Aus solchen Menschen schaut uns vielmehr der verlassene Jesus entgegen. Ist dann das „Adoro te devote latens deitas" nicht auch dort möglich? Vielleicht gerade dort! Oder die Sorge um die Abständigen und die Gleichgültigen, die uns oftmals so ermüdet und zermürbt. Könnte nicht gerade diese Sorge der Becher frischen Wassers sein, mit dem die Frau am Jakobsbrunnen den müden Herrn erfrischt? „Wenn du wüsstest, worin die Gabe Gottes besteht und wer es ist, der zu dir sagt: Gib mir zu trinken!, dann hättest du ihn gebeten, und er hätte dir lebendiges Wasser gegeben" (Joh 4,10). Auf unvergessliche Weise prägt uns der Herr seine Realpräsenz in den Mühseligen und Beladenen ein, wenn er sagt: „Was ihr für einen meiner geringsten Brüder getan habt, das habt ihr mir getan" (Mt 25,40). Aus dieser Erfahrung heraus schickt Mutter Teresa ihre Schwestern zu den kranken Menschen. Und sie gibt ihnen mit auf den Weg: „Macht eure Arbeit gut. Denn der kranke Leib des Menschen und der eucharistische Leib des Herrn sind einander gleich."

Wir sind berufen, Kontemplative im Alltag zu sein. Das ist die Frucht einer Pastoral der Anbetung. „Gottheit tief verborgen, betend nah ich dir. Unter diesen Zeichen bist du wahrhaft hier." Zuerst meint der Hymnus mit „diesen Zeichen" die eucharistischen Gestalten. Ich möchte zuletzt euren Blick auf sie lenken. Ich wage euch zu bitten, mit mir jeden Tag eine Viertelstunde Anbetung vor dem Tabernakel zu halten. Welch geistliche Vitalität und Energie käme dann in unser Erzbistum, wenn es mir gelänge, euch dafür zu gewinnen. Sollten wir es nicht täglich in dieser Weise versuchen: „Adoro te devote latens deitas", d. h. konkret: jeden Tag eine Viertelstunde vor dem Tabernakel.

Wir sind berufen, Kontemplative des Alltags zu sein. Die „communio cum Deo" finden wir in der „missio ad homines", und in der „missio ad homines" dürfen wir die „communio cum Deo" finden.

Fußwaschung als „Magna Charta" der Gemeinschaft
Predigt am Gründonnerstag 1995 im Hohen Dom zu Köln

Der Herr ist bemüht, seine Jünger davon zu überzeugen, sich von ihm selbst vor der Einsetzung der heiligen Eucharistie die Füße waschen zu lassen. Der Gestus der Fußwaschung ist gleichsam die Summe, die Jesu Person und sein Erlösungswerk enthält. Hier ist dargestellt, wer Jesus ist und was er tut. Zugleich ist diese Geste der Fußwaschung eine Darstellung dessen, wer der Mensch ist und was er tut. Und sie ist zudem ein Bild der Kirche.

Christus ist der Herr, der Kyrios, der Sohn des lebendigen Gottes. Er steigt aus der Herrlichkeit des Himmels in die Armseligkeit der Welt herab. Der Abstieg Jesu beginnt nicht erst in der Passion. Vielmehr ist er gleichsam das Kennwort, das Jesu gesamtes irdisches Dasein deutet. Im Grunde beginnt dieser Abstieg im Stall von Betlehem und findet seinen Höhepunkt im Tiefpunkt der Fußwaschung und des Kreuzesopfers.

Alles ist Abstieg. Der Herr legt die Gewänder seiner Herrlichkeit ab und bekleidet sich mit dem Sklavengewand, um uns die Füße zu waschen. Das ist der Sinn seines ganzen Lebens und Leidens, dass er sich in den Schmutz der Welt hinabbeugt, um uns mit seiner größeren Liebe rein zu waschen. Jesus liebt uns nicht über seinen Leib hinweg, sondern zieht seinen Leib in seine geistige Liebe als Werkzeug seiner Hingabe hinein; jetzt, da er leibhaftig niederkniet, um den Jüngern die Füße zu waschen; später dann bei der Einsetzung der Eucharistie, wo er Brot und Wein in seine Hände nimmt und sie zu seinem Leib und Blut werden lässt; und schließlich am Karfreitag, als er leibhaftig am Kreuz sein Leben an uns verschenkt. „Schlacht- und Speiseopfer hast du nicht gefordert, doch einen Leib hast du mir geschaffen; … ja, ich komme, … um deinen Willen, Gott, zu tun" (Hebr 10,5 f.). Wir werden es dann gleich sehen und hören: In der Nacht vor seinem Tod nimmt er unsere schmutzigen Füße in seine heiligen und ehrwürdigen Hände. So sehr hat Gott die Welt geliebt! (vgl. Hochgebet I)

Vor dieser Liebe kann der Mensch nur niederknien und anbeten. „Adoro te devote latens deitas", in Demut bet' ich dich, verborgene Gottheit, unter diesem Sklavendienst an. Gott liebt uns nicht über alles, denn alles hieße hier gleich nichts. Gott liebt uns über seinen Leib. So möchte denn auch Gott von uns nicht über alles geliebt werden. Nein, er möchte von uns über unseren Leib geliebt werden. „Schlacht- und Speiseopfer hast du nicht gefordert, doch einen Leib hast du mir geschaffen; … ja, ich komme, … um deinen Willen, Gott, zu tun."

Der Gestus der Fußwaschung macht auch deutlich, wer der Mensch ist: ein Wesen in der Ferne Gottes, hochgeboren und so tief gefallen. Der Sklavendienst der Fußwaschung hat seinen Sinn darin, den Menschen tischfähig, d. h. gottfähig zu machen. Der Herr wäscht uns die Füße, indem wir uns in seine Liebe hineinbeugen lassen. Seine Liebe bedeutet, dass er uns ohne Vorbedingung, auch wenn wir seiner nicht würdig und fähig sind, annimmt und verwandelt, indem er uns zum Bruder wird. Diese Annahme geschieht konkret im Bußsakrament. Darum reagieren wir vor dem Beichtstuhl wie Petrus vor der Waschschüssel: „Niemals sollst du mir die Füße waschen!" (Joh 13,8). Unter keinen Umständen bringt mich jemand dazu, meine Sünde zu sagen. Petrus, „wenn ich dich nicht wasche, hast du keinen Anteil an mir" (Joh 13,8). Wenn du dich mit meiner Vergebung nicht beschenken lässt, hast du keinen Anteil an mir. Hätte uns Jesus in der Fußwaschung nicht das unsrige, die Gottesferne, genommen, hätte er uns in der Eucharistie nicht das seine, die höchste Gottesnähe, schenken können. Sündenbekenntnis und Kommunionempfang sind untrennbar miteinander verbunden.

Der Gründonnerstag ist die zeichenhafte Vorwegnahme des Karfreitags. Indem der Herr den Jüngern seinen Leib reicht, nimmt er sie in seine Leibhaftigkeit hinein, so dass sie bei ihm sein werden vor Pilatus und am Kreuz, zu einem Zeitpunkt also, an dem sie schon längst davongelaufen waren. Im eucharistischen Empfangenwerden gibt uns der Herr Teil an seinem Erlösungsopfer. Weil alles an ihm eucharistisch ist, verteilt er in Liebe das Geheimnis seines Leidens an die, die er will. So begründet er die besondere Kreuzesnachfolge in der Kirche. Wir sind nicht nur die Nutznießer eines fremden Opfers; der Herr gibt uns Anteil, damit es auch mein und dein Opfer werde. Der Herr wäscht uns die Füße, um uns tischfähig, d. h. gottfähig zu machen.

Schließlich wäscht er uns aber auch die Füße, um uns gemeinschaftsfähig, bruder- und schwesterfähig zu machen. Wir, die wir uns oft nicht ausstehen können und darum nicht zu Gott passen, werden von ihm an- und aufgenommen. Indem er uns dem Vater, der sein und unser Vater ist, vorstellt, wird uns bewusst, dass wir Brüder und Schwestern sind, am selben Tisch sitzen, vom gleichen Herrn gewaschen werden, den gleichen Namen tragen. Die empfangene Vergebung schenkt uns die Vollmacht, Vergebung weiterzuschenken. Das ist unser Elend, dass wir darin so ungeschickt sind. Schwester und Bruder, nimm mir doch die Vergebung ab. Ich habe davon im Überfluss und möchte dir davon mitteilen. Verzeihe mir, dass ich so hilflos bin, dir meine Vergebung anzubieten. Wir leben täglich mehr von der

Vergebung als vom täglichen Brot. Die Gemeinschaft derer, die von der Vergebung lebt, nennen wir Kirche. Sie wird zur Familie. Der fußwaschende Herr auf den Knien ist unser Lehrmeister. Wir haben bei ihm zu famulieren, ja, wir sind seine Famulanten. Die empfangene Vergebung reichen wir weiter mit der Bitte: Lass dich von der Vergebung beschenken.

Wo die Vergebung das Leben bestimmt, wird ein Haushalt zur Hauskirche und eine Gemeinde wirklich zur Kirche Gottes, d. h. zur Gemeinschaft derer, in der Christus mit seiner Vergebung gegenwärtig ist. Die Fußwaschung ist gleichsam die Summe, die Jesu Person und Werk umschließt. Sie ist der Spiegel, der uns zeigt, wie wir sind und was wir tun. Und die Fußwaschung ist die Magna charta jeder christlichen Familie, jedes Konventes und jeder Gemeinde. Denn: Wo die Güte und die Liebe wohnt, dort nur wohnt der Herr.

Das Kreuz – Einladung zur unzerrissenen Liebe
Predigt am Karfreitag 1995 im Hohen Dom zu Köln

Der Karfreitag ist der Tag des Kreuzes Christi. Das Kreuz des Herrn aber ist das Lebensmodell des dreifaltigen Gottes in der Dimension dieser Welt. Im dreifaltigen Gott gibt es weder ein An-sich-sein noch ein Für-sich-sein. In der Kommunion des lebendigen Gottes besteht das Geheimnis jeder Person darin, für den anderen zu sein. Jede Person ist Hingabe und Empfang, Anruf und Antwort, Ebbe und Flut in einem.

Daraufhin ist die Schöpfung „präpariert". Am Ursprung der Welt gibt sich der Vater, aber wer nimmt ihn auf? Sein Wort wird überliefert, aber wer antwortet? Sein Geist wird ausgegossen, aber niemand nimmt daran teil. Am Anfang steht eine uns ins Dasein rufende Liebe, aber es ist eine zerrissene Liebe, eine Liebe ohne Antwort. Das ist schon Kenosis Gottes, Abstieg Gottes, der im Menschen eine noch tiefere Dimension erreicht.

Weil Gott heilig ist, ruft er den Menschen auf, sein Ebenbild zu sein. In dieser Berufung liegt das ganze Wagnis und Warten der Liebe, die sich den Menschen überliefert und ausliefert. Der Mensch ist eine

Gabe. Wird er zum Empfänger? Der Mensch ist ein Gerufener. Wird er zur Antwort? Der Mensch ist ein Angeschauter. Wird aber „das Auge in Auge" zum anbetungswürdigen Anblick und Rückblick? Aus dem Blick des Vaters auf seinen Sohn entsteht der Durst Gottes nach den Menschen. „Gib mir zu trinken! ... Wenn du wüsstest, worin die Gabe Gottes besteht" (Joh 4,7–10), so spricht der Herr zu der Samariterin am Jakobsbrunnen. So spricht Gott auch zu uns. So werden schon am Anfang Gottes Sehnsucht, seine Ungeduld und Leidenschaft geboren. Sie gilt den Menschen. Es ist die Leidenschaft einer zerrissenen Liebe, deren Freude es ist, bei den Menschen zu sein und Antwort zu finden.

In der Menschwerdung des Sohnes wird das Menschliche vom Göttlichen „imprägniert". In Christus dringt Gottes Liebe in die Verhärtung menschlicher Gottlosigkeit ein und durchtränkt sie mit ihrer erlösenden Kraft. Jesus geht zum Menschen, um in ihn eingetaucht zu werden, bis in die Tiefe des Todes. Mensch und Welt werden vom Wort des Lebens durchdrungen, so wie die Salbe die Poren der Haut durchdringt, um in einem ähnlichen Bild zu sprechen. Christus heißt ja der „Gesalbte". In ihm wird die Energie, die Kraft seiner Liebe in einer lebensspendenden Salbung die menschliche Liebe durchdringen bzw. imprägnieren. In Jesus gibt sich der Vater ganz, und in Jesus empfängt der Mensch den Vater ganz. Hier ist die Liebe nicht zerrissen. Hier ist Gabe und Annahme. Das aber zerreißt ihn.

Christus lebt Gott menschlich und den Menschen göttlich. Das aber macht ihn zum Gekreuzigten. Wenn Jesus weint, so ist der geheimnisvolle Schmerz des Vaters wirklich in unser Fleisch eingedrungen. Durch die Salbung des Sohnes ist unser ganzes Menschsein von der Gegenwart des ganz Anderen durchdrungen. Jesus ist in Person die Begegnung der beiden, die sich suchen, die nacheinander dürsten: Gott und Mensch. Er ist die Kreuzung von Gott und Mensch. Das Kreuz ist der Brennpunkt dieser beiden Liebesweisen und ihre Verbindung: das Zerspanntsein zweier Sehnsüchte und der schöpferische Ort ihrer Befriedigung.

Aus der unzerrissenen Liebe Christi, die ihn am Kreuz zerrissen hat, fließt uns Gnade und Erbarmen zu. Die göttliche und die menschliche Energie ist am Kreuz zur Synergie geworden. In Christus kann nun Gott menschlich leben und der Mensch göttlich. Die Gnade des Kreuzes besteht darin, seines Gottes fähig zu werden. Unsere Versuchung ist die Versuchung zur zerrissenen Liebe, unser Menschsein von unserem Christsein zu trennen, beides nebeneinander parallel verlaufen zu lassen, die Kreuzung beider Linien zu meiden. Der Karfreitag mit dem Kreuz lädt uns zur unzerrissenen Liebe des dreifaltigen Gottes ein. Dazu bekennen wir uns, wenn wir sprechen: „Wir beten dich an, Herr Jesus Christus, und preisen dich. Denn durch dein heiliges Kreuz hast du die Welt erlöst."

Ostern – Hoffnung der Welt
Predigt in der Osternacht 1995 im Hohen Dom zu Köln

Charles de Foucauld beobachtete in der Wüste einen alten Tuareg, der an jedem Abend im Wüstensand niederkniete und sein Ohr in die Wüste hineinlegte. Auf die Frage, was er dort tue, gab er die erschütternde Antwort: Ich höre die Wüste weinen. Wenn sich dieser Tuareg in dieser heiligen Osternacht auf die Hohe Straße in Köln niederkniete und sein Ohr an das Kölner Pflaster legte, was würde er dort hören? Ich glaube, man braucht kein Prophet zu sein: Er hörte die Stadt Köln weinen. Denn die Menschen dieses Jahrhunderts haben nichts zu lachen.

Diese Erfahrung ist nicht neu. Schon der Gottesmann Mose hörte die Wüste weinen, als er das auserwählte Volk durch die Wüste führte. An dem Felsen von Meriba (vgl. Num 20,1–29) drohte die Katastrophe, weil das Volk kein Wasser mehr hatte und nur die salzigen Tränen auf seinem Antlitz spürte. In seiner Not geht Mose zu Gott. Und Gott gibt ihm den Auftrag: Nimm deinen Stab und schlag vor die Felsen von Meriba. Die Substanz des Felsens verflüssigte sich daraufhin und strömte dem verdurstenden Volke Gottes als lebensspendendes Wasser zu.

Die Substanz des Felsens wird flüssig, trinkbar und erfrischend. „Einer der Soldaten stieß mit der Lanze in seine Seite, und sogleich floss Blut und Wasser heraus" (Joh 19,34). Die Substanz der Liebe Gottes verflüssigt sich. Sie strömt uns zu im Blut der Eucharistie und im Wasser der Taufe. Christus, der nicht nur wie wir das Leben hat, sondern das Leben ist, macht die lebendig, die mit seinem Blut und Wasser in Berührung kommen. Darum versuchten die Mächte der Finsternis die am Karfreitag aufgebrochene Quelle des Lebens wieder zu verschütten, indem sie den Herrn ins Grab legten, einen Felsenstein davor wälzten und auch noch Wächter an das Grab stellten.

In dieser heiligen Osternacht griff Gott selber ein, indem er uns diese Quelle freischaufelte, den Felsen hinwegrollte, die Wächter hinwegrückte, so dass die Wasser des Lebens aufs Neue zu sprudeln begannen und in die Taufbecken der Kirche hineinströmen. Wer von diesem Wasser berührt wird, hat nicht nur den Namen, dass er lebt. Nein, er lebt wirklich, wie der Herr nach seiner Auferstehung. Die Hoffnung der weinenden Welt sind deshalb die getauften Herzen.

Wenn man sich dort, wo ein Getaufter steht, zu Erde neigt, um das Ohr an dessen Füße zu legen, so sollte man dort die Erde nicht mehr weinen hören. Vielmehr sollte man sich freuen können. Denn wer von dem Wasser der Taufe berührt wird, dessen Herz, die Substanz seiner Liebe, verflüssigt sich und strömt dem Stückchen Welt zu, auf das ihn Gottes Vorsehung gestellt hat. Aus dieser Wüste wird so eine kleine Oase. Wenn durch uns aus der Gnade unserer Taufe solche Oasen der Hoffnung entstehen, gerät die Wüste in Bedrängnis. Dann hat es sich gelohnt, dass der Herr in dieser Nacht auferstanden ist.

Alles in unserer Welt ist dem Verschleiß, der Abnutzung, dem Verbrauch und dem Altwerden unterworfen. Wir müssen deshalb immer wieder das Alte österlich erneuern. Für viele von uns soll diese heilige Osternacht die Rückkehr zur vielleicht verlorenen ersten Taufliebe werden, indem wir mit gläubigen Herzen unsere eigene Taufe erneuern. Ostern ist die Hoffnung der Welt! Ostern ist unsere große Ermutigung! Gott lebt! Christus ist auferstanden! Was kann uns da noch geschehen?

Dies ist der Tag, den Gott selbst gemacht hat
Predigt am Osterfest 1995 im Hohen Dom zu Köln

„Ich habe mich sehr danach gesehnt, vor meinen Leiden dieses Paschamahl mit euch zu essen" (Lk 22,15). Nun hat sich die Stunde dieser Sehnsucht erfüllt. Heute feiern wir diese Stunde des Herrn, die uns in der Auferstehung zur Rettung geschlagen hat. Wir werden zu fragen haben, was das in Wahrheit für Gott bedeutet, den Menschen zu retten. Ihm einen theologischen Kurs zu halten, ihm ein Gesetz zu geben und wäre es ein solches der Liebe, ihm beizubringen, wie er seine persönlichen und sozialen Strukturen zu verändern habe, ihm kundzutun, dass Gott ein guter Vater ist, oder wie wir uns als seine Kinder freundlich zueinander zu verhalten haben. Soll das alles sein? Das tut der Mensch doch schon tastend seit Jahrtausenden in seinen Religionen, Philosophien, Ideologien und Weltanschauungen. Sonst nichts?

Es hat der Weltgeschichte, auch der neueren, nicht an Helden der Menschenliebe gefehlt. Ist das aber alles? Nach all dem bleibt die Grundfrage, die den Menschen bedrängt, ungelöst. Ich existiere wohl, aber in jedem Moment, und ganz besonders in meinem letzten Moment, nur als Raub des Todes. Wozu dann noch sittliche Modelle für ein seliges Leben des Menschen, solange das Hauptmotiv dieser unheilvollen Tragödie, der Tod, nicht überwunden ist? Nicht erst morgen, sondern heute! Ich lebe heute! Wenn das Kommen Gottes nicht bis zu dieser Stelle vordringt, dann ist es nichts anderes als nur ein Spott Gottes auf die Sinnlosigkeit des Menschen. So ist es doch in allen Religionen und Ideologien: Da sie den Tod nicht vertreiben können, lenken sie den Menschen nur mehr davon ab oder verdrängen ihn.

Ostern bringt etwas ganz Neues in unsere Welt: Gott dringt vor bis in das Zentrum des Todes. Ostern bringt etwas ganz Ernstes: Gott greift den Tod an. Die Passionsgeschichten zeigen uns: Gott greift nicht den Menschen an – aber den Tod, der den Menschen gefangen hält. Darum setzt er den von Hass und Lüge Verblendeten, die in der Passion ihre ganze Todesmacht auf den Herrn werfen, Gewaltlosigkeit entgegen. Denn die Anwendung von Gewalt wäre nichts anderes als nur eine neue Todesmacht. Dieser Gott aber will nicht den Tod des Sünders. Im Gegenteil, er ist gekommen, „damit sie das Leben haben und es in Fülle haben" (Joh 10,10).

Wer Gott sieht, der muss sterben (vgl. Ex 33,20), ist der prophetische Kommentar zu den großen Gottestheophanien des Alten Bundes. Johannes sagt uns in seinem Evangelium: „Niemand hat

Gott je gesehen. Der Einzige, der Gott ist und am Herzen des Vaters ruht, er hat Kunde gebracht" (Joh 1,18). Das ist das Osterereignis: am Herzen des Vaters und zugleich am Herzen des Todes zu ruhen. Im Himmel und im Grab sein – Auferstehung und Kreuz, das sind nicht zwei Ereignisse; das sind nur die beiden Seiten ein und derselben Medaille: am Herzen des Vaters und am Herzen des Todes sein.

Weil Gott größer ist als unser Herz (vgl. 1 Joh 3,20), hat Gott den Sieg davon getragen über das Herz des Todes. Darum kommen die Frauen ans Ostergrab und finden es leer. Sie hören von dem Osterengel die Botschaft: „Was sucht ihr den Lebenden bei den Toten? Er ist nicht hier, sondern er ist auferstanden" (Lk 24,5). Er hat das Grab ausgeräumt. Der Tod ist ausgeräumt. Christus ist auferstanden und belebt jetzt die Räume des Todes. Er hält die Schlüssel des Todes in der Hand. Nun ist aus dem Herzen Gottes und dem Herzen des Menschen der Zweiklang einer neuen Zukunft geworden, eine Schlagader des Lebens, eines neuen, unsterblichen Lebens.

Die Auferstehung Jesu aber ist nicht vergangen. Sonst wäre doch der Tod nicht besiegt. Denn der Tod Jesu ist der Tod des Todes. Das Ereignis, dass der Tod tot ist, kann nicht vergangen sein. Als Vergehende ist die Zeit eine Gefangene des Todes. An Ostern aber wurde sie befreit. Deshalb vergeht sie nicht mehr. Darum ist Ostern keine Vergangenheit. Diese Stunde Jesu ist ewige Gegenwart, in sie sind wir eingelassen.

Das ist das entscheidende Ereignis der Geschichte. Alle anderen Fakten und Geschehnisse sind sterblich und werden einmal tot sein. Nur das Pascha Christi bleibt. „Wir wissen, dass Christus, von den Toten auferweckt, nicht mehr stirbt" (Röm 6,9). Nur dieses Ereignis, Tod und Auferstehung, bleiben ewige Gegenwart. Durch die österlichen Sakramente sind wir in diese Gegenwart Gottes eingetaucht. Ostern feiern heißt: durch den Tod hindurchgehen in die neue Zukunft Gottes. Darum legt die Kirche einen so überaus großen Wert auf den Empfang der Ostersakramente – auf das Bußsakrament als das Eingehen in den Tod Christi und auf die Eucharistie als das Aufgehen in der Auferstehung Christi. Hier heißt Ostern: Durchbrechen der Schallmauer des Todes. Dann wird der Todesacker unseres Lebens aufgebrochen. Denn hier beginnt das von Angst beklommene Herz zu schlagen, zu glauben, zu hoffen und zu lieben. Einen Menschen lieben heißt, zu ihm sagen: Du wirst nicht sterben. Gott sagt dir heute: Du wirst nicht sterben, du wirst leben in Ewigkeit. Darum ist dies der Tag, den Gott selbst gemacht. Kommt, lasst uns jubeln und seiner uns freuen (vgl. Ps 118,24).

Aus der Falle des Todes hinein in Gottes unabsehbare Zukunft
Osterartikel 1995 für die Deutsche Tagespost

Im Jahreskalender eines Staates oder eines Volkes stehen eine ganze Reihe von Gedenktagen. Man begeht sie, indem man vergangener Tage und Taten gedenkt. Alles ist in der „memoria", in der Erinnerung, im Gedächtnis begründet. Am besten sind dabei diejenigen dran, die noch Augen-, Ohren- und Tatzeugen solcher Ereignisse waren, die man jetzt feiert.

Die Kar- und Osterwoche steht ganz groß im Festkalender der Kirche. Wir begehen sie nicht dadurch, dass wir uns mit der „memoria", mit dem Gedächtnis, an überlieferte Ereignisse begnügen, sondern sie werden wirklich gegenwärtig. Wir sind daran beteiligt nicht als Zuschauer, sondern als Mitwirkende. Die Erniedrigung Jesu zu unserem Heil liegt nicht darin, dass er als Kind zur Welt gekommen ist, dass er Kind armer Leute, dass er Bürger eines verachteten Volkes in irgendeinem vergessenen Weltwinkel geworden ist. Das eigentlich erniedrigende seiner Menschwerdung besteht darin, dass er das unfassbare „Überall" seiner göttlichen Allgegenwart beim Vater zurückließ und dafür das begreifbare „Hier" einer weltlichen Gegenwart auf sich nahm. Mehr noch, seine Erniedrigung besteht darin, dass er das „Immer" seiner göttlichen Ewigkeit beim Vater zurückließ und sich dafür fesseln und festnageln ließ vom „Jetzt", d. h. von der Zeit. Im „Hier" und „Jetzt", in seinem Verzicht auf das „Immer" und das „Überall" liegt seine unausdenkbare Erniedrigung. Er hat sich der Zeit und dem Raum unterworfen.

In seiner Himmelfahrt geht der Sohn in die Herrlichkeit des Vaters zurück und nimmt wieder für das „Hier" das „Überall" und für das

„Jetzt" das „Immer" seiner göttlichen Herrlichkeit entgegen. Unsere Frage besteht darin, ob wir hier und jetzt die Großtaten seiner Liebe noch feiern können. Die Antwort darauf ist eindeutig: „Ja!", weil er sich in seiner Kirche eine Möglichkeit offen gelassen hat, indem er aus dem „Immer" wieder in das „Jetzt" und aus dem „Überall" in das „Hier" eintreten kann. Er sagt es seinen Jüngern ausdrücklich: „Tut dies zu meinem Gedächtnis!" Mit der Auferstehung von den Toten schließen sich nicht die Wundmale Jesu, wie etwa die Türen eines Geschäftes geschlossen werden, um anzudeuten, jetzt ist Schluss, das Werk ist vollendet. Der verklärte Jesus behält seine offenen Wundmale, das Heil geht weiter. Ostern wird in unserer Mitte zur greifbaren Gegenwart.

Am Gründonnerstag hat der Herr zu einem merkwürdigen Mittel gegriffen, wenn man das so sagen darf. Er ließ die Jünger von seinem Blut und seinem Fleisch trinken und essen. Nun waren sie bei ihm und in ihm, auch dann, als sich die Herde verstreute, nachdem man den Hirten schlug. Mitgegangen – mitgehangen? Ja, jetzt hingen sie mittendrin. Darum ist die Eucharistie auch für alle Christengenerationen das Mittel, mit dem sich der Herr die Seinen „einverleibt", damit sie nicht nur äußerlich Zuschauer der österlichen Tage sind, sondern mit hineinverwoben werden ins Geschehen. Deswegen ist der törichte Slogan: „Christus ja, Kirche nein" wirklich sinnlos, weil der Christ zur Kirche „Ja" sagen muss, um seines „Ja" zu Christi willen. Die Kirche ist der einzige Raum, in dem er ganz sicher gegenwärtig ist! Ohne diese Tatsache müssten wir den österlichen Christus halt so feiern, wie die Völker und Staaten ihre Gedenktage begehen. Die christliche Gemeinde feiert Ostern nicht, indem sie lediglich eine Show darbietet, sondern ein Mysterium darstellt, dass uns ganz und gar in Beschlag nimmt. Indem Gott seinen Sohn von den Toten auferweckt hat, öffnet er ein Tor, nicht nur für Jesus, sondern für alle, die er sich „einverleibt" hat. Nicht nur für den Karfreitag gilt das Wort: mitgegangen – mitgehangen, sondern auch für den Ostersonntag: mitgestorben und mitauferstanden.

Seine Auferstehung öffnet auch uns einen neuen Weg. Unsere Lebenswege enden nicht mehr ausweglos in der Falle des Todes. Vielmehr tut sich im letzten Raum unserer Existenz eine Tür auf, die nicht ins schwarze Nichts führt, sondern hinein in Gottes unabsehbare Zukunft. Jesus hält uns die Tür offen, durch die er selber gegangen ist. Mehr noch: Er zieht uns nach. Die Frucht einer solchen Mitbeteiligung am Ostermysterium macht uns zu Zeugen seiner Herrlichkeit, zu Augen-, Ohren- und Tatzeugen. Dann können wir mit dem Apostel Johannes bekennen: „Was von Anfang an war, was wir gehört haben, was wir mit unseren Augen gesehen, was wir geschaut und was unsere Hände angefasst haben, das verkünden wir: das Wort des Lebens" (1 Joh 1,1).

Bilde unser Herz nach deinem Herzen!
Osterartikel 1995 für die Kirchenzeitung des Erzbistums Köln

Die alten Völker erwarten das Heil von ihren Idolen und Göttern, die Aufklärung von den Gelehrten, Nietzsche vom Übermenschen, Tolstoi von den Armen, Karl Marx von den Proletariern. So viele Menschen sind in Erwartungen, und so viele Erlöser stehen in der Gefahr, den Erlöser zu übersehen. Ostern ist das Fest der Erlösung schlechthin. Gott und Mensch sind eins geworden durch den Tod und die Auferstehung Jesu Christi, d. h. im Tod Christi wird Gott wie ein Mensch, und in seiner Auferstehung bekommt der Mensch teil am Leben Gottes. Die blutroten Male seiner Wunden sind wie Siegel, die bestätigen: Diese Erlösung gilt zu allen Zeiten und an allen Orten. Denn auch der auferstandene Christus trägt sie in seiner verklärten Leiblichkeit an sich und nimmt sie mit sich in der Himmelfahrt zu seinem Vater. Bis zum Blut reichte der Einsatz Gottes für den Menschen und für die Welt. Diese fünf Wundmale sind wie die fünf Sinne des Menschen: Sie umschließen alles, was der Mensch tut und erleidet. An ihnen zeigt sich seine österliche Existenz.

• Seine Hände sind geprägt durch die Male der Nägel

Mit den Händen arbeitet und schafft der Mensch. Mit seinen Händen dient und betet er. Mit den Händen zerstört er aber auch und tötet. Wenn es wahr ist, dass sich der Mensch aus den niederen Lebewesen hoch entwickelt hat, dann war einer der wichtigen Punkte in dieser Entwicklung, als aus seinen Gliedmaßen Hände wurden.

Die Hände Jesu sind durchbohrt. Seine Hand ist nicht geballt zur Faust, sondern geöffnet zur Hilfe. Diese Nagelwunden an den Händen Jesu stehen gegen das Wort, das auch Kain gesagt haben könnte. Willst du nicht mein Bruder sein, dann schlag ich dir den Schädel ein. Jetzt dürfen wir das österliche Wort hören: „Friede sei mit euch!" (Joh 20,19). Durchbohrte Hände schlagen nicht und töten nicht. Durchbohrte Hände sind geöffnet und teilen die Gaben Gottes aus. Man wird die Mächte und Gewalten dieser Welt nicht eher zur Abrüstung und zur Hilfe für die Hungernden bewegen, bevor nicht ihre Hände durchbohrt sind wie die Hände des Erlösers. Erst diese durchbohrten Hände lassen die Keule Kains zu Boden fallen und die Friedenspalme ergreifen. Deswegen kann man sich auch den heiligen Franziskus, der die Stigmata, die Wundmale Jesu, getragen hat, nicht mit einem Maschinengewehr oder einer Handgranate vorstellen. Auf die Hände kommt es an. Mit ihnen entscheidet sich, ob die österliche Revolution zum Siege kommt oder ob es nur ein gemütsvolles Frühlingsfest wird.

• Die Füße Jesu sind durchbohrt

Die Füße tragen den Menschen zur Sünde oder zum Heil. Sie bringen den Menschen ins Leben oder in den Tod. Immer ist der Mensch der unruhige Nomade Gottes, der ewige Pilger. „Unruhig ist unser Herz, bis es ruht in dir, o Gott", sagt Augustinus. Erst die mit den Wundmalen Christi gezeichneten Füße des Menschen gehen die Wege Gottes. Die Wege Gottes stehen oft im Gegensatz zu den breiten Wegen oder den Trampelpfaden der Zeitgenossen. Ein anderes Bild drückt das so aus: Die Jünger Jesu schwimmen gegen den Strom. Nur lebendige Fische schwimmen gegen den Strom, tote Fische schwimmen immer mit dem Strom.
„Ich lebe und auch ihr werdet leben!" (vgl. Joh 14,19), lautet das Vermächtnis des Auferstandenen an die Christen aller Generationen und aller Zeiten. Wer sich so auf Gottes Wege macht, schlägt meistens eine Richtung ein, die gegen das ist, was gerade „in" ist. Die Wege Gottes werden nur selten von modischen Trends vorgezeichnet. Christen haben immer dafür zu sorgen, dass die Spuren Jesu auf den Wegen der Welt nicht verweht werden, damit die Menschen trotz

ihrer Holzwege und Sackgassen zurückfinden auf den Weg, der zum Leben führt. Christen sind die Spurensicherer des Auferstandenen, damit die Suchenden dem österlichen Christus auf die Spur kommen. Es gibt nur einen Weg, der zum Leben führt, das ist der Weg dessen, der von sich gesagt hat: „Ich bin der Weg und die Wahrheit und das Leben" (Joh 14,6).

• Sein Herz ist gezeichnet von einer einzigen Wunde,
  der wichtigsten, der bedeutendsten

Auf die Frage eines Menschen: „Was ist härter als ein Stein?" antwortete ein Enttäuschter: „Das menschliche Herz." Seit Ostern kann das nicht mehr gelten. Seitdem das Herz des Erlösers von der Lanze durchbohrt wurde, steht es allen offen. Es gilt nicht mehr das Wort: „Das menschliche Herz ist härter als ein Stein", sondern nun bitten die Nachfolger Christi: „Bilde unser Herz nach deinem Herzen!"
Die Geschichte der Welt ist im eigentlichen Sinn eine Geschichte der menschlichen Herzen. Hass, Krieg und Unfriede beginnen im menschlichen Herzen. Doch ebenso haben Friede und Versöhnung ihren Ursprung im Herzen der Menschen. Beides kann das menschliche Herz sein: eine Räuberhöhle ebenso gut wie auch eine Goldgrube. Deswegen lautet die Osterbitte der Christen: „Bilde unser Herz nach deinem österlichen Herzen!" Die fünf verklärten Wundmale Christi sind an jeder Osterkerze sichtbar angebracht, damit Christen daran ihr eigenes Osterprogramm ablesen können. Vielleicht müssen sie mit dem zweifelnden Thomas sagen. „Wenn ich nicht die Male der Nägel an seinen Händen sehe und wenn ich meinen Finger nicht in die Male der Nägel und meine Hand nicht in seine Seite lege, glaube ich nicht" Joh 20,25). Das wäre die Ostergnade, wenn viele Christen die Wundmale des österlichen Herrn in den Blick bekommen und ihre Hände hineinlegen könnten.
Seit Jahrhunderten betet die Christenheit: „In deine Wunden berg ich mich." Petrus hat nichts anderes vor Augen gehabt, als er schrieb: „Durch seine Wunden seid ihr geheilt" (1 Petr 2,24). Erst wenn die Christen als Jünger Jesu seine Wundmale tragen, fließen den Menschen von heute die österlichen Gnaden zu. Es sind ja nicht nur die Stigmata der großen Heiligen, wie z. B. die des heiligen Franziskus.

Es gibt viele stigmatisierte Menschen, die im Verborgenen und unbekannt leben, welche die Wundmale Jesu an ihrem Leibe tragen: Kinder, die um Jesu willen verletzt wurden; Jugendliche, die sich auf ihr Gewissen beriefen und dafür die Wundmale Jesu erlitten; Frauen und Männer, die Gott mehr gehorchten als den Menschen und dafür verwundet wurden.

In der frühen römischen Gemeinde gab es einen merkwürdigen Brauch. Wenn Christen, die in Verfolgungszeiten zu langjährigen Zwangsarbeiten in den Bergwerken verurteilt worden waren, nach ihrer Begnadigung zurückkehren durften, zogen die Mitglieder der römischen Gemeinde den ehemals Verfolgten entgegen. Sie knieten vor ihnen nieder und küssten die von der Zwangsarbeit entstellten Hände und Füße. Sie waren überzeugt, darin die österlichen Wundmale Jesu zu verehren. Manchem Kind, manchem Jugendlichen, manchen Frauen und Männern müsste man die Hände küssen, weil aus ihnen die österlichen Wundmale Jesu entgegenleuchten.

Der Christ ist eigentlich immer ein Gezeichneter. „Und das ist der Sieg, der die Welt besiegt hat: unser Glaube" (1 Joh 5,4), schreibt Johannes. Wer des Herrn Stigmata trägt, steht auf der Seite der Zukunft, weil er auf der Seite Christi steht. Christus ist die große Hoffnung der Welt, weil wir durch seine Wunden geheilt sind.

Christus ist erstanden

Predigten zum Osterfestkreis 1996

Gelitten unter Pontius Pilatus

Predigt am Palmsonntag 1996 im Hohen Dom zu Köln

Jesus macht sich am Palmsonntag auf, um in seine Stadt Jerusalem einzuziehen. Hier wird sich seine Sendung erfüllen, indem er durch seinen Tod und seine Auferstehung die Welt bleibend zum Positiven verändert. Er beendet seinen irdischen Weg vor der letzten Autorität der Stadt, vor dem römischen Statthalter Pontius Pilatus. Deshalb findet der Name dieses Politikers auch in unserem Glaubensbekenntnis seine Erwähnung. So wird deutlich, dass sich die Heilsgeschichte nicht außerhalb der Weltgeschichte vollzieht, gleichsam in einem abgesonderten heilen und idealen Raum, sondern inmitten von gewöhnlichen und alltäglichen Bedingungen und Verhältnissen.

Pilatus wird im Glaubensbekenntnis mit dem kleinen Wort „gelitten" in Verbindung gebracht: „Gelitten unter Pontius Pilatus", heißt es dort. Dies ist nicht nur in dem Sinne zu verstehen, dass das Leben Jesu neben seiner Sonnenseite nun auch seine Schattenseite aufweist. Das stimmt natürlich, und sie lässt sich von Anfang bis Ende des Geschicks Jesu nicht wegdiskutieren. Angefangen bei Herodes bis hin zu Pilatus verläuft dieser Weg im Schatten des Kreuzes.

Doch der Schatten des Kreuzes weist in den Evangelien viel tiefer. Der Weg dieses Leidens ist nicht Missgeschick, sondern Vollzug einer Sendung, ist der Weg des Mitleidens, der Hingabe für viele. „Denn der Menschensohn ist nicht gekommen, um sich dienen zu lassen, sondern um zu dienen und sein Leben hinzugeben als Lösegeld für viele" (Mt 20,28).

Im „Gelitten unter Pontius Pilatus" geht es um keine Mystifizierung des Bösen und des Leidens, um keine passive Versöhnung mit dem Übel, sondern um die „Mitleidenschaft" Jesu Christi, um sein Mitleiden, Mittragen, Mitkämpfen mit dem Menschen schlechthin. Das Kreuz steht in der Kirche nicht als Vorgang in einem Mechanismus beleidigten Rechts, sondern umgekehrt: Es steht da als Ausdruck für die Radikalität der Liebe, die sich gänzlich wegschenkt; als der Vorgang, in dem einer das ist, was er tut und das tut, was er ist; als Ausdruck für ein Leben, das ganz „Da-Sein" für die anderen ist. Pro vobis – für euch, ist die christliche Formel für das Leiden Christi.

Wir sind nicht allein mit unserem Leiden und auch nicht allein mit unserem Leiden am Leiden. Unsere Passion ist in die Passionsgeschichte des Sohnes Gottes aufgenommen. Gott selbst, auf dem Wege seines Sohnes mit uns und für uns, leidet am Leiden seiner Geschöpfe. Er ist kein apathischer Gott, sondern ein sympathischer. Er nimmt sich der Leidenden an. Sünde und Leiden haben deshalb nicht das letzte Wort. Das ist der Abschied von einer Mystifizierung des Leides, der Gleichgültigkeit dem Leiden, besser den Leidenden, gegenüber. Positiv gesagt: Dies ist der Aufruf zum Mitleiden, zum Mittragen und zum Mitkämpfen in der Nachfolge Jesu. Darum lädt uns die Karwoche ein zum Mitleiden, Mittragen und Mitkämpfen mit Jesus in den Tagen seiner Passion vom Palmsonntag bis zum Karsamstag, wie etwa Simon von Cyrene oder Veronika, damit wir so zum Mittragen und Mitleiden seiner Leidensgefährten unter uns befähigt werden.

Jesus sprach in der Nacht, da er verraten wurde, zu seinen Jüngern: „Tut dies zu meinem Gedächtnis!" (Lk 22,19). Diese Worte meinen zunächst den Vollzug der Eucharistie. Sie haben aber darüber hinaus noch eine umfassendere Bedeutung: Es gilt der Passion Jesu, der Mitleidenschaft des Sohnes Gottes zu gedenken und ihr in solidarischer Mitleidenschaft zu entsprechen. Was brauchen wir heute in der Kirche mehr als ein solch waches Gedächtnis und ein entsprechendes Tun im Geiste dessen, der da gelitten hat unter Pontius Pilatus! Das ist unsere Berufung für die beginnende Karwoche.

Im Kraftfeld des Gekreuzigten

Predigt zur Missa Chrismatis 1996 im Hohen Dom zu Köln

Unser ganzes Schicksal lässt sich zusammenfassen in den beiden Missetätern am Kreuz. Sie sind für uns keine Fremden. Im Grunde sind sie wir selbst. So haben wir denn gar keine andere Wahl, als uns zwischen dem auf der rechten und dem auf der linken Seite zu entscheiden. Der auf der linken Seite wendet sich mit einer letzten Versuchung an Jesus: „Bist du denn nicht der Messias? Dann hilf dir selbst und auch uns" (Lk 23,39). Auch die Soldaten und Priester hatten zuvor gespottet und gemeint, er solle sich nur selbst helfen, dann werde man schon an ihn glauben (vgl. Lk 22,63–65; 23,6–12). Doch während Jesus schweigt, bewahrt sich der andere Missetäter – ebenfalls ohne Bewegungsfreiheit ans Kreuz genagelt – eine letzte Freiheit, nämlich die Freiheit des Glaubens, indem er ruft: „Jesus, denk an mich, wenn du in dein Reich kommst" (Lk 23,42). Und Jesus lenkt seinen Blick auf ihn und antwortet: „Heute noch wirst du mit mir im Paradies sein" (Lk 23,43).

Der gute Schächer am Kreuz ist nicht nur eine Randfigur des Passionsgeschehens. Er ist für uns als Priester und Diener der Kirche gleichsam eine normative Gestalt. Denn bei ihm erleben wir gewissermaßen die erste Konzelebration, die erste Kanonisation und die erste Mission.

• Konzelebration

„Wenn ich über die Erde erhöht bin, werde ich alle zu mir ziehen" (Joh 12,32), sagt der Herr. Der gute Schächer ist der buchstäblich Erste, der in dieser Weise erhöht wird. Er hat das Niveau des gekreuzigten Christus erreicht. Er verkündet Christus, und zwar den Gekreuzigten, glaubwürdig aus seiner Konformität mit ihm, der den Juden ein Ärgernis, den Helden eine Torheit (vgl. 1 Kor 1,23) und den Christen heute manchmal beides zusammen ist.

Die Eucharistie ist die Vergegenwärtigung des Kreuzesopfers Christi. Das sollten wir nicht vergessen. Der Zelebrant wird zum Konzelebranten des gekreuzigten Christus. Unsere Messgewänder zeigen häufig das Kreuz, so dass wir als Priester bei der Feier der heiligen Messe gleichsam in das Kreuz Christi eingehüllt sind. Wir bekreuzigen uns am Beginn der Messfeier, um uns ganz bewusst auch äußerlich in die „forma crucis", in die Form des gekreuzigten Christus zu begeben. Ohne dieses Niveau Christi ist uns Teilhabe an der Sendung Christi nicht möglich. Dass nur ja nicht das Kreuz Christi ausgehöhlt werde (vgl. 1 Kor 1,17) ist die einzige Sorge des Apostels Paulus. Denn dann wäre alle unsere Arbeit fruchtlos und vergeblich.

Im Kreuz berührt sich die Ekstase Gottes mit der Introvertiertheit des sündigen Menschen. Das zerreißt den Herrn, aber auch den Jünger.

Der Mensch gleicht einem Atom. Alles dreht sich bei ihm um das eigene Ich als den Atomkern. Die Neutronen kreisen unaufhörlich um diesen Kern und bilden gleichsam einen Neutronenmantel, der den Personenkern unberührbar und unerreichbar macht. Erst wenn durch einen gewaltigen Einbruch von außen einige Neutronen aus diesem ewigen Kreislauf herausgesprengt werden, um sich dann um einen anderen Mittelpunkt zu drehen, der nicht mehr das eigene Ich ist, ist Liebe möglich. Dazu aber ist so etwas wie eine Atomsprengung nötig. In dem alten Brevier eines verstorbenen Pfarrers fand ich einen Zettel, auf dem er eine solche Sprengung der Liebe vermerkt hatte, indem er schrieb: „Aus meiner Seite rinnt das Blut. Vom Leid getroffen, erwacht das Herz. Die Wandlung ist geschehen: Ich bin Priester."

Das ist die Mitte des Kreuzes Christi. Dorthin werden seine Jünger gezogen, damit ihnen jene Liebe möglich ist, die allein die Welt positiv verändert. „Wie mich der Vater geliebt hat, so habe auch ich euch geliebt. Bleibt in meiner Liebe" (Joh 15,9). Deshalb: Bleibt am Kreuz! Macht meine Interessen zu euren Interessen! Macht meine Liebe zu eurer Liebe! Macht mich zum Mittelpunkt eurer Person! „Denk an mich, wenn du in dein Reich kommst!", sagt der gute Schächer. Denn du nimmst nicht die Gesunden, sondern die Kranken auf. Du hast den Sünder zum unerwarteten Freund gemacht.

• Die Kanonisation

„Amen, ich sage dir: Heute noch wirst du mit mir im Paradies sein". Das ist die erste Kanonisation, die es in der Kirche gibt; denn mit ihm zu sein, ist der Kern christlicher Heiligkeit. Mit ihm am Kreuz und im Paradies zu sein, ist die Mitte priesterlicher Spiritualität. Mit ihm auf dem Niveau des Kreuzes zu stehen oder zu hängen, konfiguriert uns mit ihm, so dass er mit uns im Paradies, d. h. im dreifaltigen Leben Gottes sein kann. Hier ist Imitation fällig. Der Apostel Paulus schreibt im ersten Thessalonicherbrief: „Und ihr seid unserem Beispiel gefolgt und dem des Herrn; ihr habt das Wort trotz großer Bedrängnis mit der Freude aufgenommen, die der Heilige Geist gibt. So wurdet ihr ein Vorbild für alle Gläubigen in Mazedonien und in Achaia" (1 Thess 1,6 f.). Ich weiß, wie viel Unverständnis, Kritik und

Ablehnung heute vielfach den Priester selbst aus unseren Kerngemeinden trifft, nicht nur, weil wir schwache Menschen sind, sondern weil wir den Glauben der Kirche ganz zu leben und zu verkündigen suchen. Wie weh tut dem Priester darüber hinaus, wenn er vor fast leeren Bänken die heiligen Geheimnisse feiert. Viele Mitbrüder sind davon gleichsam stigmatisiert wie Christus.

Mit ihm sein ist der Kern priesterlicher Heiligkeit. In diesen Tagen schrieb mir eine Frau einen verzweifelten Brief, der mit der Feststellung endete: „Wir brauchen nichts nötiger als heilige Priester! Aber wo bekommen wir sie her, und zwar so viele?" Wo bekommen wir sie her? – Vom Kreuz Christi! Und wo bekommen wir so viele her? Wenn wir nur so einen hätten wie den einen Schächer am Kreuz. Er wurde konform mit Christus und blieb in Form, so dass ihm das unvergessliche Wort galt: „Heute noch wirst du mit mir im Paradies sein." Mit ihm sein ist unsere Lebensform als Priester. Er ist ganz mit seiner Kirche, die auch sein Kreuz ist. Mit ihm am Kreuz zu sein, heißt auch: ganz in der Kirche zu sein.

• Die erste Mission

Der Verbrecher wird nun zum Freund des Meisters. Ihn nimmt er mit in das Paradies und wird dort zum ersten Missionar seines Herrn. Als Ersterlöster empfängt er nun an der Paradiestür die Gerechten des Alten Bundes, angefangen von Adam bis hin zu Johannes dem Täufer, die der Auferstandene aus der Unterwelt herausholt. So zeigen es uns die ostkirchlichen Ikonen. Den Sündern ins Paradies Eingang zu verschaffen, ist unsere Berufung. Eine Pastoral, die das Paradies ausklammert, degeneriert zu rein innerweltlichen Verbesserungskonzepten, die von vornherein zum Scheitern verurteilt sind. Unser Weg führt von der Genesis zur Apokalypse, von der Erde zum Paradies.

Die Apokalypse ist zu allen Zeiten das Kurs- und das große Trostbuch der Kirche, besonders aber in schweren Zeiten. Ohne sie verlieren wir die Orientierung. Das Paradies steht als der Punkt Omega vor uns, der uns wie ein Magnet anzieht. Die Menschen dahin zu führen, ist unsere tiefste Berufung. Der gute Schächer wurde begnadigt zu Gunsten der noch nicht Begnadigten. Ihm wurde heute das Paradies verheißen, damit er morgen andere ins Paradies aufzunehmen vermag. Er wurde erwählt auch für die noch nicht Erwählten. Als gottbegnadeter Sünder lädt er alle von Gott begnadeten Sünder ein. Durch einen Baum wurde Adam aus dem Paradies vertrieben und mit ihm Eva. Durch den Kreuzesbaum durfte der gute Schächer das Paradies betreten und mit ihm viele andere. Er hat dem Meister nicht den Judaskuss gegeben, sondern sich zu ihm in der letzten Schmach seines Lebens bekannt. Indem ich mich zu ihm bekenne, bekennt er sich zu mir. Indem wir uns dann aber zu den Menschen bekennen, werden sie sich auch zu uns bekennen und damit zum Herrn.

„Jesus, denk an mich, wenn du in dein Reich kommst", ist unsere Bitte für uns und für die vielen, die uns anvertraut sind. Wir hören dann seine Verheißung für uns und für alle, für die wir einzustehen haben: „Heute noch wirst du mit mir im Paradies sein." Das müssen wir weitersagen, „denn wovon das Herz voll ist, davon spricht der Mund" (Mt 12,34). So begegnet uns im guten Schächer am Kreuz eine normative Gestalt für unseren priesterlichen Auftrag. „Wenn ich über die Erde erhöht bin, werde ich alle zu mir ziehen" (Joh 12,32). Begeben wir uns in das Kraftfeld des Gekreuzigten, damit wir sein Niveau erreichen.

Liebe bis zur Vollendung
Predigt am Gründonnerstag 1996 im Hohen Dom zu Köln

„Da er die Seinen, die in der Welt waren, liebte, erwies er ihnen seine Liebe bis zur Vollendung" (Joh 13,1). Dies zeigt sich besonders am Gründonnerstagabend, da er sich im Geschehen der Einsetzung der Eucharistie vergebbar und verschenkbar gemacht hat. Im Brot zerbrechlich und austeilbar, im Wein verschüttbar und trinkbar. Darin hat er sich der Kirche leibhaftig hinterlassen und bleibt in dieser demütigen Gestalt bei uns alle Tage, bis zur Vollendung der Welt (vgl. Mt 28,20). Der heutige Abend macht deutlich, dass Jesus sich uns in einer dreifachen Weise hinterlassen hat.

- In der Gestalt der Kirche

„Wo zwei oder drei in meinem Namen versammelt sind, da bin ich mitten unter ihnen" (Mt 18,20). Der Gesang des Gründonnerstags besingt diese Wirklichkeit, wenn es heißt: „Wo die Güte und die Liebe wohnt, dort nur wohnt der Herr." Immer in einer Weise zusammen zu sein, in der Jesus als Dritter dabei sein kann, ist sein Vermächtnis an diesem Abend. Diesem Auftrag gilt auch sein: „Tut dies zu meinem Gedächtnis!" Aber schon diese Form der Gegenwart des Herrn in der kirchlichen Gemeinschaft zeigt die ganze Realität menschlicher Tragik. Da ist zunächst Johannes der Lieblingsjünger, der am Herzen seines Meisters am Abendmahltisch ruht (vgl. Joh 13,23). Zu gleicher Zeit plant ein anderer Jünger am selben Tisch den Verrat des Meisters, den er dann für 30 Silberlinge ausliefert. Das Schicksal des Herrn wird auch zum Schicksal seiner Kirche.

„Bleibt in meiner Liebe!" (Joh 15,9), ist der ergreifende Appell als Antwort des Meisters an seine Jünger. Feiern wir die Gegenwart des Herrn in der kirchlichen Gemeinschaft, dass wir so miteinander beten, arbeiten und Gottesdienst feiern, auf dass der Herr immer dabei sein kann. Dann wird jede Eucharistiefeier zu einem Abbild der Abendmahlsgemeinschaft des Gründonnerstags, mit Ausschluss des Judas.

- In der Gestalt der mühseligen und beladenen Menschenbrüder und -schwestern

„Was ihr für einen meiner geringsten Brüder (und Schwestern) getan habt, das habt ihr mir getan" (Mt 25,40). Darum wäscht der Herr den Jüngern die Füße, um auf diese Wirklichkeit seiner Gegenwart hinzuweisen. Mutter Teresa von Kalkutta sagt ihren Schwestern: Macht eure Arbeit im Kinder- und im Sterbehaus gut. Denn der Jesus in der Eucharistie und der Jesus in den Findelkindern sowie in den Sterbenden und Vergessenen ist derselbe Jesus. So wie Jesus über die Gaben von Brot und Wein nicht gesagt hat: Tut so, als ob das mein Leib und Blut wären, so sagt er auch nicht: Was ihr den Geringsten meiner Brüder und Schwestern getan habt, ist so, als ob ihr es mir getan hättet. Nein, er sagt ganz schlicht im Indikativ über Brot und Wein:

„Das ist mein Leib, das ist mein Blut" und darum konsequenterweise auch: „Was ihr für einen meiner geringsten Brüder (und Schwestern) getan habt, das habt ihr mir getan." Geschwisterlicher Dienst ist in dieser Weise Christusdienst.

• In der Gestalt des Mysteriums der Eucharistie

Schließlich ist die dritte Weise seiner Gegenwart die im eucharistischen Mysterium. In den Gaben von Brot und Wein geschieht sein Bei-uns-bleiben. Hier ist uns die dichteste und intensivste Form seiner Gegenwart geschenkt. Sie wird würdig gefeiert, wenn sich auch die erste Gegenwart in der kirchlichen Gemeinschaft vollzieht. Bevor Christus die Eucharistie einsetzt, hält er mit seinen Jüngern das brüderliche Mahl.

Ebenso wird das eucharistische Mysterium nur dort richtig gefeiert, wo wir seiner Gegenwart in den leidenden Gliedern seines Leibes gedenken. Darum steht vor der Einsetzung der Eucharistie am Gründonnerstag die Fußwaschung und von Anfang an neben dem Gotteshaus das Armenhaus. Die Eucharistie ist wirklich sein „Test-am-End", sein Testament. Auf sie haben wir kein Recht. Es gibt kein Recht auf Eucharistie! Sie ist reines Geschenk. Wo wir aber die Gegenwart des Herrn in der kirchlichen Gemeinschaft und in der Liebe zu den Mühseligen und Beladenen dieser Welt feiern, dort wird es uns nie an Priestern fehlen, die uns das eucharistische Brot brechen und den eucharistischen Kelch reichen.

Der heutige Abend ist dann schließlich auch der Abend der Einsetzung des Priestertums, indem der Herr ausschließlich den zwölf Aposteln sagt: „Tut dies zu meinem Gedächtnis!" (Lk 22,19). Das Vorhandensein von Priestern als Ausspender der Geheimnisse Christi in unseren Gemeinden ist nicht eine Frage unserer Forderung nach Veränderung von Zulassungsbedingungen zum Priesteramt, sondern eine Frucht unserer Einheit mit Christus in der kirchlichen Gemeinschaft, im Armendienst und in der eucharistischen Mitfeier. Eine im Geiste Christi geeinte Kirche wird fruchtbar in geistlichen Berufungen.

„Gott ist die Liebe" (1 Joh 4,8), das zeigt der heutige Abend überdeutlich. Liebe will sich verschenken. Darum öffnet der Herr sein

Herz und nimmt die Jünger in seine Tischgemeinschaft auf, selbst den Judas. Darum kniet er vor ihnen nieder, um ihnen die Füße zu waschen und deshalb händigt er sich den seinen in den Gaben von Brot und Wein aus. Die Jünger und wir sind die absolut Beschenkten dieses Abends und gleichsam die „Kostgänger" seiner Passion. Der Psalm erinnert uns heute besonders eindringlich: Seele, vergiss nicht, was er Gutes dir getan! (vgl. Ps 13,6).

Gott ins Antlitz schauen
Predigt am Karfreitag 1996 im Hohen Dom zu Köln

Ein Kennwort christlichen Glaubens lautet: Revelatio, d. h. Offenbarung. Der Karfreitag ist der ergreifende Kommentar dessen, was Revelatio oder Offenbarung ist. Der Vorhang im Tempel von Jerusalem, der das Heiligtum vom Allerheiligsten trennt, zerreißt in der Stunde des Todes Jesu. Im Sterben des Sohnes wird vom Angesichte Gottes der verhüllende Schleier zurückgezogen. Wir dürfen Gott ins Antlitz schauen. Es wird offenbar, wer Gott ist: „Wer mich sieht, sieht den, der mich gesandt hat" (Joh 12,45), sagt Jesus. Die Kreuzenthüllung und Kreuzverehrung setzen das Geschehen von damals in unserer Mitte heute fort.

Was ist da zu sehen, wenn das Velum, d. h. der Schleier, vom Kreuz zurückgezogen wird? Gott ist nicht die Macht, sondern die Liebe, und zwar die Macht der Liebe! Indem Jesus am Kreuz an unsere Stelle tritt, stellt er uns hin an seine Stelle. Darum heißen wir nicht nur Kinder Gottes, wir sind es (vgl. 1 Joh 3,1). Unsere Sünde wurde seine Sünde, damit seine Liebe unsere Liebe würde. Darum sagt er uns: „Liebt einander!" (Joh 15,17). Unser Tod wurde sein Tod, damit sein Leben unser Leben würde. Wer an mich glaubt, wird leben in Ewigkeit (vgl. Joh 6,47; 11,25). Was unser ist, ist sein geworden, auf dass, was sein ist, unser würde. „Alles, was mein ist, ist dein", sagt der Herr.

Was ist zu sehen, wenn der Schleier vom Kreuz Jesu zurückgezogen wird? Wir schauen Gott selbst. „Wer mich sieht, sieht den, der mich gesandt hat", und wer mich sieht, sieht den Menschen. Nur wer Gott kennt, kennt daher auch den Menschen. Das Kreuz ist darum auch die Offenbarung des Menschen. Ist unsere Vereinigung mit Christus ganz eng, so ist seine Zukunft auch unsere Zukunft. Dann kann uns auch nichts von ihm trennen, wenn er am dritten Tage aufersteht. Seine Auferstehung ist unsere Auferstehung. Sein österlicher Leib wird unser österlicher Leib. Dann kann uns auch nichts von ihm scheiden, wenn er zum Vater in den Himmel geht. Ich gehe hin, um für euch eine Wohnung zu bereiten, damit auch ihr dort seid, wo ich bin (vgl. Joh 14,2f.). Gottes Sohn nahm teil an aller menschlichen Vergänglichkeit, damit die Seinen an seiner unvergänglichen Herrlichkeit teilnehmen können.

In dieser geschichtlichen Stunde zieht der Unglaube den Schleier wiederum vor Gottes Angesicht. Wir erleben eine neue Gottesfinsternis. Der Unglaube möchte die Kreuzverehrung rückgängig machen. Er verdunkelt Gottes Gegenwart in unserem Alltag. Damit wird der Mensch orientierungslos. Er verliert seine Dimension zu Gott hin. Aber was Christus heute dem guten Schächer am Kreuz sagt: „Heute noch wirst du mit mir im Paradies sein" (Lk 23,43), ist für uns doch erst Zukunft. Aber sie ist in der Gegenwart vollbracht. Göttliche Zukunft ist größere Wirklichkeit als menschliche Gegenwart, Gottes Versprechen ist leibhaftigere Tatsache als menschliche Vergangenheit. Was Gott sagt, hat mehr Realität als das, was wir tun. Gottes Zukunft ist gewisser als menschliche Gegenwart, und die Reihenfolge dieser Welt ist durch Gottes Tat außer Kurs gesetzt. Glauben wir, so ist Gottes Zukunft Gegenwart, und menschliche Gegenwart wird Vergangenheit. Blicken wir bei der Kreuzverehrung wie der gute Schächer nur auf ihn. Dann sehen wir den Vater, dessen Reich unter uns ist und hören seine Botschaft: „Heute noch wirst du mit mir im Paradies sein."

Marána tha – Komm, Herr!
Predigt in der Osternacht 1996 im Hohen Dom zu Köln

Ohne die Osternacht gäbe es keine Sonntage, gäbe es keine Auferstehungstage. Ohne Auferstehung bliebe der Mensch eine Frage ohne

Antwort. Ohne Osternacht wäre die Welt noch wüst und leer. Ostern ist darum der achte Schöpfungstag, der Gottes Werk erst vollendet hat.

Die Osternacht ist zunächst der persönliche Sieg Christi. Sie ist sein „Jüngster Tag". In der Auferstehung durfte der Herr in die seit seiner Menschwerdung verlassene Ewigkeit und Allgegenwart Gottes zurückkehren. Nun lebt er in der Ewigkeit. Wir dagegen bleiben in den Tagen dieser Zeit zurück. Als Ostergabe hinterlässt uns der Herr die Erwartung seiner Wiederkunft. Sie ist das Band, das uns in der Zeit mit ihm in der Ewigkeit verbindet.

Die Urkirche artikuliert diese Erwartung in ihrem Stoßgebet: Marána tha – Komm, Herr! Diese Erwartung ist die Energie des Osterglaubens. Je schwieriger das Osterzeugnis in der Welt war, desto lauter rief das Volk Gottes: Marána tha (vgl. 1 Kor 16,22). Das Glaubensbekenntnis schließt nicht mit einem Abgesang, sondern mit der großen Erwartung der Auferstehung der Toten und des Ewigen Lebens. Komm, Herr!

An Ostern begegnet der Herr geisterfüllt seinen Jüngern. Er lässt sich von diesen jedoch körperlich berühren, damit sie ihn nicht für einen Geist halten. Der Osterglaube findet seine Bestätigung in dem handgreiflichen Ereignis seiner Auferstehung. So will Ostern auch in handgreiflichen Taten bezeugt werden.

Der erste „Handzeuge" seiner Auferstehung ist der so genannte ungläubige Thomas, der erschüttert die Hand in die Herzwunde des Herrn legt und dabei spricht: „Mein Herr und mein Gott" (Joh 20,28). Unsere Welt, die uns umgibt, verhält sich oft wie der ungläubige Thomas. Sie wird unseren Worten nicht glauben. Denn es ist schon alles gesagt und widerlegt worden. Die Welt möchte ihre suchenden Hände in unsere offenen Herzen und in unsere offenen Hände legen. Dann wird sie überwältigt sprechen: „Mein Herr und mein Gott."

An Ostern weht uns der Heilige Geist entgegen, indem Christus seine Jünger anhaucht und sagt: „Empfangt den Heiligen Geist. Wem ihr die Sünden vergebt, dem sind sie vergeben" (Joh 20,23). In der Sünde begraben wir uns selbst. Über vielen Menschen lastet wie ein Grabstein jahrelang verdrängte Schuld. Die Vergebung als Ostergabe gibt uns die reale Möglichkeit, Auferstehung zu feiern. Hundertfach haben Menschen in diesen Tagen in den Beichtstühlen unseres Domes Auferstehung gefeiert. Viele erleben in dieser heiligen Nacht ihre persönliche Auferstehungsfeier in dem Sakrament der Taufe. Als österliche Menschen wissen wir uns als begnadete Sünder, denen das Halleluja näher ist als das Miserere. Die Vorwegnahme der Freude über unsere eigene zukünftige Auferstehung macht aus der gegenwärtigen Osternacht ein großes Fest des Glaubens.

Wir erwarten den kommenden Herrn und rufen: „Marána tha" – „Komm, Herr." Wir bekennen uns zu seiner leibhaftigen Auferstehung und sprechen mit Thomas: „Mein Herr und mein Gott." Wir freuen uns unserer Auserwählung und unserer künftigen Auferstehung und singen mit der Kirche: Halleluja.

Christus ist wahrhaft auferstanden
Predigt am Osterfest 1996 im Hohen Dom zu Köln

„Christus ist auferstanden!", mit diesen Worten begrüßen sich heute viele Christen, namentlich in der östlichen Christenheit. „Ja, er ist wahrhaft auferstanden!" lautet die Antwort auf diesen Ostergruß. Dieses Glaubenszeugnis will für den Wirklichkeitsbezug des Auferstehungsglaubens bürgen. Denn die Auferstehung lässt sich nicht vom Osterglauben her verstehen, sondern umgekehrt, der Osterglaube lässt sich nur von der Auferstehung Christi her begründen.

Für einen nachdenklichen Menschen ist es selbstverständlich, dass zunächst die Auferstehung geschehen ist und erst dann der Glaube daran folgt. Aber es gibt auch Leute, die es umgekehrt haben möchten, nämlich dass sich die Jünger zuerst ein Wunschbild von der Auferstehung machten, an das sie schließlich selbst glaubten. Die Auferstehung Christi ist dann nichts anderes als das Produkt ihres Glaubens.

Die Bibel jedoch beweist geradezu das Gegenteil. Danach haben sich die Jünger Jesu gegen diese Botschaft von der Auferstehung Christi heftigst gewehrt. Sie waren nicht leichtgläubig oder schnell zu überzeugen. Die Hinrichtung Jesu hatte für sie alles infrage gestellt, was sie bisher glaubten und erhofften. Wenn dann aber die gleichen Jünger einige Tage später einmütig und unbeirrbar bis zum Martyrium bezeugten: Dieser Jesus, den ihr ans Kreuz habt schlagen lassen, lebt. Er ist auferstanden! (vgl. Apg 2,23), muss sich nach dem Tode Jesu etwas Ungeheuerliches ereignet haben. Dieses Unbegreifliche ist geschehen: die Auferstehung Jesu Christi, und zwar nicht in die Fantasie seiner Jünger hinein, nicht in der Vorstellung der vor- und nachösterlichen Gemeinde Jesu, sondern wirklich, wahrhaftig und wesentlich. Darum lautet heute das Bekenntnis der Kirche: Der Herr ist wahrhaft auferstanden.

Besonders der heilige Apostel Paulus hat die Konsequenz dieses Bekenntnisses in unüberbietbarer Schärfe formuliert, indem er sagt: „Ist aber Christus nicht auferweckt worden, dann ist unsere Verkündigung leer und euer Glaube sinnlos" (1 Kor 15,14). Die Christusgeschichte wird zur Menschengeschichte, das Christusgeschick zu unserem Geschick. „... so werden in Christus alle lebendig gemacht werden" (1 Kor 15,22), argumentiert Paulus weiter. Dieses „in Christus" wird für den Apostel das entscheidende Vorzeichen vor der Klammer unseres menschlichen Lebens. Die Klammer ist zwar da, mit allem, was menschliches Leben einschließt. Aber es steht vor dieser Klammer nun jenes alles bestimmende Vorzeichen: „in Christus." In Christus wird alles lebendig gemacht. Das verändert alles, was in der Klammer steht. Das rückt unser menschliches Leben aus der blinden Schicksalhaftigkeit zufälliger Verhältnisse und notwendiger Prozesse heraus. Das ist die tragende und unser Dasein verwandelnde Osterperspektive des Auferstehungsglaubens.

Seitdem der Stein vom Ostergrab weggewälzt wurde, ist die Welt und ihre Geschichte ein aufgebrochener und grundsätzlich offener Raum. So haben noch die alten Mächte und Gewalten ihre Kraft, aber sie haben wirklich ihr letztes und endgültiges Wort verloren. Das ist die Erfahrung der Kirche in dieser Welt. Wie oft wurde ihr im Laufe der Jahrhunderte das Grab geschaufelt, ihre Bestattung vorbereitet. Ihre Totengräber haben zu allen Jahrhunderten vergeblich auf ihren Tod gewartet. Die Osterperspektive lässt uns Mut fassen für die christliche Bewältigung von Gegenwart und Zukunft in unserem Leben und in unserem Land.

Das Evangelium ist seit Ostern nicht mehr unter die Erde zu bringen, ja, seit Ostern ist das Leben auf der Erde menschlicher geworden, denn nun weiß der Mensch, dass auch er letztlich nicht mehr unter die Erde zu bringen ist. Wo der Tod das Letzte ist, dort ist das irdische Leben „alles oder nichts". Wo man aber darum weiß, dass der Tod überwunden sowie die Auferstehung und das neue Leben schon in diese Todeswelt hineinleuchten, dort verlangen wir von der Welt keine Ewigkeiten, dort nehmen wir von ihr nicht „alles oder nichts", sondern Gutes und weniger Gutes, Freude und Leid als Fügungen entgegen.

Die Auferstehung macht uns realistisch. Sie schützt unsere arme Welt vor dem Ewigkeitshunger des Menschen, den sie doch nicht sättigen kann. Sie lenkt ihn vielmehr hin auf den österlichen Herrn, der allein diesen Hunger zu stillen vermag. Aus der Auferstehung Christi erwächst eine umfassende Hoffnung, wie sie in der Offenbarung des Johannes beschrieben wird: „Dann sah ich einen neuen Himmel und eine neue Erde; denn der erste Himmel und die erste Erde sind vergangen, auch das Meer ist nicht mehr. Ich sah die heilige Stadt, das neue Jerusalem" (Apk 21,1 f.).

Am Ende des Neuen Testamentes steht die neue Schöpfung und die neue Stadt. Das ist keine fromme Utopie! Das hat heute Konsequenzen! Unsere Stadt Köln ist noch nicht die neue Stadt, aber Köln soll durch uns ein wenig neu werden. Man kann doch nicht an das ewige Leben glauben, ohne sich um die Vermehrung und Hebung der irdischen Lebensbedingungen in dieser Stadt zu mühen. Man kann doch nicht an die Überwindung des Todes glauben, ohne gegen die Todesmächte in allen Bereichen dieser Stadt anzukämpfen. Wer die Auferstehung Christi von dem Tode bekennt, darf doch nicht zur Tötung ungeborener Kinder schweigen. Die Auferstehung von den Toten muss uns gegenüber allen Mächten und Gewalten des Todes stark und zuversichtlich machen.

Gestützt auf die Auferstehung Jesu Christi glaube ich an die Auferstehung alles getöteten und zertretenen Lebens, seien es Menschen, Einzelne, Familien, Gruppen. Aus dieser Osterhoffnung heraus schöpfen z. B. Christen die Kraft, zerstörte Städte wieder aufzubauen, wie das hier vor 50 Jahren geschehen ist; hoffnungslos erscheinende Situationen anzugehen, wie das z. Zt. im früheren Jugoslawien geschieht; Kranken und Sterbenden beizustehen und ihren letzten irdischen Lebensweg im Osterlicht erleuchten zu lassen. Aus der Bresche des Ostergrabes dringt zu allen Zeiten ein unendlicher Strom von Auferstehung und Leben in unsere Stadt, in unser Land und in unsere Welt hinein, so dass nichts Positives umsonst bleibt. Es hat Teil an der Auferstehungskraft Jesu Christi, auch wenn es anders fruchtbar wird, als wir uns das denken. Im Hinblick auf die Auferstehung Christi schauen wir voll Hoffnung in die Gegenwart und Zukunft unserer Welt. Unsere Hoffnung ist nicht begründet in menschlicher Weisheit und Klugheit, sondern im Ostergruß der Christen: „Christus ist erstanden. Er ist wahrhaft auferstanden."

Ostern ist der Sieg, der die Welt überwindet

Predigten zum Osterfestkreis 1997

Wir müssen unsere Rolle wählen
Predigt am Palmsonntag 1997 im Hohen Dom zu Köln

Das Evangelium vom Einzug Jesu in Jerusalem am Palmsonntag ist wie das Evangelium überhaupt nicht nur Historie, Geschichte und Bericht über Vergangenes, sondern das Evangelium ist auch sehr wesentlich Prophetie und Botschaft, die uns enthüllt, was sich heute vor unseren Augen ereignet. Jesus ist doch bei uns alle Tage, bis zur Vollendung der Welt (vgl. Mt 28,20). Jesus ist darum unser Zeitgenosse und Landsmann. Das Evangelium macht uns darauf aufmerksam, was sich heute zwischen ihm und uns ereignet, wie Jesus uns behandelt und wir ihn, was zwischen ihm und uns vorgeht.

Der Einzug in Jerusalem am Palmsonntag ist nicht nur ein Ereignis von gestern oder vorgestern, sondern auch von heute und hier. Der Palmsonntag eröffnet die große heilige Woche, die wir Karwoche nennen. Die Rollen werden heute verteilt, die Zeit drängt. Jeder muss seine Rolle haben, jeder muss wählen, und jeder muss mittun. Selbst die Verweigerung wäre ein negatives Handeln.

Da stehen die vielen Gleichgültigen und Schwankenden, die sich nicht rühren, so lange nur immer die anderen geschlagen werden. Sie schauen auf die andere Seite und gehen vorüber, wo sie hätten hinschauen und stehen bleiben müssen. Vor wie vielen Ungerechtigkeiten haben wir diese Gleichgültigkeit an den Tag gelegt? An wie vielen Stellen unseres Weges heißt es: „Er sah ihn und ging weiter" (Lk 10,32).

So stehen die vielen Gaffer bei der Gerichtskomödie vor Pilatus, die nur mit den Wölfen heulen: „Wir haben keinen König außer dem Kaiser" (Joh 19,15). Und so spotten die Pharisäer und Schriftgelehrten, indem sie im Hinblick auf den Gekreuzigten sagen: „Anderen hat er geholfen, sich selbst kann er nicht helfen" (Mt 27,42). Außerdem gibt es die vielen Ausreißer, die in schwierigen Momenten – wie der heilige Petrus – diesen Menschen plötzlich nicht mehr kannten. Begeistert folgten sie ihm, um ein Wunder zu erleben. Jetzt aber, da er scheitert, da es Blut und Kreuz gibt, da es an ihnen liegt, Wunder an Treue, an Glaube und Liebe zu vollbringen, haben sie nichts mehr mit ihm zu tun. Sie kennen ihn nicht mehr.

Des weiteren erscheint im Blickfeld der Sympathisch-Treue, der in letzter Minute doch noch aus der Nachfolge aussteigt. Markus berichtet von einem jungen Mann, der wohl er selbst ist: Er blieb noch länger beim Herrn als Petrus. Als er aber als Jünger Jesu erkannt wurde, packten sie ihn an seinem Gewand. Er ließ es feige fallen und stahl sich nackt davon. Erbärmlichkeit und Feigheit, Angst und Kleinmütigkeit damals, und heute wohl nicht weniger.

Dann gibt es auch noch den Simon von Cyrene, der sich nicht um das Kreuz gerissen hat, dem es einfach auferlegt wurde. Zunächst empörte er sich dagegen, bis er allmählich vom Kreuz absah und auf den schaute, der vor ihm unter dem Kreuz herging. Während er am Anfang nur das Kreuz gesehen hatte, sah er am Ende nur noch Jesus, und um keinen Preis der Welt hätte er nicht dabei sein wollen. „Wenn der Herr einst wiederkommt, dann möchte ich dabei sein", heißt es in einem Lied unserer Jugend. Der Herr braucht nicht wiederzukommen, weil er nicht weggegangen ist. Daher singen wir in einem anderen Lied: „Da schreitet Christus durch die Zeit, in seiner Kirche Pilgerkleid". Paul Claudel betet bei der 5. Kreuzwegstation, Simon von Cyrene hilft Jesus das Kreuz tragen: „Herr, erlaube auch uns, dass man uns – und sei es mit Gewalt – bei deinem Kreuz verwendet."

Da fehlt auch nicht die tapfere Veronika. Für sie ist Christus nicht nur ein Bild, sondern die Wirklichkeit. Sie steht dort, wo der Herr verlassen und allein gelassen wird. „Freunde in der Not gehen tausend auf ein Lot", sagt ein Sprichwort. Veronika ist die Mitgenossin des Herrn in seiner Passion. Welch außerordentliche Möglichkeiten stehen uns offen? Jesus ist da, er beginnt wieder zu leiden: Dass wir dort nicht fehlen, wo wir nötig sind!

Wir sind heute aufmerksam gemacht worden. Man hat uns die Namen der Mitwirkenden genannt. Es gilt nun, in dieses andauernde Drama einzutreten und einzusteigen. Wir können unsere Rollen wählen. Wir können das für Jesus Christus sein, was wir für ihn sein wollen. Wir können bewirken, dass es in der Menge der Gleichgültigen und der Ängstlichen einige wachgewordene Begleiter gibt, einige aufmerksame Herzen, einige liebevolle Gesichter und einige Gesten der Gottesliebe, des Mitleidens und der Anbetung. Vor Christus am Palmsonntag hat der Christ eine Wahlpflicht. Üben wir sie aus!

In dieser Woche wird das Damals zum Heute

Predigt zur Missa Chrismatis 1997 im Hohen Dom zu Köln

Am Gründonnerstagabend fügen wir in die Konsekrationsworte „am Abend vor seinem Leiden" den Zusatz ein „und das ist heute". Eigentlich müssten wir das schon am Anfang der Karwoche über alles schreiben, was wir in diesen Tagen vollziehen: Und das ist hier und jetzt. Die Mysterien der Karwoche sind in erster Linie nicht Erinnerung, sondern Vergegenwärtigung. Wir sind keine Zuschauer, sondern Mitspieler. Hier ist auch mir meine eigene Rolle zugedacht und zugeteilt. Werde ich sie erkennen? Werde ich sie mitspielen? Das ist die Frage, vor der wir besonders als geweihte Diener der Kirche stehen.

Alle sind an der Passion Christi beteiligt, und zwar damals und heute: die Christen, die Juden und die Heiden. Vom innersten Jüngerkreis Jesu, der die Christenheit repräsentiert, geht der Verrat aus. Judas ist einer der zwölf Auserwählten. Er überliefert den Herrn an die Juden: „Der, den ich küssen werde" (Mk 14,44). Kajaphas als Repräsentant der Juden verurteilt den Herrn und überliefert ihn an Pontius Pilatus, der die römische, d. h. die heidnische Welt symbolisiert. Dieser spricht schließlich das Todesurteil. Alle sind mitbeteiligt: die Christen, die Juden, die Heiden. Mitgegangen – mitgehangen, das wiederholt sich oft in der Kirchengeschichte. Als z. B. der Apostel Paulus nach seiner Missionsreise mit der Kollekte nach Jerusalem kommt, wird er in der urchristlichen Gemeinde angeklagt, dass er das Gesetz des Mose verrate. Der Apostel Jakobus als Vorsteher der Kirche von Jerusalem möchte die Einheit der urchristlichen Gemeinde bewahren und bewegt den Apostel Paulus zu einem Kompromiss, indem er ihn veranlasst, ein Nazoräergelübde zu übernehmen. Jakobus liefert Paulus dem Tempel aus, um seine Gelübde zu erfüllen. Dort ergreifen ihn die Juden, und schließlich übergeben sie ihn in die Hände der Römer. Die Römer werden ihn dann in ihrer Hauptstadt hinrichten.

Wie bei Jesus und dann bei seinem Apostel geht der Weg der Jünger auch heute über die gleichen Stationen. Immer sind alle am Widerstand gegen das Evangelium beteiligt. Um unseretwillen sollte der Name des Herrn vor den Heiden gepriesen werden. Um unseretwillen wird er oft gelästert. Wenn wir heute die heiligen Öle als Frucht seiner Passion weihen, dann sind wir an ihrer Zubereitung mitbeteiligt, besonders aber an ihrer Heilungskraft, indem wir sie bei den entsprechenden Sakramenten benutzen. Sie werden geweiht für uns hier im Dom, aber auch für alle unsere Gemeinden im Erzbistum Köln und darüber hinaus für alle Menschen, die unsere Landsleute und Zeitgenossen sind. Der Glaube trägt die Dynamik in sich, auf andere überzugreifen, sich anderen mitzuteilen, in andere einzudringen, wie das Öl in die Poren der Haut eines Menschen eindringt.

Vor dem Kreuzweg Jesu stehen drei Stationen. Es handelt sich gleichsam um drei Vorladungen und drei Verhöre. Es sind also nicht Einladungen und nicht Gespräche. Das ist damals wie heute so.

• Die erste Vorladung und das erste Verhör geschehen vor Kajaphas

Der Hohe Priester gibt den Rat: Es ist besser, wenn einer für das Volk stirbt, als wenn das ganze Volk zu Grunde geht. Das „pro vobis" wird hier prophetisch über das Leiden Jesu geschrieben. Christus ist der Stellvertreter, wie jeder Priester es sein sollte gemäß seiner Berufung, ja wie es auch jeder Christ sein sollte. Die Kirche ist berufen zu Gunsten der noch nicht Berufenen. Je weniger Priester es gibt, desto wichtiger wird ihr Stellenwert für die anderen, desto mehr haben sie vor Gottes Angesicht zu vertreten.

Priester leben in besonderer Weise in Stellvertretung, weil sie hineingeweiht sind in die „persona Christi capitis", d. h. in die Person Christi, der das Haupt seiner Kirche ist. Er hat die Aufgabe, allen Christen die Stellvertretung vorzuleben, wie Christus zu stehen, der für alle gelitten hat.

Der Christenmangel, und als Folge davon der Priestermangel, ist so gesehen eine Steigerung ihrer Berufung zur Stellvertretung vor Gott für die Menschen. Was wir heute in der Ölweihe tun, ist nicht eine intime und fromme Kulthandlung unter Eingeweihten, sondern die Vergegenwärtigung des Heilstodes Christi für das Leben der Welt. Darum nehmt ihr die heiligen Öle in alle Dekanate und Gemeinden mit, damit sie allen Menschen zur Verfügung stehen, für die Christus gelitten hat.

- Die zweite Vorladung und das zweite Verhör geschehen vor Herodes

Christus ist ein unliebsames Objekt geworden, das nun von einer Zuständigkeit zur anderen geschoben wird. Pilatus weiß mit ihm nichts anzufangen. Darum entledigt er sich dieses unbequemen Delinquenten und schickt ihn zu Herodes, der ihn wie einen Harlekin behandelt, um ihm vielleicht doch noch ein Wunder zu entlocken. Jesus schweigt. Als ungeliebtes Objekt zwischen den beiden Feinden Pilatus und Herodes wird er zu einem Werkzeug des Friedens. Er macht aus Feinden Freunde. Pilatus und Herodes sind von dieser Stunde an Freunde geworden (vgl. Lk 23,12).

Selbst in der Ablehnung durch Pilatus und Herodes wird Christus zum Versöhner, d. h. zu dem, der die Gegensätze überbrückt, der Frieden schafft, der aus Feinden Freunde macht. Eine Möglichkeit, die auch oft in unserer scheinbaren Vergeblichkeit liegt. Glauben wir daran? Wissen wir noch um den positiven Inhalt des Wortes „vergeblich"? Hat es nicht etwas mit Vergebung zu tun?

Die russische Kirche kennt unter den Klassifizierungen der Heiligen, neben heiligen Bischöfen und Mönchen, heiligen Frauen und Männern, auch den heiligen Narren. Durch die Treue zu seiner Sendung wird er anderen unangenehm. Seine Gegenwart ist peinlich, und deshalb wird er von einem zum anderen geschoben, und damit wird er oft ungewollt zum Vermittler und Versöhner. Ist das nicht auch ein wenig schon unsere Rolle als Kirche in dieser Gesellschaft geworden? Wir sollten ihre Annahme nicht verweigern. Namentlich der Priester wird gesalbt und gesandt zu einer solchen Harlekinade. Wenn es möglich ist, braucht ihm der Diakon darin nicht nachzustehen, und wenn es einen Christen trifft, liegt das ganz in der Nachfolge des verspotteten und verurteilten Jesus.

- Die dritte Vorladung und das dritte Verhör geschehen vor Pilatus

Nach der Geißelung und Dornenkrönung stellt er ihn der Öffentlichkeit vor mit dem „Ecce homo" (Joh 19,5) und meint damit das „Ecce deus". Im gedemütigten Menschen wird der siegreiche Gott sichtbar. Wir haben heute oft eine gedemütigte Kirche vorzuweisen, die aber eigentlich die Kirche Christi ist. Sollte sich einer der Apostel unter den Zuschauern vor Pilatus befunden haben, dann müssen ihn doch Scham und Schmerz erfüllt haben, seinen Herrn in diesem Zustand anschauen zu müssen, so wie mich oft Scham und Schmerz erfüllen, unsere Kirche, seine Kirche, die Kirche Christi in dieser gegenwärtigen Gestalt ansehen zu müssen.

Ihr aber hat der Bräutigam den Kuss auf die Stirn gegeben, als er sein Leben für sie aushauchte. Von dieser Herrlichkeit bleibt sie auch in ihrer Niedrigkeit gekennzeichnet. Es ist unsere Aufgabe, zu sagen: „Ecce ecclesia" und gleich „Ecce Christus". Erfüllt uns dieser Dienst an der Kirche mit der Freude im Herrn? Gertrud von Le Fort schreibt in einem ihrer Werke: „Maria hat gesiegt als Urbild der Kirche nicht mit dem Schwert in der Hand, sondern mit dem Schwert im Herzen."

Das heilige Öl ist wie Harz, der aus dem Baum des Kreuzes herabträufelt, so dass nun in Taufe und Firmung, in Priester- und Bischofsweihe sowie in der Krankensalbung die Menschen von seiner Herrlichkeit berührt werden. Ort solcher Berührung sein zu dürfen, sollte uns Priester mit dankbarem Staunen erfüllen.

Am Ende der Passion Christi lehnen alle Mitspieler dann ihre Verantwortung ab. Keiner will es mehr gewesen sein. Judas geht zu den Hohen Priestern und will ihnen das Geld zurückgeben. Sie aber nehmen es nicht an und fertigen ihn ab mit der kühlen Distanz: „Das ist deine Sache!" (Mt 27,4). Und damit treiben sie ihn in die Verzweiflung, in den Tod. Er erhängt sich an einem Baum. Pilatus hingegen wäscht sich die Hände in Unschuld. Er will mit dem Blute dieses Menschen nichts mehr zu tun haben.

Es ist wie im Paradies: Adam schiebt die Schuld auf Eva, Eva auf die Schlange. Keiner will es gewesen sein – damals wie heute! Die Zahl der Beichten nimmt immer mehr ab, weil jeder die Schuld auf den anderen schiebt. Es gab kaum einmal so viele Sündenböcke wie heute, weil jeder ein Unschuldslamm sein will wie Adam, wie Pilatus, vielleicht wie ich selbst.

Der Unschuldswahn treibt den Menschen in die Lüge und damit in die Gottesferne, die Erkenntnis seiner Schuld aber in die Arme des Gekreuzigten, die im Bußsakrament für uns erfahrbar bleiben. Dazu sind wir als Priester und Bischöfe gesalbt und gesandt. Deshalb wird

auch heute noch jenes heilige Öl geweiht, mit dem uns in der Priesterweihe die Hände gesalbt werden, damit wir durch unsere Handlungen das Herz der anderen freisprechen von Schuld und Tod, von
Sünde und Schmach.
Passion ist nicht Vergangenheit, sondern Gegenwart. In dieser Woche
wird das Damals zum Heute. Die damaligen Mitwirkenden werfen
ihre Schatten auf mich. Wer bin ich? Bischof, Priester und Diakon,
Mitarbeiterin oder Mitarbeiter in Seelsorge und Caritas, Christ mitten
in der Welt. Erkenne deine Berufung!

In der Eucharistie macht sich Gott vergebbar und verschenkbar

Predigt am Gründonnerstag 1997 im Hohen Dom zu Köln

„Gott will die Erde. Kein Feigling sei unter euch." Diese Worte der
großen heiligen Theresia von Avila könnte man über diesen heiligen
Abend schreiben. „Gott will die Erde. Kein Feigling sei unter euch."
Nur ein einziges Mal hat der Herr seine Jünger um einen ganz persönlichen Dienst gebeten und zwar nicht alle seine Jünger, sondern
eigentlich nur die Drei, die er einen Steinwurf weit mitnahm in das
Innere des Ölgartens und die gleichsam die intime Kirche verkörpern:
Petrus, Johannes und Jakobus. Nur ein einziges Mal hat der Herr die
Jünger, die intime Kirche um einen ganz persönlichen Dienst gebeten: in dieser Nacht ihn nicht allein zu lassen und mit ihm zu
wachen.
In dieser Weltstunde mit ihm zu wachen, das ist die Bitte des Herrn
auch an uns. Kein Feigling sei in unserer Mitte! Wenn Gott die Erde
will, dann wird sie ganz bestimmt sein Eigentum. Wie er die Erde
aber will, das zeigt uns der heutige Abend. Der Herr kommt, die Erde zu erobern in totaler Abrüstung. Jesus Christus „war Gott gleich",
sagt der Philipperbrief, „hielt aber nicht daran fest, wie Gott zu sein,
sondern er entäußerte sich und wurde wie ein Sklave" (Phil 2,6–7).
An diesem Abend legt er sein Obergewand ab, das Statussymbol des
Menschen. Denn: Kleider machen Leute! Er bindet sich die Schürze
um und tritt so in den Eroberungskampf um die Erde.

Wie sehr uns Menschen dieser Kampfstil gegen den Strich geht, macht Petrus deutlich. Er ist entrüstet, weil der Herr abgerüstet ist. Er kommt einzig und allein mit der Macht der Liebe bekleidet. Allerdings gegen diese Macht der Liebe kann sich niemand wehren, jedenfalls nicht auf Dauer. So gibt sich Petrus schießlich geschlagen, wenn er sagt: „Herr, dann wasche nicht nur meine Füße, sondern auch die Hände und das Haupt" (Joh 13,9).

Unsere Kirche ist eine arme Kirche geworden, auch wenn das manche noch nicht glauben, ohne Machtmittel und ohne Machtansprüche – Gott sei Dank – innerlich angefochten durch eigenes Versagen und eigene Schwachheit, äußerlich bedrängt durch die Mächte der Finsternis, aber erfüllt von der Macht der Liebe Gottes steht sie in unserer Gesellschaft. Deshalb ist sie eine armselige Kirche. Das ist ein Machtpotenzial, auf das die Welt bauen kann. Vergesst es nicht, es ist uns ausdrücklich ins Gesangbuch geschrieben: „Lass uns den Hass, das bittere Leid, fortlieben aus der dunklen Zeit: Lass uns dein Reich erscheinen!"

Der Herr kommt, die Welt zu erobern in totaler Abrüstung. Die Menschen sind heute ratlos in ihrer Suche nach dem Frieden. Die Welt scheint sich in alle Sackgassen der Friedlosigkeit verlaufen zu haben. An diesem Abend findet in unserer Domkirche eine Friedensdemonstration statt: „Frieden schaffen durch Füße waschen".

Der Herr tritt vor seine Jünger, er debattiert nicht mit ihnen, sondern er kniet vor ihnen nieder. Er macht sich klein vor seinen zwölf Gernegroßen, die soeben noch um die ersten Plätze gestritten haben. Dann sagt er ihnen: „Ich habe euch ein Beispiel gegeben" (Joh 13,15). Ein Beispiel nicht nur für sie, sondern auch für uns und nicht nur für uns, sondern für die ganze Welt.

Darum bitten wir die Mächtigen dieser Erde auf allen Längen- und Breitengraden: Messt nicht nur die Reichweite eurer Raketen, sondern kniet nieder, um die Tiefe menschlicher Not auszuloten vor euren Türen. Zählt nicht nur eure Panzerkontingente, sondern nehmt den Hunger und Durst der Völker nach Gerechtigkeit und Liebe zur Kenntnis.

Vom heutigen Abend an ist nicht derjenige der Größte, der herrscht, sondern der ist der Größte, der dient. Christus in der Schürze, auf den Knien vor seinen Jüngern, ist die wirkmächtigste Gestalt der

Weltgeschichte. Seine Macht, die Macht der Liebe, beengt nicht, sondern befreit. Im Schiffe Christi gibt es keine Galeerensklaven, sondern nur freie Mitruderer. „Gott will die Erde, kein Feigling sei unter euch."

Dieser Einsatz Gottes zu Gunsten der Welt ist vergeblich und verschenkbar geworden durch die Einsetzung der heiligen Eucharistie. Gott macht sich vergebbar und verschenkbar, eben vergeblich. Das sind die Energie und die Zugkraft für diesen Versöhnungsdienst der Kirche an der Welt und in der Welt.

Was ist uns mit dieser Gabe geschenkt? Wir nehmen zur Erklärung dafür die Erzählung von der armen Witwe am Opferkasten des Tempels von Jerusalem zur Hilfe (vgl. Lk 21,1–4). Sie wirft alles hinein, was sie hat: ihr Lebensnotwendigstes. Sie rechnet nicht, und sie wechselt nicht, sie ist jenseits aller menschlichen Vernünftigkeit. Sie gibt alles! In der Hostie hat Gott, der Vater, in den Opferkasten dieser Welt alles hineingeworfen, was er hat. Damit ist uns mehr geschenkt als mit dem Weltall. Denn hier hat er uns sein Lebensnotwendiges geschenkt, das ist materiell fast nichts, aber dieses „fast nichts" ist sein Ein und Alles, sein Herz, sein Sohn. Gott macht sich vergeblich, vergebbar und verschenkbar. Das ist seine Energie in seiner Kirche. Er hat uns nicht nur ein Beispiel gegeben, er hat uns in der Eucharistie die Möglichkeit gegeben, Frieden zu schaffen durch Füße waschen.

Am Kreuz wird deutlich, wer Gott ist: Ekstase der Liebe

Predigt am Karfreitag 1997 im Hohen Dom zu Köln

Der Karfreitag mit dem Kreuz ist die eigentliche Offenbarung des dreifaltigen Gottes. Weil Gott die Liebe ist, ist er Vater, d. h. ganz von sich selbst weg, hin zum Sohne. Und weil er Sohn ist, ist er wiederum ganz von sich weg, hin zum Vater. Und weil er Geist des Austausches ist, ist er die Einheit von Vater und Sohn in der Weggabe ganz an den anderen. Die Theologen sagen: Gott ist substanzgewordene Hinwendung vom Ich zum Du. Darum ist er dreifaltig.

Alles, was er den Vater tun sieht, das tut in gleicher Weise auch der Sohn.

Das zeigt sich am Kreuz. Er ist ganz weg von sich selbst hin zum Vater. Das Kreuz zeigt nach oben zum Himmel. „Vater, in deine Hände lege ich meinen Geist" (Lk 23,43), und er ist ganz von sich selbst weg zur Erde. Das Kreuz ist hineingegraben in das Erdreich von Golgota. „Wenn das Weizenkorn nicht in die Erde fällt und stirbt, bleibt es allein; wenn es aber stirbt, bringt es reiche Frucht" (Joh 12,24). Der Gekreuzigte ist ganz hineingedehnt nach rechts und links zu den Söhnen und Töchtern seines Vaters, die seine Brüder und Schwestern sind. „Mich dürstet" (vgl. Joh 19,28) nach den Menschen. Die dreieinige Liebe, die in der heiligsten Dreifaltigkeit den Sohn berauscht und entzückt, zerreißt ihn am Kreuz und lässt ihn verdursten vor Schmerz.

Wir sind nicht durch Leid erlöst, sondern durch Liebe. Aber diese Liebe wird den Tod überwinden. Darum haben unsere Vorfahren gesungen: „Ich bete an die Macht der Liebe, die sich in Jesus offenbart." Der Tod ist bisher das Ende aller menschlichen Möglichkeiten, aber er ist kein Ende für die Möglichkeiten Gottes. Im Kreuz Jesu Christi hat sich die dreifaltige Liebe Gottes offenbart. Darum sind Leid, Ohnmacht und Kreuz Möglichkeiten geworden, in denen der Mensch Gott begegnet und Gott dem Menschen. Das Kreuz ist darum nicht der Ort der Abwesenheit Gottes, sondern seiner Anwesenheit.

Gerade im Mysterium des Kreuzes unterscheidet sich das Christentum von allen anderen Religionen dieser Welt und macht es zur Offenbarung Gottes ohne Konkurrenz. Die anderen Weltreligionen gehen von der Vorstellung aus, dass dort, wo das Kreuz steht, der Ort des Unglücks, des Fluches, der Gottesferne und der Gottverlassenheit ist. Das Kreuz ist also das Symbol des Widerspruchs zu dem, was man sich unter Gott und dem göttlichen Denken vorstellen kann. Wenn Menschen in Not geraten und sich dabei an Gott erinnern, der allmächtig und gut sein soll, dann kennen sie nur ein Wort: „Wenn es einen Gott gibt, dann kann er doch so etwas nicht zulassen." Aber das Kreuz ist nicht der Ort der Abwesenheit, sondern der Anwesenheit Gottes.

Gott ist der, der in der Ekstase seiner Liebe in der Dreifaltigkeit lebt, und diese gleiche Ekstase Gottes unter den Menschen ist das blutige

Kreuz von Golgota. So ist die Beschaffenheit dieser Welt, dass sie mit der absoluten Liebe Gottes derart verfährt. Dieser Weg der absoluten, dreifaltigen Liebe Gottes durch die sündhafte Welt heißt: gelitten, gekreuzigt, gestorben, begraben und abgestiegen in das Reich des Todes und am Ende: auferstanden von den Toten.

Das Wort Jesu: „Mein Gott, mein Gott, warum hast du mich verlassen" (Mt 27,66) hat er gesprochen, wie ungezählte Menschen vor ihm und nach ihm. Aber dieses Wort heißt nicht: Gott ist tot. Es ist das Klagen des Menschen in den dunkelsten Erfahrungen. Am Ende steht aber dann das Wort Jesu: „Vater, in deine Hände lege ich meinen Geist" (Lk 23,43). Die Nacht unseres Lebens, die Einsamkeit, Gottverlassenheit und Todesangst werden bewohnt von der dreifaltigen Liebe Gottes, die sich in Jesus am Kreuz offenbart. Er hat diese Räume damals besiegelt, und in ihm sind die Nähe, das Wort und die Liebe Gottes anwesend bis heute.

Wie die Cherubim und Seraphim vor dem Throne Gottes in Anbetung niederfallen, so geschieht heute auf Erden in allen Kirchen des Erdkreises in der Kreuzverehrung unsere Anbetung der gekreuzigten, dreifaltigen Liebe Gottes. Vor dem Kreuz wird deutlich, was der Mensch ist, um dessentwillen der Herr gestorben ist: Sehnsucht ohne Verheißung. Am Kreuz wird deutlich, wer Gott ist: Ekstase der Liebe, die sich seit Ewigkeit ausstreckt nach oben und unten, nach rechts und links in der Seligkeit des dreifaltigen Gottes, die sich am Karfreitag ausstreckt im Kreuz des Sohnes blutig in die Höhe, in die Tiefe und in die Weite der verlorenen Welt. Auch die Dreidimensionalität der Welt trägt das Antlitz der dreifaltigen Liebe Gottes, wie sie sich am Kreuz offenbart.

Ostern ist der Sieg, der die Welt überwindet
Predigt in der Osternacht 1997 im Hohen Dom zu Köln

Das Lied dieser hochheiligen Nacht kennt jede Sprache der Welt. Das Lied dieser heiligen Nacht singt jede christliche Kirche. Dieses Lied heißt: „Halleluja". Es ist die Parole, d. h. die Erkennungsmelodie der Christenheit. Das ist das neue Lied, das uns die Auferstehung gebracht hat. Es ist ein einfaches und wortloses Sich-Aussingen einer Freude, die nicht in Worte zu fassen ist. Das Halleluja ist der Klang, der angibt, dass unser Herz etwas verkünden will, was es nicht in Worte fassen kann. Das Singen des Osterhallelujas hat seinen Grund in der Auferstehung des Herrn, weil sie uns eine Zukunft eröffnet, die diesen Namen wirklich verdient, weil kein Tod sie mehr begrenzt. Das Singen des Hallelujas hat seinen Grund im Menschen selbst, der die Urmöglichkeit des Singens und der Freude in sich trägt, die aber nur aufgeweckt werden kann von einem Ereignis, das den Tod und damit das Ende des menschlichen Lebens beendet.

„Es schläft ein Lied in allen Dingen", definiert der Dichter Eichendorff die Befindlichkeit der Schöpfung. Dieses Lied ist vom Auferstehungsereignis aus seinem Schlafe auferweckt worden und artikuliert sich im Halleluja der österlichen Kirche. Sie macht sich in dieser Nacht zum Vormund der ganzen Schöpfung, indem sie für sie das Halleluja der Osternacht mitsingt. Durch das Halleluja steigt der Mensch wie Christus aus dem Grab in die lichte Höhe Gottes. Dieses Jubellied ist selbst eine Auferstehungsbewegung, ein Weg, der nach oben führt. Es ist mehr als Verstehen, als Wissen und als Tun. Es ist Aufstieg. Es ist ein Rühren an den, der bereits im Lobgesang der Engel wohnt, an den Auferstandenen. Ein solches Auferstehen reißt den Menschen heraus aus allem, was Gott entgegensteht. Es wird uns berichtet, dass einfache Christen in Russland unter dem Trommelfeuer permanenter atheistischer Propaganda wieder und wieder das Halleluja gesungen haben, an dem der Atheismus abgeprallt ist, wie der Regen an der Fensterscheibe. Das tönende Osterlob führt uns und andere zur Ehrfurcht. Es weckt den inwendigen Menschen auf.

Genau das hat der heilige Augustinus in Mailand erfahren, wo ihm das Erlebnis der singenden Kirche in der Osternacht zu einem den ganzen Menschen erschütternden Ereignis wurde und ihm den Glauben brachte. Das Osterhalleluja ist ansteckend. Es reißt den anderen mit in den Preisgesang des Auferstandenen. Singen wir uns das Halleluja zu! Es macht eine Christusbruderschaft aus uns, eine Christusschwesternschaft, einen Christusfamilienbund. Worte trennen oft oder verwunden. Es gibt mehr Wortversehrte als Kriegsversehrte. Das Halleluja aber verbindet, tröstet und heilt. Christen sind Halleluja-Leute und keine Klagepropheten.

Im Jahre 430 war die nordafrikanische Bischofsstadt Hippo von den Vandalen belagert. Ihr großer Bischof Augustinus lag auf dem Sterbebett. Sein letzter irdischer Trost war eine Nachricht aus seiner Kathedralkirche, in der zur gleichen Zeit die Osternacht gefeiert wurde. Gerade sang der Lektorenknabe das Halleluja. Da kam von hinten, von der Tür her, der feindliche Pfeil eines Vandalen und zerstach die Kehle des jugendlichen Sängers. Er konnte das Halleluja im Himmel weitersingen. Augustinus weinte vor Freude, dass seine Kirche den Vandalen mit dem Halleluja auf den Lippen entgegenkam und dass die Kirche von Hippo im sterbenden Sänger mit dem Halleluja auf den Lippen im Himmel den nahenden, sterbenden Bischof ankündigte.

Singen wir das selig machende Halleluja in alle Klagelieder unserer Gesellschaft hinein! Übertönen wir alle Abgesänge unserer Kultur mit dem hoffnungsgebenden Osterhalleluja. Das Halleluja sollte der cantus firmus, die Grundmelodie unseres Lebens sein. In jedem Wort, das wir sprechen, in jedem Ton, den wir singen, sollte ein Partikelchen, ein Stückchen des Hallelujas aus dieser Nacht enthalten sein. Denn dazu haben wir allen Grund, weil wir wissen, dass Christus die Welt überwunden hat. Warum fürchten wir denn so die überwundene Welt, als wäre sie die Überwinderin? Das ist der Sieg, der die Welt überwindet: unser Osterglaube, unser Halleluja.

Christi letztes Wort heißt Leben
Predigt am Osterfest 1997 im Hohen Dom zu Köln

Wir feiern heute den Sieg des Lebens über den Tod in der Auferstehung unseres Herrn Jesus Christus. Das erste Wort Christi ist nicht Kreuz, und das letzte Wort Christi ist nicht Tod. Das erste Wort Christi ist Freude, und das letzte Wort Christi heißt Leben. Deshalb sagt der Apostel Paulus: „Tod, wo ist dein Sieg? Tod, wo ist dein Stachel? ... Gott aber sei Dank, der uns den Sieg geschenkt hat durch Jesus Christus, unseren Herrn" (1 Kor 15,55–57). Angesichts dieser biblischen Botschaft stellen wir die Frage: Ist denn der Tod wirklich besiegt? Wird denn nicht permanent weiter gestorben? Höchstens kann man den Tod mit Hilfe der ärztlichen Kunst ein wenig hinausschieben. Ja, in der Gegenwart kann man mitunter sogar durch eine Organverpflanzung den sicheren Tod ein Stück in die Zukunft verdrängen. Gott sei Dank, dass es das gibt. Aber von vielen wird in ihrer verzweifelten Hoffnung vergessen, dass immer erst ein anderer sterben muss, damit er von dessen Organen ein Stück weiterleben kann. Man kann die Restbestände seines Lebens also weiter verborgen, wenn es gut geht. Aber es muss der volle Preis gezahlt werden: ein Leben für das andere. Ob das einmal anders wird? Und wenn ich auf eine Herzverpflanzung warte, dann muss ich doch hoffen, dass rechtzeitig ein anderer in den Zustand kommt, meinen Tod zu übernehmen. Es muss also der volle Preis weitergezahlt werden. Was ist das für eine Situation? Kann man dann noch vom Sieg des Lebens über den Tod sprechen? Ich meine, man kann höchstens von einer Frontbegradigung in der Schlacht des Lebens gegen den Tod sprechen, von mehr nicht.

Ich kenne aber einen, der hat in seinem Tod meinen Tod übernommen: Christus am Kreuz. Ich kenne einen, der mir sein Leben übergeben hat: Christus in der Auferstehung. Darum bedeutet Sterben nicht mehr das Hinabsinken in Finsternis und Todesschatten. Nun heißt Sterben das Herabsinken von der Oberfläche des Lebens in die Tiefe des Lebens, von der Peripherie des Daseins in den Mittelpunkt des Daseins, in das Herz Gottes hinein. Nun ist die lebenslange Sehnsucht des Menschen gestillt: „Unruhig ist unser Herz, bis es ruht in dir", sagt der heilige Augustinus. Das ist das eigentlich Neue und Beglückende der Osterbotschaft. Diese Tiefe des Lebens strahlt jetzt schon aus der Verborgenheit Gottes in unsere Welt diesseits des Todes hinein. Sie ist verborgen, aber real in unserer Welt gegenwärtig.

Als dem Greifswalder Pfarrer Alfons Maria Wachsmann in der Todeszelle von Brandenburg am 21. Februar 1944 gesagt wurde: „Fertig machen", setzte er sich noch einmal hin und schrieb mit gefesselten Händen seiner Schwester einen Abschiedsbrief. Er beginnt mit den Worten: „Jetzt ist die Stunde gekommen, die Gott in seiner Liebe für mich bereitet hat. In einer Stunde gehe ich hinüber in die Herrlichkeit des lebendigen Gottes." In diesen Worten ist die Osterbotschaft erneut Gestalt geworden. Nicht in der Verleugnung des Todes und nicht in der Flucht vor dem Tod und auch nicht im Trotz gegen den Tod, sondern in seiner Einwilligung. Als das Ende aller unserer Möglichkeiten wird er besiegt. „Das ist jetzt das Ende", schreibt Pfarrer Wachsmann weiter, „aber für mich beginnt das neue Leben." Damit ist die Sackgasse des Todes durchstoßen, und die Wirklichkeit des neuen Lebens strömt jetzt schon hinein in unsere Welt: durchstoßen, weil einer ein für alle Mal als unser Stellvertreter und Vorläufer die Wand des Todes durchstochen hat.

Ich habe persönlich Menschen sterben sehen, Menschen wie wir, die in einer ganz undramatischen Bereitschaft einen nicht leichten Tod angenommen haben, weil für sie der Tod schon durchbrochen und durchlöchert war vom Ostersieg des Herrn. In unseren Händen tragen wir diesen Sieg, aber er muss noch ausgefochten und durchfochten werden hinter Jesus Christus her. Wir werden um die allerletzten Fragen mit unserem eigenen Tod nicht herumkommen, aber wir werden mit Jesus durch ihn hindurchkommen. Die Schlacht, die wir jetzt und hier annehmen, braucht uns später nicht mehr zu beschäftigen.

Fast jeden Tag muss wohl ein Stück der Herrschaft des Todes über unser Leben durchstoßen werden. In jeder Angst, in jedem Zweifel und in jedem Abstieg, den uns das Leben abverlangt, verbirgt sich ein Stück der letzten Angst, des letzten Zweifels und des letzten Abschieds. Aber auch in jedem Ja dazu, in jedem Dennoch und in jedem Trotz-Allem, mit dem der Glaube sich an der Auferstehung Christi und an seiner Osterbotschaft ausrichtet, steckt schon ein Stück des Sieges Christi über den Tod, durchbricht er jetzt schon die Sackgasse des Todes.

Diese neue Wirklichkeit kann schon jetzt in unser Leben diesseits des Todes hineinströmen. Wir hellen unsere vorösterliche Welt von ihren tödlichen Strukturen nicht dadurch, dass wir an ihnen herumoperieren. Das tut die Welt seit Jahrhunderten mit einem niederschmetternden Ergebnis. Um die tödlichen Strukturen der Welt zu verändern, muss das todgeweihte Herz des Menschen verändert werden. Das gilt heute wie damals. Damit ist die Kirche schon seit zweitausend Jahren beschäftigt, und der Erfolg ist nicht beglückend. Denn die österlichen Gaben – Glaube, Hoffnung und Liebe – werden nicht biologisch vererbt. Mit der Taufe jedes Menschen fängt die Kirche gleichsam wieder beim Punkt Null an. Nur dort, wo es gelingt, ein

Herz für die neue Wirklichkeit der Osterherrlichkeit zu öffnen, schlägt es dann auch durch auf die tödlichen Strukturen der Welt und macht sie lebendig.

Wenn es heute schriftlich fixierte Menschenrechte gibt, und wenn es eine Charta der Vereinten Nationen gibt, dann ist das eine Konsequenz aus der Osterbotschaft. Aber das alles bleibt Papier, wenn dahinter nicht Herzen stehen, die vom Tod ins Leben übergegangen sind durch ihren Glauben an den Ostersieg des Herrn.

„Wer Gott sieht, der muss sterben" (vgl. Ex 33,20), sagt ein Wort des Alten Testamentes, d. h. der muss sich selbst absterben und seinen Ideen, Plänen und Vorstellungen von Leben, Zukunft und Glück, damit er dann die Pläne Gottes und seine Vorstellungen von Leben, Zukunft und Glück übernehmen kann.

Unsere Gesellschaft befindet sich zur Zeit wie in einer Agonie. Sie wird gleichsam gelähmt von den Verteilungskämpfen der einzelnen gesellschaftlichen Gruppen. Wenn doch jede Gruppe ihren eigenen Ideen, Vorstellungen und Plänen für Gegenwart und Zukunft absterben könnte, um sich in diesem Sterben mit allen anderen Sterbenden zu treffen und um dann miteinander zu suchen: Wie geht das Leben weiter? Herr, was willst du, dass wir tun sollen? Dann gäbe es bald für unsere Gesellschaft ein neues Ostern und eine wirklich neue Zukunft. Denn das erste Wort Christi ist nicht Kreuz, und das letzte Wort Christi ist nicht Tod. Das erste Wort Christi ist Freude, und sein letztes Wort heißt Leben. Glauben wir das und vergessen wir nicht: Das ist der Sieg, der die Welt überwindet, unser Glaube.

Christus lebt – unser Leben bleibt!

Predigten zum Osterfestkreis 1998

An Christus Maß nehmen
Predigt am Palmsonntag 1998 im Hohen Dom zu Köln

Am Gründonnerstag bei der Abendmahlsmesse fügt die Kirche in die Wandlungsworte: „In der Nacht, da er verraten wurde, nahm er das Brot und sagte Dank" (Hochgebet III) die Worte ein: „das ist heute". Eigentlich kann man das auch am heutigen Palmsonntag tun. Da heißt es im Einzugsbericht nach dem Evangelisten Lukas: „Dann führten sie den Esel zu Jesus, legten ihre Kleider auf das Tier und halfen Jesus hinauf" (Lk 19,35), und das ist heute.

Die Liturgie ist nicht nur Erinnerung, sondern wesentlich auch Vergegenwärtigung: Durch das Wirken des Heiligen Geistes wird die Vergangenheit zur Gegenwart, sind wir nicht nur Zuschauer, sondern Beteiligte. Der Apostel Paulus spricht davon, wenn er sagt: „Wohin wir auch kommen, immer tragen wir das Todesleiden Jesu an unserem Leib, damit auch das Leben Jesu an unserem Leib sichtbar wird" (2 Kor 4,10). Der Christ ist durch Taufe und Firmung ein anderer Christus. In ihm will Jesus erneut in dieser Welt unter den Menschen gegenwärtig werden. Und es ist darum ganz legitim, wenn wir den Einzug Jesu nach Jerusalem in unseren Lebenskreis, in unsere Umgebung, in unser Dasein hineinverlegen und uns selbst auf den Esel des Herrn hinaufhelfen lassen.

Was für eine Figur geben wir da ab? Wir haben uns nicht nach den Trends der Zeit zu richten! Uns ist es aufgegeben, schlicht aber selbstbewusst das Evangelium zu verkünden und zu leben. Das wird allerdings oft so aussehen, als ob es sich dabei um eine ausgemachte Eselei handelt. Wer z. B. die Unauflöslichkeit und Einheit der Ehe mit allen Konsequenzen verkündet und praktiziert, dessen Standpunkt wird sehr schnell auf den Rücken eines Esels hinauf komplimentiert. Oder wer den Zölibat der Priester in seiner Umgebung oder gar im Fernsehen verteidigt, der gilt wirklich als ein Esel, dem nicht zu helfen ist. Es ist nicht gerade ein Hochgefühl, wenn man von denen auf dem hohen Ross der öffentlichen Meinung mitleidig als dummer Esel angeschaut wird.

Oder wie sehen wir denn vor den anderen Leuten aus, vor denen wir über unsere Hoffnung auf den Himmel und unsere Furcht vor der Hölle Rechenschaft ablegen müssen? Vielleicht manchmal wie auf einem Esel. Manche werden dabei schwach und rutschen schnell vom Esel herunter, indem sie schweigen und sich abwenden oder wie Petrus vor der Magd im Hinblick auf Christus sagen: „Ich kenne diesen Menschen nicht" (Mk 14,71).

Ist es nicht bezeichnend, wenn man in unserem Papst einen „alten Esel" sieht? Wir haben – wie der Heilige Vater – dem Herrn nachzufolgen und seinem Evangelium zu dienen. Wenn uns dieser Dienst auf den Rücken eines Esels setzt – in Gottes Namen –, dann sagen wir dazu „ja". Es ist der Platz Jesu, und darum auch dein und mein Platz! Jesus tut das allein wegen der Menschen. Wir hingegen verraten manches wegen der Menschen. Wir verlieren den Mut wegen der Menschen. Wir haben oft Angst wegen der Menschen. Wenn der Herr sich auf den Esel setzt wegen der Menschen, tut er alles für die Menschen. Wegen der Menschen bleibt bei uns aber vieles unvollendet und ungetan. Nicht so beim Herrn: Was er wegen der Menschen tut, tut er ganz für die Menschen, also auch für uns. Wir haben als Christen an Christus Maß zu nehmen.

Der Herr auf dem Esel schämt sich seiner Sendung nicht. Paulus, der vom Herrn in seiner Bekehrungsstunde vom hohen Ross heruntergestoßen wurde, bekennt in der getreuen Nachfolge Jesu in all seinen Demütigungen und Erfolglosigkeiten: „Denn ich schäme mich des Evangeliums nicht: Es ist eine Kraft Gottes, die jeden rettet, der glaubt, zuerst den Juden, aber ebenso den Griechen (Röm 1,16). Nun sind wir an der Reihe, uns nicht zu schämen, sondern zu sprechen: Wir danken dir, Herr, dass du uns berufen hast, vor dir zu stehen oder mit dir auf dem Esel zu sitzen und dir zu dienen.

Stärke unseren Glauben!
Predigt zur Missa Chrismatis 1998 im Hohen Dom zu Köln

Es ist üblich, dass ein Bischof ein geistliches Testament verfasst, das dann nach seinem Tod in der Diözese verlesen wird. Ich habe ein solches Testament bis jetzt noch nicht verfasst. Heute bei der Chrisam-Messe feiert der Bischof mit seinen Priestern den wichtigsten Gottesdienst im Jahr. Dabei möchte ich – gleichsam im Vorgriff

153

auf ein solches Testament – dem Presbyterium des Erzbistums Köln drei christologische Direktiven mit auf den priesterlichen Weg geben:

• „Tut dies zu meinem Gedächtnis!" (Lk 22,19)

Die Mitte eines Priesterlebens ist und bleibt die heilige Eucharistie. Nein, wir werden vielleicht nicht die „Eucharistie" sagen dürfen, denn das klingt wie eine Sache. Die Mitte des Priesters ist der eucharistische Herr selbst. Als der heilige Pfarrer von Ars die Messe feierte, sagte er von Angst und Depressionen bewegt nach der Wandlung dem eucharistischen Herrn in seiner Hand: „Herr, wenn ich wüsste, dass ich in die Hölle käme, würde ich dich nicht mehr loslassen. Dann würde mir die Hölle zum Himmel, weil du dabei bist." Der Priester lebt nicht allein und einsam, auch wenn er keine Familie hat. Er lebt in der innigen Lebensgemeinschaft mit dem eucharistischen Herrn, so dass er bei der heiligen Messe sogar in persona Christi capitis, d. h. in der Person Christi, des Hauptes seiner Kirche, handelt. Der Priester ist in dieser Hinsicht gleichsam das andere Ich, das zweite Ich-Selbst Christi.

Mir ist in diesem Zusammenhang eine Begegnung unvergesslich. In Berlin lebte bis in sein hohes Alter hinein ein emeritierter Professor namens Eduard Winter, der aus dem Sudetenland stammte und dort als Priester in der Jugendbewegung in etwa die Rolle spielte wie bei uns Romano Guardini. Er gab dann sein Priestertum auf, heiratete und war als Professor während der DDR-Zeit in Halle tätig. Ich besuchte ihn zweimal, um ihn wieder mit der Kirche zu versöhnen. Dabei sagte er mir: „Wenn wir Priester die wirkliche, wahrhaftige und wesentliche Gegenwart des persönlichen Herrn in der Eucharistie ernst nehmen, dürfte es eigentlich keine Priesterkrisen geben." Wenn der Magnet keinen Pol mehr hat und der Glaube keinen Himmel, dann fällt er aus dem Kraftfeld heraus. Von hier her spüren wir die innere Dynamik, die zur täglichen Zelebration drängt, auch wenn kein Gläubiger dabei sein kann.

Ich durfte während der stalinistischen Zeit sehr vielen Priestern aus der Tschechoslowakei geheim das Weihesakrament spenden. Keiner von ihnen ist verloren gegangen. Gott sei Dank! Was sie hielt, war die tägliche Zelebration vor oder nach ihrem harten Arbeitstag in ihrer bescheidenen Behausung – ganz allein. Sie sagten mir immer: „Wir sind nicht allein. Alle Engel und Heiligen feiern die Eucharistie mit und ebenso die Menschengruppe, die wir ganz bewusst im Geiste herbeiholen und für die wir die heilige Eucharistie feiern."

Der Codex Iuris Canonici sagt im can. 904 ausdrücklich dazu: „Immer dessen eingedenk, dass sich im Geheimnis des eucharistischen Opfers das Werk der Erlösung fortwährend vollzieht, haben die Priester häufig zu zelebrieren; ja die tägliche Zelebration wird eindringlich empfohlen, die, auch wenn eine Teilnahme von Gläubigen nicht möglich ist, eine Handlung Christi und der Kirche ist, durch deren Vollzug die Priester ihre vornehmste Aufgabe erfüllen."

Bei einem Goldenen Priesterjubiläum im Eichsfeld durfte ich als noch junger Weihbischof die Festpredigt halten. Vor dem Segen fragte ich den Jubilar, ob er seiner Gemeinde jetzt sagen könne, wofür er heute am meisten Gott zu danken habe. Darauf gab er die schlichte Antwort: „Dafür, dass ich in diesen 50 Jahren nie die heilige Messe unterlassen brauchte." Daraufhin wurde es in der vollen Kirche ganz still.

„Tut dies zu meinem Gedächtnis!" ist eine christologische Direktive für unser Leben. Sie beinhaltet noch einen zweiten Gedanken: In einer katholischen Kirche ist nie „niemand" da, sondern immer ist „jemand" anwesend. Wer von uns nur zu einer Funktion die Kirche besucht, tut so, als ob niemand da wäre. Er wird darüber hinaus zum Funktionär. Wenn sich aber jemand – und zwar nicht irgendjemand, sondern „der jemand" – an diesem Ort vergegenwärtigt hat, dürfen wir nicht so tun, als ob niemand da wäre. Darum gehört neben der täglichen Zelebration auch die tägliche Visitation vor dem Tabernakel zu unserem Lebensstil.

• „Sieh, deine Mutter! Und von jener Stunde an nahm sie der Jünger zu sich" (Joh 19,27)

Wenn das Evangelium in all seinen Teilen Botschaft ist, wenn also alles normativ für uns ist, kann es uns Priestern nicht gleichgültig sein, wenn der Herr kurz vor seinem Tod – noch nach der Einsetzung der Eucharistie, also gleichsam als letzte Willensäußerung – seine Mutter in die Hände von uns Priestern in der Person des Lieblingsjüngers Johannes gibt. Indem Johannes Maria in sein Haus aufnimmt, nimmt er das lebendige Evangelium bei sich auf. Er lernt von ihr den rechten Umgang mit dem Worte Christi. Denn Maria bewahrte und bewegte alles in ihrem Herzen und ließ sich von Christi Worten bewegen, die sie vom Herrn gehört hat. In der Hausgemeinschaft mit Maria schenkt uns Johannes ein so bewegendes Evangelium.

Bei wem diese christologische Direktive: „Siehe, deine Mutter!" Konsequenzen hat, wie bei Johannes, indem er Maria in das Haus seines priesterlichen Daseins aufnimmt, der wird ein Priester, der immer etwas zu sagen hat, und zwar etwas Bewegendes. Er wird ein die Menschen auf Christus hin bewegender Priester sein. Wo ein Priester in dieser „vita communis" lebt, dort bleibt er theologisch gesund und missionarisch aktiv.

Und noch ein Zweites dazu: Als Maria und Johannes unter dem Kreuz des Herrn standen, löst der Herr die Verbindung seiner Mutter zu sich, indem er ihren Blick von sich weg wendet auf Johannes hin und dabei sagt: „Frau, siehe, dein Sohn!" (Joh 19,26). Und er löst die Verbindung zu seinem Lieblingsjünger, indem er den Blick des Johannes von sich weg auf Maria hin wendet und dabei sagt: „Siehe, deine Mutter!" (Joh 19,27). Die beiden aufgelösten Verbindungen von Mutter und Lieblingsjünger knüpft er nun zusammen zu einer neuen Verbindung, zu einer neuen Verbundenheit, zu einem neuen Bund – zur Kirche.

Von dieser Qualität soll die Verbundenheit im Presbyterium untereinander und mit dem Bischof sein. Das ist eine gnadenhafte Möglichkeit, die uns das Weihesakrament bietet. Darüber hinaus können wir dann in ähnlicher Weise auch mit unseren Diakonen, mit unseren Mitarbeiterinnen und Mitarbeitern im pastoralen Dienst und mit unseren Gemeinden verbunden sein: wie der Lieblingsjünger und die Mutter mit dem Herrn verbunden waren und dann auch untereinander. Hier heißt es auch: „Tut dies zu meinem Gedächtnis!"

• „Du bist Petrus, und auf diesen Felsen werde ich meine Kirche bauen" (Mt 16,18)

Worauf haben wir unser Priestertum gebaut: auf unsere eigenen Vorstellungen und Pläne, auf die gängigen Trends, auf irgendwelche theologische Richtungen und Meinungen? Stellen wir unser Priestertum auf den Grund, auf den Christus seine Kirche gebaut hat: auf Petrus, den Felsen. Und ihm, dem Felsenmann, ist vom Herrn persönlich zugesagt, dass dann die von ihm getragene Kirche nicht von den Pforten der Hölle überwältigt werden kann (vgl. Mt 16,18).

Wer bei seiner pastoralen Arbeit den Petrus ausblendet, baut auf Sand und kann es mit der Kirche nicht gut meinen. Dieser Petrus heißt heute Johannes Paul II. Lassen wir uns nicht von außerkirchlicher und innerkirchlicher antirömischer Propaganda vergiften, sondern halten wir uns an die Weisungen des Papstes, dann bleiben wir zum Segen der Menschen felsenfest und handfest im priesterlichen Dienst verankert. Auch wenn uns das mitunter wenig Beifall einbringt, so beschenkt uns dafür auf jeden Fall das Wohlgefallen des Herrn, der ja seine Kirche dem Petrus anvertraut hat. Dem Petrus wurde vom Herrn gesagt: „Ich aber habe für dich gebetet, dass dein Glaube nicht erlischt. Und wenn du dich wieder bekehrt hast, dann stärke deine Brüder" (Lk 22,32).

Stärkung für unseren apostolischen Dienst erfahren wir vom Petrusamt. Das wissen nichtkatholische Christen oft besser als wir. Die Festigkeit des Petrus ist die Stärke in unseren Mühen. Wir brauchen das Gebet des Herrn für Petrus zu unseren Gunsten: „Ich aber habe für dich gebetet ... stärke deine Brüder." Das letzte Wort des Meisters an den Meisterschüler Petrus heißt: „Wenn du aber alt geworden bist, wirst du deine Hände ausstrecken, und ein anderer wird dich gürten und dich führen, wohin du nicht willst" (Joh 21,18).

Wir sind wirklich gut beraten, uns der Führung des Petrus anzuvertrauen. Hier liegt die Unfehlbarkeit des Papstes in Fragen des Glaubens begründet: Der Herr ist es, der ihn gürtet und der Herr selbst ist es, der ihn führt, selbst dorthin, wohin er gar nicht möchte. Unter der Führung des Petrus gelangen wir in die Gefolgschaft des Herrn.

Wenn ein katholischer Tischlermeister seinen Glauben verliert, dann kann er weiter Tischler bleiben, verliert ein Priester seinen Glauben, dann verliert er auch seinen Beruf, seine Berufung, sein Priestertum. Darum die Bitte der Jünger an den Herrn: „Stärke unseren Glauben!" (Lk 17,5). Deshalb die drei christologischen Direktiven für unser Priestertum. Die große Gnade des Priestertums besteht heute darin, dass uns das Priestersein nicht mehr in der soziologischen Würde steigert und uns keine privilegierte Stelle in der gesellschaftlichen Akzeptanz sichert. Im Gegenteil: Wer heute Priester wird, steht oft gegen alle gängigen Trends der Zeit. Wer daher heute Priester wird, von dem gilt das Wort: „Niemand kann zu mir kommen, wenn nicht der Vater, der mich gesandt hat, ihn zu mir führt" (Joh 6,44).

Der Vater ist am Zug: Er hat uns geführt, und er führt uns unentwegt weiter. Bleiben auch wir am Zug! Er hat uns ins Dasein gerufen, um mit uns eine einmalige Mission zu erfüllen, die nicht wegdelegierbar ist. Dazu hat er uns ein unverwechselbares Gesicht gegeben und einmalige Gaben und Begabungen, um so seinen Willen erfüllen zu können. Er möge uns den Mut geben, uns mit beiden Händen nach dieser unserer vor uns liegenden Sendung auszustrecken und die Kraft, die Hand fest an den Pflug zu legen. Er möge uns ferner sein Wort im Ohr bewahren: Wer die Hand an den Pflug legt und zurückschaut, ist meiner nicht wert (vgl. Lk 9,62). Damit wir aber seiner wert bleiben, halten wir die Hand am Pflug und den Blick auf ihn ausgerichtet.

Die Zeichen unserer Auserwählung
Predigt am Gründonnerstag 1998 im Hohen Dom zu Köln

„Was nämlich der Vater tut, das tut in gleicher Weise der Sohn" (Joh 5,19). So deutet der Herr sein Tun, Lassen und Sprechen. Was der Herr an diesem Abend im Saal von Jerusalem und heute in unserer Domkirche tut, das zeigt uns den Vater. Christus offenbart immer den Vater. Wenn der Herr den Jüngern die Füße wäscht, dann zeigt er die Hochachtung und den Respekt Gottes vor den Menschen. Weil Gott die Liebe ist, muss es seit Ewigkeit her im Leben des dreifaltigen Gottes eine solche Geste geben, in der sich der Vater herunterbückt zu den Füßen seines Sohnes, um sie zu waschen, denn: „Was nämlich der Vater tut, das tut in gleicher Weise der Sohn."

• Die Waschschüssel unserer Würde

Der heutige Abend zeigt uns, wer Gott ist. Wenn Gott uns die Füße wäscht, dann zeigt das, welche Hochachtung, welche Ehrfurcht und welchen Respekt Gott vor der Würde des Menschen hat. Im Angesicht dieser Szene aus dem Johannesevangelium kann niemand auf die Idee kommen, den Menschen zu einer Nummer werden zu lassen. Dazu war erst die Hölle von Auschwitz und Dachau fähig, die eigentlich die letzte Konsequenz der Gottlosigkeit ist. Wer nicht mehr weiß, dass Gott vor jedem Menschen kniet, seine Füße in seine guten Hände nimmt, um sie zu waschen, um sie auf den rechten Weg zu bringen, der weiß auch nicht mehr, wer der Mensch ist. Wem Gott nicht mehr heilig ist, dem ist nichts mehr heilig. Wer den knienden Gott vor unseren Füßen wegstößt, der wird vom Menschen bis zur Unerträglichkeit bekniet.

In der Fußwaschung – und das sei zum dritten Mal gesagt – zeigt sich die Hochachtung, der Respekt und die Ehrfurcht Gottes vor den Menschen. Wie müssen wir diesem Gott und mit welcher Ehrfurcht und mit welchem Respekt müssen wir unseren Hausgenossen in der Familie, im Beruf und in unserer Umwelt begegnen?

Ein brasilianischer Bischof erzählt, dass sie zu Hause 14 Geschwister waren. Ihre Mutter wusch jeden Abend mit eigenen Händen den Kindern die Füße und dann erst knieten sie gemeinsam vor Gott im Gebet nieder. Das bezeichnet der Bischof als die größte Mitgift, die ihm seine arme Mutter ins Leben mitgeben konnte. Die Ehrfurcht vor Gott erfüllte diese arme Frau auch vor ihren Kindern, die doch letztlich Kinder Gottes sind.

Die Waschschüssel des Gründonnerstags ist das Zeichen unserer Würde. Neben ihr steht der Kelch.

• Der Kelch des Bundes

„Was nämlich der Vater tut, das tut in gleicher Weise der Sohn." Seit Ewigkeit her strömt der Vater dem Sohn zu und im Kelch liefert sich Christus seinen Jüngern aus: „Trinkt alle daraus!" (Mt 26,27). Aber auch er selbst nimmt sie in sein Blut auf: Indem er auch – wie die Jünger – aus diesem Kelch trinkt, trinkt er gleichsam die Jünger mit in sich hinein. Der brennende Durst Gottes nach den Menschen wird am Gründonnerstag gelöscht.

Der Durst Gottes nach den Menschen ist sichtbar geworden am Baum des Lebens im Paradies, als Gott nach Adam rief: „Wo bist du?"

(Gen 3,9) bis hin zum Baum des Lebens auf Golgota, wo der Herr in die Nacht hineinruft: „Mich dürstet" (Joh 19,28). Am Gründonnerstag wird gleichsam schon vorweggenommen, dass der Herr seinen Durst nach den Menschen im eucharistischen Kelch löscht.

Darum deuten die Evangelien den Kelch als den Bundeskelch. Gott mit uns und wir mit ihm. Ihr mein Volk und ich euer Gott. Nun gibt es nicht mehr das besitzangebende Fürwort „mein", sondern nur noch „unser". Meine ganze Armseligkeit, sie gehört ab heute auch Gott. Er hat mich mitgetrunken, als er aus dem Kelch trank. Meine Unfähigkeit zur Liebe, meine ganze Armseligkeit ist nicht mehr nur meine, sie ist unsere. Seine Kraft zu Liebe und Vergebung ist nun auch meine. Ich euer Gott, und ihr mein Volk, sagt der Herr (vgl. Jer 31,33). Dieser Kelch ist der neue Bund in seinem Blut. Diese Kommunion Gottes mit dem Menschen hebt uns in eine Sphäre, die uns nicht mehr erlaubt, traurig oder pessimistisch zu werden. Er unser Gott und wir sein Volk. Der Kelch neben der Waschschüssel ist das Zeichen unserer Auserwählung.

• Der Kuss des Verrats

Es bleibt uns am Gründonnerstag nicht versagt, über eine Geste zu sprechen, die besser unterblieben wäre. Es ist der Kuss des Verräters. „Was nämlich der Vater tut, das tut in gleicher Weise der Sohn" (Joh 5,19), oder das lässt in gleicher Weise der Sohn auch an sich geschehen. Derjenige, der zu Gott sagt: „Abba, Vater!", „lieber Vater!" (Mk 14,36) bekommt die Antwort: „Das ist mein geliebter Sohn, an dem ich Gefallen gefunden habe" (Mt 17,5). Besiegelt wird das im Kuss der Liebe zwischen Vater und Sohn.

Dieses Zeichen der Liebe pervertiert zum Verrat. Vom Munde eines Repräsentanten der Kirche geht das Zeichen des Verrates für die Soldaten aus: „Judas, mit einem Kuss verrätst du den Menschensohn?" (Lk 22,48). Liebe, die sich entäußert, ist vor Verrat nie sicher. Wir bücken uns in dieser Stunde nicht nach einem Stein, um ihn etwa auf Judas oder irgendeinen anderen Menschen zu werfen.

Aber dass der Kuss der Freundschaft auch verraten wird, ist eine traurige Wirklichkeit. Unsere Sprache kennt die Redensart: „Freunde in der Not gehen tausend auf ein Lot." Wenn es ernst wird, kündigen viele die Freundschaft auf. Auf Treue und Glaube hin handeln ist schon so oft enttäuscht worden, dass nur noch wenige davon etwas halten. Zuverlässigkeit in guten und weniger guten Tagen hat Seltenheitswert bekommen. Hier wird jeder von uns seine traurigen Erfahrungen haben. Liebe, die sich entäußert, ist vor Verrat nie sicher.

Die Kirche hat viele Menschen heilig und selig gesprochen, aber noch keinen zur Hölle verdammt, selbst den Judas nicht. Ich kenne eine Judasdarstellung, die im Vordergrund den Herrn zeigt, der von Judas den Verräterkuss empfängt. Im Hintergrund hängt Judas am Baum mit einer Schlinge um den Hals, und vor ihm kniet der fußwaschende Christus des Gründonnerstags und schiebt seine Füße in die Gebetsform, in die Haltung des Kreuzes zusammen: Das Zeichen, dass kein Verrat groß genug ist, dass er nicht vom noch größeren Erbarmen Gottes besiegt werden könnte.

Die Waschschüssel unserer Würde, der Kelch des Bundes und der Kuss des Verrates sind das Vermächtnis dieses heiligen Abends.

Alles Leben ersteht aus dem Sterben
Predigt am Karfreitag 1998 im Hohen Dom zu Köln

Der Herr erklärt seinen Tod im Voraus im Gleichnis vom Weizenkorn, das in die Erde fällt, allein ist und stirbt. Indem es stirbt, seine Form, sein Alleinsein, seine Abgeschlossenheit verliert, entsteht eine neue Pflanze, wird die neue Frucht geboren (vgl. Joh 12,24). Im Sterben des Korns entsteht geheimnisvoll der neue Keim, bricht das neue Leben an, das zu neuem Dasein ruft. Christus erklärt nach Ostern den Emmausjüngern das Geschehen des Karfreitags, indem er sagt: „Musste nicht der Messias all das erleiden?" (Lk 24,26). Der Weg Christi zum Kreuz wird bestimmt von diesem geheimnisvollen Muss der liebenden Dienstbereitschaft, die auch das Sterben noch als Dienst versteht, als eine Liebe, an der bis in den Tod festgehalten wird und die dadurch den Tod besiegt.

Das ist der Weg des Weizenkorns: Einsam, unverstanden und verachtet und in die Tiefen der Finsternis gestoßen. Das sind auch die Markierungspunkte des Kreuzweges Christi. So tief wurde Christus am

Karfreitag in die Erdfinsternis hineingetreten, dass er schrie: „Mein Gott, mein Gott, warum hast du mich verlassen?" (Mt 27,46).

Doch nur aus diesem völligen Sterben konnte das neue Leben am Ostermorgen emporsteigen. Aus der Auferstehung wächst die neue Frucht. Nun wird Christus das Licht der Welt, das die Erde verwandelt. Dieses ewige Gesetz, dass aus dem Sterben Leben kommt, vollzieht sich nun auch an den Jüngern. Im Zerbrechen ihrer alten Wünsche und Hoffnungen schauten sie nun Christus in neuem Licht. In ihrer Verzweiflung des Karfreitags zogen sie sich zurück und kamen hinter verschlossenen Türen zusammen. Nachdem aber alle diesseitigen Hoffnungen in ihnen erstorben waren, konnten sie den Ruf des Auferstandenen hören: „Friede sei mit euch!" (Joh 20,19). Als Verwandelte und Gestorben-Auferstandene trugen sie die Lebensbotschaft in die Welt hinaus.

Die großen Gestalten der Kirche starben ihren Tod wie Christus, um zu einem neuen Leben erweckt zu werden: Paulus, der Verfolger der Kirche, brach vor Damaskus zusammen, damit der Auferstandene sich ihm im Glanz seiner Herrlichkeit offenbaren konnte (vgl. Apg 9,1–21). Nur so wurde er der große Apostel. Der heilige Franziskus erkannte in einer großen Stunde die Hohlheit des Weltglanzes, um als Helfer in die Armut des Lebens zu steigen. Ignatius von Loyola, als Krüppel zusammengeschossen, wurde von Gottes Gnade in die eigentliche Armee eingegliedert, in der es sich zu kämpfen lohnt.

Alles neue Leben ersteht aus dem Sterben, aus dem Sich-Absterben. Das ist das Christusgesetz und das gilt auch für uns Christen: „Sind wir nun mit Christus gestorben, so glauben wir, dass wir auch mit ihm leben werden" (Röm 6,8).

Der Mensch ist ein Wesen, das sich nicht zu vollenden wagt. Er liebt es zu lieben, aber er fürchtet zu opfern und zu sterben. Er liebt es zu geben, aber er fürchtet zu verlieren. Er will das Wagnis der Liebe auf sich nehmen, aber er ist zerrissen vor Angst, weil er spürt, dass man nicht zu gleicher Zeit sich geben und sich bewahren, den Willen eines anderen tun und weiterhin seinem eigenen Willen folgen kann.

Es ist wirklich das Sterben des Weizenkornes nötig, das Aufgeben der eigenen Form, um in einer anderen aufzugehen. Wer verliert, der gewinnt. Nur durch den Tod ist die Erlösung möglich, nur durch das

Leid findet man das Glück. Manches oder vieles in uns wartet auf das Sterben, damit der Anbruch des neuen Lebens in uns beginnen kann. Das Weizenkorn hat die Gestalt des Kreuzes angenommen: Christus. Das Weizenkorn ist zersprungen. Es ist zur Eucharistie geworden, so dass wir in der Hostie den gekreuzigten und auferstandenen Christus essen, auf dass wir in ihm seien und er in uns.

Die Zeugnisse des Ostersieges Christi
Predigt in der Osternacht 1998 im Hohen Dom zu Köln

Wer im Alltag ein technisches Gerät kauft, bekommt normalerweise einen Garantieschein ausgehändigt. Er soll bürgen für die Qualität und Funktionstüchtigkeit des Gerätes. Wer gibt uns für unser Leben, für seinen Sinn, für sein Ziel und seinen Inhalt einen Garantieschein? Wenn schon Garantiescheine nötig sind, dann aber hier an erster Stelle, wo es um den Sinn oder Unsinn des Lebens geht.

Die Osternacht händigt uns diesen Garantieschein aller Garantiescheine aus, wenn sie sagt: Christus hat den Tod besiegt und uns göttliches Leben gebracht. Der auferstandene Herr ist das „Ja" Gottes zum Menschen und zur Welt. Seit Ostern tragen wir diesen Garantieschein in dreifacher Ausfertigung in unserer Tasche: im Taufschein, im Erstkommunionszeugnis und in der Firmungsurkunde. In vielen Kirchen werden in dieser Nacht bei den Erwachsenentaufen diese drei Garantiescheine ausgestellt, indem sie die Taufe, die erste heilige Kommunion und das Sakrament der Firmung zugleich empfangen. Diese drei Dokumente bezeugen uns die großen Investitionen, die Christus in unser Leben mit seiner Auferstehung gelegt hat.

• Der Taufschein

Er ist ein Dokument unserer Erwählung. Keiner von uns hat sich selbst getauft, er wurde getauft. „Nicht ihr habt mich erwählt, sondern ich habe euch erwählt" (Joh 15,16). Das ist die österliche Botschaft dieser Nacht. Nicht wir haben Gott zuerst geliebt, sondern Gott hat uns zuerst geliebt. Bevor wir zum Handeln kommen, hat Gott

163

längst schon an uns gehandelt. Dieses österliche Auserwählungsbewusstsein macht froh, frei und selbstbewusst.

Das prägte besonders deutlich die Urchristenheit. Auf die Frage nach ihrem Namen vor den Gerichten gaben sie immer zuerst den des Christen an. Dann erst folgte ihr bürgerlicher Name. Der Taufschein ist das Dokument unseres persönlichen Osterns, unserer Auserwählung. Er sollte nicht nur bei unseren Personalpapieren liegen. Wir sollten ihn öfter anschauen, um unserer Erwählung inne zu werden, um froh, frei und österlich zu bleiben. Der Taufschein ist der österliche Garantieschein für jeden Einzelnen von uns.

- Das Erstkommunionszeugnis

Es ist ein Dokument unserer Einheit und daher der christliche Garantieschein für eine österliche Gemeinde. Ein Herz und eine Seele sein im österlichen Glauben muss nicht unerfüllbare Sehnsucht, Wunsch oder Utopie bleiben. Die Systeme dieser Welt wollen durch Ideologien solche Einheiten herstellen. Selbst unter Zwang kann dies nicht auf ideologischem Weg gelingen.

In der Osterkommunion wird Einheit nicht durch Ideen geschaffen, sondern durch eine Person, durch den auferstandenen Christus. „Ich bin das Brot des Lebens" (Joh 6,48), sagt der Herr. Die vielen Einzelnen werden durch dieses Brot eins, ein Leib, er das Haupt, wir die Glieder, er der Hirt, wir die Herde, er der Weinstock, wir die Rebzweige, er der König, wir sein Volk. Österliche Verbundenheit ist möglich. Holen wir öfter das Erstkommunionszeugnis hervor. Es ist die Urkunde, die erste Nachricht unserer Eingliederung in den Leib des auferstandenen Christus, und damit ist das Erstkommunionszeugnis der Garantieschein der Einheit für Ehe, Familie und Gemeinde.

- Die Firmungsurkunde

Sie ist ein Dokument der österlichen Hoffnung für die Kirche. Gott hat der Kirche am Ostertag seinen Geist eingehaucht, wie er am Schöpfungsmorgen dem Adam den Lebensodem eingehaucht hat. Als der österliche Herr seine Apostel anhauchte und sagte: „Empfangt den Heiligen Geist" (Joh 20,22), gab er dem Schiff, seiner Kirche, gleichsam den Abschubstoß vom palästinensischen Ufer auf das Meer aller Welten und aller Zeiten hin.

Dieser österliche Schub wirkt bei jeder Firmung nach und erhält die Kirche flott. Diese Geisteskraft garantiert, dass die Kirche durch alle Unwetter hindurch kommt und in die große Zukunft Gottes hineingelangt. Die Firmungsurkunde ist dafür der Garantieschein. Seit Ostern dringt der Geist Gottes durch alle Ritzen hindurch, so dass der Auferstandene mit seiner Kirche nicht mehr unter der Erde zu halten ist.

Es wäre eine besondere Form unserer Osterfeier, wenn wir in diesen Tagen aus unserer Personalmappe den Taufschein, das Erstkommunionszeugnis und die Firmungsurkunde herausholten, um sie als Zeugnisse des Ostersieges Christi für uns auf den geschmückten Ostertisch zu legen. Wir sollten diese Garantiescheine des Auferstandenen immer vor Augen haben. Sie sind eine Einladung an uns, die verborgenen Schätze Christi in uns zu heben und sie fruchtbar werden zu lassen für eine österliche Erneuerung der Welt.

Er geht euch voraus
Predigt am Osterfest 1998 im Hohen Dom zu Köln

Bei den Milleniumsfeierlichkeiten der Taufe Russlands im Jahre 1988 sagte der damalige Kardinalstaatssekretär Casaroli bei seiner Begrüßungsansprache in Moskau dem Russisch-Orthodoxen Patriarchen: „Ich kenne nur zwei russische Worte: ‚Christos woskresse', d. h. Christus ist auferstanden. Darauf antwortete der Patriarch: „Die von ihnen in russischer Sprache gesprochenen Worte sind die beiden wichtigsten Worte, die es auf der Welt gibt. Christus ist auferstanden!" Darum tragen selbst die Toten Hoffnung im Gesicht, denn der Glaube an die Auferstehung Christi und der Glaube an das Leben des Menschen nach dem Tod gehören zusammen.

In den frühesten Glaubensbekenntnissen der Urkirche heißt es: „Gott hat den Herrn auferweckt; er wird durch seine Macht auch uns auferwecken" (1 Kor 6,14). Zwischen dieser Glaubensaussage und den Erfahrungen der Menschen scheint ein Widerspruch zu bestehen. Wir sehen und erleben: Friedhöfe, Krankenhäuser, Naturkatastrophen, das Altwerden und das Ende vom Leben. Da sind die vielen Gräber unserer Toten. Da sind die vielen und vielfältigen Gräber unseres Lebens: begrabene Hoffnungen, begrabene Pläne, begrabene Zukunftsträume, ja, auch begrabene Liebe.

Die Menschen aber hoffen trotzdem. Alle menschlichen Hoffnungen beinhalten letztlich immer Hoffnung auf Leben. Eine glückliche Familie sein, meint Leben; ein Haus haben, meint Leben; gesund sein wollen, meint Leben; Erfolg und Anerkennung suchen und finden, meint Leben; lieben und geliebt werden, meint Leben.

Wenn wir das Gegenteil des Lebens diesen Hoffnungen entgegenstellen, stehen wir vor der Frage: Was heißt, eine glückliche Familie haben, wenn der Tod sie trennt? Was nützt ein Haus, wenn niemand es bewohnt? Was heißt, gesund sein wollen, wenn am Ende der Tod steht? Was bedeuten Erfolg und Anerkennung, wenn von einem Menschen nur Staub zurückbleibt? Welchen Sinn hat Liebe, wenn der Tod ihre Dauer beendet? Alle Hoffnungen und Wünsche des Menschen werden durch den Tod sinnlos. Was sinngebend für den Menschen ist, muss es mit dem Tod aufnehmen können.

Die Jünger stellten sich vor Ostern die gleiche Frage wie wir heute. Sie hatten alles auf eine Karte gesetzt: Jesus Christus. Er gab ihrem Leben neuen Sinn. Die Karte aber hat nicht gestochen: Jesus wird der Prozess gemacht, er stirbt am Kreuz und wird begraben. Jetzt ist alles aus. Nun aber machen sie eine ganz unglaubliche Erfahrung: „Den Urheber des Lebens habt ihr getötet, aber Gott hat ihn von den Toten auferweckt. Dafür sind wir Zeugen" (Apg 3,15). Was hat sich zwischen ihrer vorösterlichen Verzweiflung und ihrer neuen österlichen Sieghaftigkeit ereignet? Man fällt nicht ohne Grund vom Weinen ins Lachen, von der Verzweiflung in die Hoffnung, von dem Wissen „Er ist tot" in die felsenfeste Überzeugung „Er ist auferstanden". Was waren das für Ereignisse?

Die Jünger selbst geben uns die Antwort auf diese Frage: „Gott aber hat ihn am dritten Tag auferweckt und hat ihn erscheinen lassen … uns, die wir mit ihm nach seiner Auferstehung von den Toten gegessen und getrunken haben" (Apg 10,40–41). Von ihm sagte der Engel: „Er geht euch voraus … dort werdet ihr ihn sehen" (Mt 28,7). Diese Erfahrung änderte ihr Leben: Sie hatten sich ängstlich zurückgezogen. Jetzt gehen sie hinaus in die Welt: Sie werden zu einer Kirche im Vormarsch. Sie waren orientierungslos, jetzt sehen sie ihren Auftrag neu. Sie wollten ihre Haut retten, jetzt riskieren sie ihr Leben für den Auferstandenen. Sie waren isoliert, jetzt gründen sie eine Gemeinschaft von Glaubenden. Und das alles ist nachprüfbar. Sie erfuhren den Auferstandenen und glaubten damit an ihr eigenes Leben, das bleibt, auch nach dem Tode. Der Osterglaube änderte ihr Leben.

Dieser Glaube wird uns hier und heute neu angesagt. Es ist sinnvoll für uns, diesen Glauben anzunehmen: Christus lebt! Unser Leben bleibt. Glaubten wir das nicht, wären alle unsere Hoffnungen und Wünsche sinnlos. Dann gilt uns das Wort aus dem 1. Korintherbrief: „Lasst uns essen und trinken; denn morgen sind wir tot" (1 Kor 15,32). Das heißt doch: Nimm alles mit, was du kriegen kannst – auch auf Kosten deines Gewissens und anderer Menschen. Denn was du hier nicht mitbekommst, bekommst du nie mehr.

Wenn ich aber weiß: Christus lebt, mein Leben – unser Leben bleibt, dann ändert sich mein Leben hier. Denn das Ziel von Leben ist Leben und nicht der Tod. Tod ist für uns – wie bei Jesus – nur ein Milieuwechsel des Lebens: vom irdischen Dasein in die österliche Wirklichkeit des Herrn. Unsere Gesellschaft hat sich dieser Lebensbotschaft mehr denn je entfremdet. Darum hat der Tod in ihr an Terrain gewonnen. Sie braucht dringend die Osterbotschaft als Lebenselexier, um nicht an sich selbst zu ersticken und zu sterben.

Wer um Ostern weiß, der bejaht und fördert das Leben jedes Menschen, der widersteht allen und allem, was lebensbehindernd und lebenszerstörend ist. Unser gegenwärtiger Papst ist ein leidenschaftlicher Verkündiger dieser österlichen Wirklichkeit. Seine bedeutendste Enzyklika: „Evangelium vitae", d. h. „Evangelium des Lebens", verteidigt aus österlicher Überzeugung das menschliche Leben in seiner unantastbaren Würde in allen Lebensphasen. Dieser Papst wird in die Geschichte als der Papst des Lebens eingehen. Wer aus dem Osterglauben weiß, dass unser Leben bleibt, der kann überhaupt erst andere Menschen ernst nehmen und ihnen glaubwürdig Mut machen, der paktiert nicht mit der Lüge und schließt keine faulen Kompromisse um irdischer Vorteile willen, der erst kann Gemeinschaft unter Menschen ermöglichen: Liebe geben und Liebe annehmen. Denn einen

Menschen lieben, bedeutet zu sagen: Du sollst nicht sterben! Das ist der Inhalt von Ostern: Christus lebt.

Gott ist ein Gott der Lebenden. Durch das Leben, durch den Tod und die Auferstehung seines Sohnes hat er bezeugt und glaubwürdig gemacht, dass er zu uns steht und dass er uns liebt. Einen Menschen lieben, bedeutet zu sagen: Du sollst nicht sterben! Heute dürfen wir vom österlichen Christus hören: Du wirst leben in Ewigkeit!

Aus der Nacht des Todes befreit

Predigten zum Osterfestkreis 1999

Das Kreuz Christi mittragen

Predigt am Palmsonntag 1999 im Hohen Dom zu Köln

Die Lebenskurve Jesu zeigt uns von Anfang an einen krassen Abstieg nach unten. Er kommt aus der Herrlichkeit des Himmels in die Armseligkeit der Erde. Er sucht als Schauplatz für die Erlösung der Menschheit keine große Metropole der damaligen Welt auf, sondern einen vergessenen Weltwinkel. Er macht in seinem kurzen Leben keine Karriere nach oben, sondern höchstens eine nach unten als Sohn armer Eltern. Er sitzt nicht wie ein Oberförster auf einem Hochsitz, um von oben herab auf die Menschen zu schauen. Er kommt auch nicht hoch zu Ross, um sich gnadenvoll zum Menschen herabzuneigen. Nein! – Er kommt auf einem Esel, dem Tragtier der armen Leute, ja, er macht sich selbst zum Esel der Welt, indem er dann unter dem Kreuz die Last der ganzen Welt auf sich nimmt.

Die zweite Kreuzwegstation: „Jesus nimmt das schwere Kreuz auf seine Schultern" ist jener unaussprechliche Moment, wo das geschieht. Kein Verbrechen und keine Schuld gibt es seit diesem Augenblick mehr, die Gott nicht trägt, und kein Kreuz mehr ohne Christus. Wohl sind Kreuz und Not des Menschen groß, aber wir dürfen dennoch nicht verzweifeln, denn Gott ruht jetzt darauf, er, der nicht gekommen ist, das Gesetz aufzuheben, sondern zu erfüllen.

Paul Claudel sagt in seinem Kreuzweg: „Jesus empfängt das Kreuz, wie wir die heilige Eucharistie empfangen. ‚Wir geben ihm Holz für sein Brot', wie es beim Propheten Jeremias heißt." Der Apostel Paulus mahnt uns: „Einer trage des anderen Last, so werdet ihr das Gesetz Christi erfüllen!" (Gal 6,2). Wir sind – wenn wir so wollen – alle zu einer solchen Eselsexistenz berufen, indem wir zum Tragen bestimmt sind. Wir können nur bitten, dass wir dann geduldig unter dem Holze bleiben, von dem der Herr will, dass wir es tragen sollen. Und wiederum sagt Claudel: „Denn wir müssen das Kreuz tragen, ehe es uns trägt." Der Herr kommt von oben nach unten, um uns von unten nach oben heraufzutragen.

Der den Herrn tragende Esel ist das Bild für den das Kreuz tragenden Christus. Die vertikale Gotteslinie des Kreuzes trägt die horizontale Weltlinie. Alles Leid und alle Not, alle Probleme und alle Sorgen aller Menschen aller Jahrhunderte sind auf dieser horizontalen Weltlinie angesiedelt und sie alle werden getragen durch die vertikale Gotteslinie des Kreuzes. Sie findet ihr schlichtes, ja fast ergreifendes Bild in dem struppigen Esel, der den Herrn in seine Stadt Jerusalem trägt, in der er dann das Kreuz auf sich nehmen wird.

Wir dürfen im Palmesel ein wenig unsere eigene Berufung erkennen, dem Anderen neben uns das Leben spürbar zu erleichtern, indem wir seine Last versuchen mitzutragen. „Einer trage des anderen Last!" – Nicht: „Einer werde des anderen Last!" Wir sind zum Tragen und Wagen da, nicht aber zum Ruhen und Rasten.

Deshalb sollten wir dankbar sein, wenn wir beim Kreuze Christi gebraucht werden, indem wir es mittragen dürfen wie Simon von Cyrene. Am Anfang war er überrascht und gedemütigt zugleich, dass man ihm das Kreuz auferlegt hatte. Er spürte, wie sich etwas in ihm empörte und er hatte keinen Mut, es zu tragen. Aber allmählich wandte sich seine Aufmerksamkeit auf den Mann direkt vor ihm zu, der sich schweigend unter dem Kreuz fortschleppte. Auf diesen geduldigen Gefährten, der sich nicht umwandte und dessen Schweigen ihn schließlich beeindruckte, richtete sich sein Augenmerk. Er lernte, auf diesen anderen vor ihm zu achten, auf seine Geduld, die nichts ermüden konnte; auf seine erstaunliche Fähigkeit, zu leiden; auf seine Milde; auf seine Liebe, die nur danach verlangte, die zu trösten, die weinten, denen zu vergelten, die halfen und denen zu verzeihen, die ihn misshandelten. Er fühlte, wie die Ausstrahlung dieser Kraft und dieser Milde auch ihn allmählich umhüllte und durchdrang. Er sehnte sich danach, ihm nahe zu kommen. Und während er am Anfang nur das Kreuz gesehen hatte, sah er am Ende nur noch Jesus. Und um keinen Preis der Welt hätte er nicht dabei sein wollen.

„Wenn der Herr einst wiederkommt, dann möchte ich dabei sein," heißt es in einem Lied der Jugend. Der Herr kommt wieder, um seine Passion für uns zu erneuern. Dann möchte ich dabei sein, wie Simon von Cyrene, wie der Esel am Palmsonntag, wie die Menschen damals. Dazu sind wir eingeladen. Sagen wir „ja" und tun wir mit!

Der Kelch – Symbol priesterlichen Amtes

Predigt zur Missa Chrismatis 1999 im Hohen Dom zu Köln

Es ist bezeichnend, dass der Priestertag im Kirchenjahr immer in der Karwoche stattfindet, nämlich dann, wenn in der Kathedrale der Bischof mit dem Presbyterium die Messe der heiligen Öle feiert. Hier liegt der sakramentale Ursprung unseres Weiheamtes. Mit diesem heiligen Öl sind unsere Hände bei der Priesterweihe gesalbt worden und mit dem gleichen Öl wurde unser Primizkelch gesalbt und geweiht, der uns lebenslang begleitet.

Der Kelch ist unser Statussymbol. Wir nehmen ihn das erste Mal bei der Primizmesse in die Hand und dann hantieren wir lebenslang mit ihm, bis man ihn eines Tages auf unseren Sarg stellen wird. Ein sprechenderes Symbol für unseren priesterlichen Dienst kann es kaum geben.

• Der Kelch ist normalerweise aus kostbarem Material hergestellt.

Er steht nicht unter Töpfen und Schüsseln im Küchenschrank, sondern ist dazu bestimmt, in heiliger Stunde vor dem Angesichte Gottes im Heiligtum seinen Dienst zu tun. Das ist auch unsere tiefste priesterliche Berufung. Nirgendwo handelt der Priester so authentisch in „persona Christi capitis" wie in der heiligen Messe, so dass er die Worte Christi zu seinen eigenen Worten macht, indem er über die Gaben von Brot und Wein spricht: „Das ist mein Leib" (Mt 26,26, Mk 14,22, Lk 22,19) und „das ist mein Blut" (Mt 26,27, Mk 14,24). Darin liegt die unaussprechliche Würde des priesterlichen Dienstes begründet. Der Priester kann gar nicht hoch genug von dieser seiner Berufung und Weihe denken. Die kostbare Schlichtheit des Kelches will uns täglich daran erinnern.

Im Gegensatz dazu steht wohl heute ein negatives Lebensgefühl vieler Priester. Sie fühlen sich tief verwundet, weil die Gesellschaft alles das zurückweist, für das sie einzustehen haben und wofür sie sich in der Weihe lebenslang an Christus gebunden haben. Ich glaube nicht, dass unsere Priester unter den Verpflichtungen des Zölibates oder anderen Eingrenzungen leiden! Nein, sie fühlen sich verletzt beim Anblick einer Gesellschaft, die das Gegenteil von dem lebt, wofür sie angetreten sind, weil nämlich die Gesellschaft versucht, Gott außerhalb des menschlichen Lebens zu stellen. Da ist es schon verständlich, wenn bei uns Priestern gelegentlich der Idealismus nachlässt. Aber es ist ein Gebot der Stunde, unsere priesterlichen Ideale zu bewahren und zu erneuern, denn hinter ihnen steht das wahre Leben, das Jesus Christus selber ist. Er hat die Kraft, in uns neues Leben zu wecken, uns zur Liebe der ersten Stunde zurück zu führen.

Vergessen wir nicht, unser Herr hat diese innere geistliche Lähmung und Verlassenheit von Gott und seinen Jüngern für uns am Ölberg durchkostet, so dass seine innerste Lebenssubstanz im Blutschweiß durch die Poren brach! Dieser ist in den Chrisam unserer Priesterweihe eingegangen. Damit sind wir gesalbt und gesandt. Und der Vater schickt dem Sohn in dieser Stunde der Ausweglosigkeit den Engel mit dem Kelch des Trostes. Uns ist in der Priesterweihe ebenfalls der Kelch in die Hand gegeben – der Kelch des Trostes: „Ihr aber seid ein auserwähltes Geschlecht, eine königliche Priesterschaft" (1 Petr 2,9). Weswegen? Weil uns in der Priesterweihe Anteil gegeben worden ist am Priestertum des einzigen Königs der Welt, Jesus Christus.

• Der Kelch ist ein Gefäß, das nach oben geöffnet ist, um von oben her seinen Inhalt zu empfangen, und ihn dann nach rechts und links weiter zu reichen.

Uns ist es aufgegeben, den Menschen das zu bringen, was wir selbst nicht produzieren können, aber von oben her vom Herrn empfangen haben. Darum ist die Öffnung zu ihm hin die erste Aufgabe unseres priesterlichen Dienstes. Nicht wir dürfen uns zuerst den Menschen bringen, weil nicht wir die Lösung ihrer vielen Probleme sind. Wir haben den Menschen Christus zu bringen, der allein den Menschen auf ihre Fragen eine gültige Antwort zu geben im Stande ist. Aber dieser Christus muss erst in uns lebendig geworden sein, bevor wir ihn zu den Menschen bringen können. Darum entspricht das Gebet den ersten, höchsten und letzten Erwartungen der Gläubigen. Wirksam die Menschen zu segnen, vermag nur der von uns, der vorher für sie gebetet hat.

Wir rufen in jeder Messfeier den Gläubigen das „Sursum corda!" zu: „Erhebet die Herzen!" Wo bleibt unser Herz dabei? Ich durfte einmal mit einem Kelch zelebrieren, auf dessen Fuß die Worte eingraviert waren: „Herr, meine Hände geben dir mein Herz. Nun gib dein Herz meinen Händen." Wir beugen uns bei der heiligen Wandlung über den Kelch. Man kann nie auf den Grund des Kelches sehen, denn er birgt darin die abgrundtiefe Liebe Gottes, das Herzblut Christi selbst. Die innere Ergriffenheit, die uns wohl bei der Primizmesse während der Erhebung des Kelches ein wenig zittern ließ, möge bis zu unserer letzten Messe anhalten. Wir sind nie reicher, als wenn wir den Kelch dem Volke Gottes darreichen. Wer kann darin mit uns Priestern mithalten? Hier sind wir wirklich außer Konkurrenz, nicht durch Tüchtigkeit, sondern durch Gnade!

Der Kelch ist keine Konservendose. Er empfängt seinen kostbaren Inhalt von oben, um ihn dann nach rechts und links weiter zu reichen. Alle Selbstheiligung des Priesters ist nicht zuerst Selbstzweck, sondern pastoraler Auftrag. „Ich heilige mich für sie" (Joh 17,19), sagt Christus im hohenpriesterlichen Gebet. Die geweihten Hände ergreifen den geweihten Kelch, um den hochgeweihten Inhalt den Menschen darzureichen. Von diesem Dienst ist priesterliches Selbstverständnis und priesterlicher Lebensstil bestimmt und geprägt. Unser Leben und unsere Ämter sind durch das Brechen des Brotes und den Segen des Kelches miteinander verschmolzen. Seit zehn Jahren nennen Sie dabei meinen Namen als den Ihres Bischofs. Dafür danke ich Ihnen allen sehr, zumal viele damit eine Gebetsbitte verbinden. Ich bitte Sie aber auch aufrichtig um Vergebung, wenn ich Ihnen Anlass gab, dass mein Name nur schwer über ihre Lippen kam.

* Der Kelch hat einen breiten Kelchfuß, damit er festen Stand hat, nicht umkippt und nichts von seinem kostbaren Inhalt verloren geht.

Dem Priester ist Stehvermögen und Durchhaltekraft vom Herrn gegeben, damit er für die Menschen die Christuswirklichkeit berührbar werden lässt. Christus ist mit uns lebendiger in dieser Welt als ohne uns. Er hat das so gewollt. Manche Menschen werden Christus nur kennen lernen, wenn wir uns dazu hergeben. Nur unser Gesicht, nur unsere Worte, nur unsere Hände und nur unser Herz werden diesem oder jenem Menschen Christus offenbaren können. Wenn wir uns ihnen versagen, verlieren viele Menschen die Chance, mit dem Herrn jemals in Berührung zu kommen!

Christus hat nur 33 Jahre in dieser Welt leben können. In dieser kurzen Frist konnte er gar nicht alle seine Lebensenergien, die in ihm lebten, an die Menschen austeilen. Eine solche kurzfristige Menschwerdung erscheint deshalb wie eine unglaubliche Vergeudung göttlicher Kräfte. Aber Christus ist nur deshalb einmal Mensch geworden, weil er immer wieder in jeder Priesterweihe priesterlicher Mensch werden wollte. Wir dürfen als Priester sein Tun fortsetzen, indem er uns Anteil gibt an seinem einzigen Priestertum.

Jeder von uns Priestern ist eine Gelegenheit für Christus, sich neu zu offenbaren. Glauben wir das? Wir beten mit unseren Gläubigen das Credo nur glaubwürdig, wenn wir auch an unsere priesterliche Berufung glauben können. Darin ist der Priester unersetzbar. Der Priester kann immer nur – wie der Papst sagt – durch einen Priester ersetzt werden. Die Sorge um Priesterberufungen ist darum immer Priorität in unserer pastoralen Arbeit. Wir müssen mit dem Guten Hirten mitsorgen, dass seine heilende Wirklichkeit für die Menschheit in unserer Welt berührbar bleibt.

Menschlich gesprochen könnte nur der von uns eines Tages guten Gewissens in den Ruhestand gehen, der für einen jungen Mann zum Anlass wurde, seine priesterliche Berufung zu hören und zu befolgen. Ich weiß, dass das nicht immer so problemlos aufgeht. Ich kenne eine Reihe guter und eifriger Priester, die sich lebenslang, aber ohne äußeren Erfolg gerade darum abgemüht haben. Mir sind aber andererseits junge Priester bekannt, die oft gar nicht oder kaum über einen direkten Kontakt mit einem Priester zu ihrer Berufung gelangt sind, die aber – davon bin ich überzeugt – durch die Gebete und Opfer anderer Priester diesen Weg wählen konnten. Üben wir diese Hochform der Seelsorge aus, indem wir Gott unsere Sehnsucht und unser Beten um Nachfolger im priesterlichen Dienst schenken. Er möge dann in seiner Gnade unser Beten und Tun wirksam werden lassen. Der Kelch hat einen breiten und tragfähigen Kelchfuß, damit nichts von seinem kostbaren Inhalt, den er von oben empfangen hat, verloren geht.

Unser Zunftzeichen ist der Kelch. Er begleitet uns vom Weihealtar bis zum Grab. Ihn benutzen wir täglich zum Heil der Menschen. Er ist die Gestalt gewordene Berufung des Priesters: von kostbarem Material geformt, nach oben geöffnet und mit einem großen Stehvermögen. Erinnern wir uns daran, wenn wir täglich damit umgehen. Die Mitfeiernden helfen uns dabei, wenn sie auf unsere Gebetsbitte antworten: „Der Herr nehme das Opfer an aus deinen Händen, zum Lob und Ruhme seines Namens, zum Segen für uns und seine ganze heilige Kirche."

Die Fußwaschung – Versöhnungsdienst Christi
Predigt am Gründonnerstag 1999 im Hohen Dom zu Köln

Protest gegen das Waschen gibt es eigentlich wohl nur bei Kindern. Von erwachsenen Leuten wird „Wasserscheu" seltener berichtet. Hier und heute im Evangelium begegnet uns Protest gegen das Waschen von einem Erwachsenen, dazu noch vom ersten Mann der Kirche, von Petrus: „Niemals sollst du mir die Füße waschen!" (Joh 13,8a). Petrus lehnt den Dienst des Meisters ab und damit lehnt er ihn selbst ab. Jesus sagt ihm das ausdrücklich: „Wenn ich dich nicht wasche, hast du keinen Anteil an mir" (Joh 13,8b). Darauf reagiert Petrus, indem er – wie oft in solchen Fällen – überschwänglich zu Jesus sagt: „Herr, dann nicht nur meine Füße, sondern auch die Hände und das Haupt" (Joh 13,9).
Petrus hat in der Verweigerung der Fußwaschung viele Nachfahren gefunden, Christen, die den Versöhnungsdienst des Herrn nicht mehr annehmen. Das zeigen die leergewordenen Beichtstühle in unseren Kirchen, die oft nur noch musealen Charakter haben, aber nicht mehr gebraucht werden. Wir nehmen den Versöhnungsdienst des Herrn nicht mehr an. „Annahme verweigert!" heißt es dann wie bei einer unliebsamen Postsendung. Gott zwingt uns seine Gaben nicht auf. Aber nehmen wir ihm seine Geschenke nicht mehr ab, dann hört er eigentlich für uns auf, Gott zu sein, Vater zu sein, und wir hören auf, seine Kinder zu sein.
„Wenn ich dich nicht wasche, hast du keinen Anteil an mir", das sollten wir nicht vergessen. Die Teilhabe am Herrn setzt voraus, dass wir

ihm erlauben, sich uns zuzuneigen, und zwar bis zu unseren Füßen, bis zum Abgrund unserer Schuld, um uns dort zu reinigen. Die Voraussetzung der Teilnahme am eucharistischen Tisch ist der Platz auf der Bank neben Petrus, der sich in aller Demut dann doch vom Herrn die Füße waschen lässt. Das ist die Platzanweisung des Herrn für alle, die sich im Gebot der Kirche ausdrückt, wenigstens einmal im Jahr, und zwar in der österlichen Zeit, das Bußsakrament zu empfangen.

Dann ist noch von Johannes die Rede, der an der eucharistischen Tafelrunde direkt an der Seite des Meisters Platz nehmen durfte. Er vermittelt zwischen Petrus und dem Herrn, indem er den Meister fragt, wer ihn denn aus der Jüngerrunde verraten würde. Durch Taufe und Firmung, darüber hinaus durch Ehe, Priesterweihe und durch Ordensprofess sind wir ganz in die Nähe des Herrn gerufen. Unser Platz ist an seiner Seite.

Aber mit der anderen Seite unseres Lebens bleiben wir der Welt und den Menschen zugewandt. Wir sehen und erleben, wie sie oft verzweifelt an den Geheimnissen ihres Lebens rätseln und zu keinem Ergebnis kommen. Wie oft werden wir dann von ihnen zu Rate gezogen! Hier sind wir in die Rolle des Johannes gerufen, um – wie er – ihre Fragen an den Herrn weiter zu geben und seine Antworten den Menschen zu verdeutlichen. Je näher am Herrn, desto deutlicher unsere Antworten. Und je näher bei den Menschen, um so intensiver unsere Fragen.

Der Christ lebt – wie Johannes – an der Seite des Herrn und an der Seite der Menschen. Das ist der Standort unserer Kirche. „Was ich euch im Dunkeln sage, davon redet am hellen Tag, und was man euch ins Ohr flüstert", sagt der Herr den seinen, „das verkündet von den Dächern!" (Mt 10,27). Wenn wir unser Ohr nicht mehr dem sprechenden Herrn zuwenden, dann haben wir auch den Menschen nichts mehr zu sagen. Bleiben wir nur dem Herrn zugewandt, dann werden wir zu Endverbrauchern seines Wortes, und dann wird seine Stimme uns gegenüber verstummen. Das Wort, das uns anvertraut ist, haben wir zum Weitersagen empfangen.

Und hören wir nur noch auf die Fragen der Menschen und nicht mehr auf das Wort Gottes, dann können wir ihnen nur noch unsere eigene Weisheit mitgeben, aber die wird ihnen nicht weiterhelfen können. Das Wort, das uns weiterhilft, kann uns nur Gott sagen. Darum betet die Kirche bei jeder Messfeier: „Und sprich nur ein Wort, so wird meine Seele gesund!" Dass unser Platz an der Seite des Herrn und an der Seite der Brüder und Schwestern nicht leerstehe! Johannes saß zwischen dem Meister und Petrus und konnte darum vermitteln.

Dann ist an diesem Abend noch die Rede von Judas, derjenige von den Zwölf, der ihn verraten wird. Über seinem Platz am eucharistischen Tisch liegt das Dunkel des Geheimnisses der Bosheit. Alle wurden gewaschen und alle empfingen die eucharistische Gabe und doch geht einer von ihnen hinaus in die finstere Nacht, um ihn zu verraten. Dieses Geschehen hat zu allen Zeiten die Christenheit aufs Tiefste erschüttert und die verschiedensten Antworten hervorgerufen. Wie ist das möglich? Wo viel Sonne ist, dort ist auch viel Schatten. „Wer also zu stehen meint, der gebe acht, dass er nicht fällt" (1 Kor 10,12), sagt die Schrift.

Die Kirche hat viele Menschen heilig gesprochen, aber noch keinen verdammt, auch den Judas nicht. So können wir nur hoffen, dass die finstere Nacht, in die er hinausging, jene Nacht war, in die der Herr damals zu Betlehem hineingeboren wurde, und ihn das Licht, das in der Finsternis leuchtet, noch mit seinem letzten Schein getroffen hat.

Es ist eigentlich schwerer, in die Hölle zu kommen als in den Himmel. Denn in die Hölle kommt nur der, der wirklich nicht geliebt werden möchte. Wie viele es davon gibt, wer weiß es? – Gott weiß es. Nicht Gott verdammt den Menschen, sondern der Mensch verdammt sich selbst. Gott wird denen an seiner Seite sagen: „Euer Wille geschehe!" und das ist der Himmel. Und er wird denen, die von ihm nach draußen in die finstere Nacht weggegangen sind, sagen: „Auch euer Wille geschehe!" und das ist die Hölle. Dass es sie gibt, bezeugt einhellig die Heilige Schrift, und das verleiht unserem Leben einen tiefen Ernst.

Das Karnevalslied: „Wir kommen alle, alle, alle in den Himmel" entspricht nicht ohne weiteres der Verkündigung Jesu. Uns trifft „alle, alle" sein Erbarmen. Das wiederum gilt für alle Menschen und zu allen Zeiten und an allen Orten, und das lässt uns auf den Himmel hoffen!

Dieser Abend, an dem uns der Herr die heilige Eucharistie schenkt, zeigt uns in Petrus, dass wir die Annahme seiner Sündenvergebung nicht verweigern dürfen, damit wir teilhaben an seinem Leben. Der Platz des Johannes zwischen Jesus und seinen Mitaposteln weist uns als Christen auf unseren Standort in der Welt hin: an der Seite des Herrn und der Seite der Menschen. Und das Schicksal des Judas führt uns unter die dunkle Wolke des Geheimnisses der Bosheit: „Wachet und betet, damit ihr nicht in Versuchung geratet!" (Mt 26,41). Der Meister ist da und ruft uns an den Platz des Petrus, an den Ort des Johannes und nicht auf den Weg des Judas!

Öffnet, ja reißt die Tore für Christus auf!
Predigt zum Karfreitag 1999

„Wer mein Jünger sein will, der verleugne sich selbst, nehme sein Kreuz auf sich und folge mir nach" (Mt 16,24), sagt uns der Herr. Darum ist eigentlich jeder Tag auch ein wenig Karfreitag für den Christen, denn er ist ein Tag der Übernahme des Kreuzes Christi.

* „Sie werden auf den blicken, den sie durchbohrt haben" (Sach 12,10; Joh 19,37), sagt die Schrift.

Die Menschen haben sich durch die Sünde in sich selbst zurückgezogen, sie sind nicht mehr kommunikationsfähig. Darum leben sie kommunionlos. Das ist die Sünde. Sie bedeutet Absonderung, Verfestigung, Versteinerung. „Was ist härter als ein Stein?", wurde ein Kind gefragt. Und es gab als Antwort: „Härter als ein Stein ist das Herz des Menschen." Was muss dieses Kind für Erfahrungen mit den Menschen gemacht haben! Ein KZ-Aufseher hatte ein Glasauge, von dem er überzeugt war, dass es so angepasst war, dass man es nicht als solches erkennen konnte. Daher forderte er einen Häftling auf, ihm zu erklären, welches der beiden Augen das Glasauge sei. Ohne zu zögern, deutete der Häftling auf das Glasauge. Und auf die verwunderte Frage des Aufsehers, woran er das erkannt habe, gab dieser die erschütternde Antwort: „Es schaut mich gütiger an als das andere." Der Mensch ist versteinert, versachlicht, er ist zum Apparat degeneriert. Wenn Menschen Steine geworden sind, dann liegen sie nebeneinander und behindern sich. Sie stolpern über sich selbst. Die menschlichen Gesellschaften scheinen in die Steinzeit zurückgefallen zu sein, weil auch sie sich voreinander verschließen und distanzieren. Sie reiben sich aneinander und behindern sich gegenseitig.

In dieses Dasein der verschlossenen Herzen, Hände und Arme der Menschen kommt Gott selbst in Jesus Christus, um alle Verschlossenheit zu öffnen, indem er sich das eigene Herz von der Lanze durchbohren lässt. „Einer der Soldaten stieß mit der Lanze in seine Seite, und sogleich floss Blut und Wasser heraus" (Joh 19,34). Von seinem geöffneten Herzen geht eine Revolution der Liebe aus. Denn offene Herzen haben offene Hände und offene Arme zur Folge. Der Herr mit dem offenen Herzen ist wehrlos und lässt alles Leid und alle Not der Welt in sich hineinsickern. Er nimmt die Not der Welt nicht nur von außen her an, sondern lässt sie in sein Inneres, damit sie dort verwandelt wird wie in einem chemischen Prozess in Gnade und Segen. Er ist also der Hohepriester, der „den Himmel durchschritten" hat, um die Erde zu öffnen, wie der Hebräerbrief sagt.

• Der Herr heilt die gekrümmte Frau im Evangelium, die ein Symbol unserer Weltwirklichkeit ist.

Der Herr heilt die gekrümmte Welt, indem er sich am Kreuz Arme und Beine ausstreckt und das Herz durchbohren lässt. Denn so verkrümmt ist das Dasein von Welt und Mensch, dass man dem Herrn buchstäblich die Gliedmaßen ausrenken muss, um das Dasein wieder aufzubiegen und aufzubrechen für die Wirklichkeit des lebendigen Gottes in der Welt. Man sagt, es gäbe mehr aufrechte Bäume als aufrechte Menschen. Der Gekreuzigte möchte uns aus dem gekrümmten Dasein in die Offenheit bringen. „Richtet euch auf und erhebt eure Häupter, denn eure Erlösung ist nahe" (Lk 21,28), heißt es in der Schrift. Er heilt die Gelähmten und macht ihnen buchstäblich Beine, so dass sie wieder laufen und sich bewegen können. Der Herr am Kreuz entkrampft den Krampf in den Herzen und in den Händen. Das menschliche Herz gleicht eher einer Kugel als der Offenheit des Kreuzes. Schon Augustinus beschreibt das Herz als: „cor incurvatum in se", als in sich gekrümmt, verschlossen. Wer darum sich dauernd um sich selbst dreht wie eine Kugel, der wird verdreht und durchgedreht, d. h. völlig introvertiert und auf sich selbst bezogen.

• Jesus am Kreuz öffnet die Tore des Todes, die Verschlossenheit des Grabes und die Augen der Emmausjünger. Er kommt durch die verschlossenen Türen in die Mitte seiner furchtsamen Apostel.

Seit Karfreitag kann man Christus nicht mehr einsperren. Er dringt durch alle Ritzen und Türspalten. Selbst in der schlimmsten Zeit kommunistischer Verfolgung wurden zum Beispiel in manchen Büros staatlicher Ministerien in Prag hinter den Büchern in den Regalen theologische Vorlesungen auf Tonträger überspielt zum Studium für geheime Priesteramtskandidaten. Er ist nicht nur der, der am Kreuz gestorben ist, sondern auch der, der vom Kreuz abgenommen wurde und auferstanden ist.

Der Papst hat darum bei seiner Amtseinführung vor fast 25 Jahren den Menschen zugerufen: „Habt keine Angst! Öffnet, ja reißt die Tore für Christus auf!" Die Menschen sind ihm gefolgt, und der Kommunismus ist untergegangen. Heute stehen andere Gefahren in unserer Welt, die den Menschen in seiner Würde bedrohen. Darum ist der Ruf des Heiligen Vaters heute genauso aktuell wie damals: „Habt keine Angst! Öffnet, ja reißt die Tore für Christus auf!" – Er kommt aus der allerheiligsten Dreifaltigkeit in die Welt und macht aus der geschlossenen Gesellschaft des dreifaltigen Gottes den Gott mit den offenen Herzen, Händen und Armen. Der Herr braucht Gott- und Welt-offene Jünger. Das Kreuz ist nicht begrenzt. Es ist offen nach oben und nach unten, nach rechts und nach links. Es ist Zeichen der Freiheit der Kinder Gottes. Du bist als Christ wie Christus, sonst wärest du kein Christ, nämlich ein Mensch, offen für Gott und offen für die Welt. An diese Berufung, die uns als Christen geschenkt wurde, erinnert uns der Karfreitag mit seiner Kreuzverehrung. Der Gekreuzigte hat sich ganz konform mit uns Menschen gemacht. Bin ich ein wenig konform mit ihm am Kreuz?

Der Sohn Gottes – aus der Nacht des Todes befreit
Predigt in der Osternacht 1999 im Hohen Dom zu Köln

Die Welt lebt von zwei Nächten: von der Weihnachtsnacht und von der Osternacht. Weihnachten ist das Licht in der Finsternis erschienen, indem Gott Mensch geworden ist. In der Osternacht leuchtet dieses von dem Menschen am Karfreitag ausgetretene Licht Gottes aus der Nacht des Todes auf, so dass es nicht mehr ausgetreten werden kann. „Das ist der Sieg, der die Welt besiegt hat: unser Glaube" (1 Joh 5,5), sagt die Schrift.

- Das Auge Gottes

Das Auge Gottes hat den Sohn Gottes aus der Nacht des Todes befreit. Gottes Auge sieht durch die tiefsten Nächte. Selbst in die Dunkelheit des Grabes dringt es vor und trifft mit seinem Leben schenkenden Blick den toten Sohn im Grab. „Wenn Blicke töten könnten", sind wir gewöhnt zu sagen. Wenn Blicke aber zum Leben erwecken könnten … Das kann der Augen-Blick Gottes. „Von Gott kommt mir ein Freudenschein, wenn du mich mit dem Auge dein gar freundlich tust anblicken", heißt es in einem Lied.

Schon am Schöpfungsmorgen schaute er mit seinen Augen alles an, was er gemacht hatte und er stellte fest, dass es sehr gut war (vgl. Gen 1,31). Diese seine Schöpfung lässt er nicht mehr im Tod versinken. Christus ist nicht nur Teil von Gottes Schöpfung, er ist nicht nur wahrer Mensch, er ist auch wahrer Gott. Er ist – so weit man das sagen darf – Gebein von seinem Gebein, Blut von seinem Blut und Herz von seinem Herzen. Darum schaut der Vater in der Osternacht auf seinen Sohn, wie er das bei seiner Taufe im Jordan getan hat und ruft: „Das ist mein geliebter Sohn, an dem ich Gefallen gefunden habe" (Mt 3,17). Das trieb den Tod aus dem Leibe Jesu aus und ließ ihn leibhaft zum Leben auferstehn. Gottes Auge schenkt das Leben und vernichtet den Tod. In vielen Kirchen wird darum das Auge Gottes innerhalb eines Dreiecks dargestellt als Zeichen für die Leben schaffende und Leben erweckende Vorsehung Gottes.

Der Auferstandene hatte am Beginn seines öffentlichen Wirkens die ersten Jünger eingeladen mit den Worten: „Kommt und seht!"

(Joh 1,39), nachdem sie ihn gefragt hatten: „Meister, wo wohnst du?"
(Joh 1,38). Der Liebesgehorsam des Sohnes am Kreuz des Karfreitags
hat den Vater eingeladen zu kommen und zu sehen, wie weit seine
Liebe geht, und er hat ihn als Antwort darauf aus der Macht des
Todes befreit und ihn in sein göttliches Leben zurückgenommen. Nun
ist er bei ihm und uns alle Tage und alle Zeiten, bis zur Vollendung
der Welt (vgl. Mt 28,20).

• Das Wort des Vaters

Es ruft den Herrn aus dem Grab ins Leben zurück. Der Herr selbst
hat das bei der Auferweckung des Lazarus den Aposteln schon vor-
gemacht, indem er ihn aus seinem Grab mit den Worten herausrief:
„Lazarus, komm heraus!" (Joh 11,43). Die Heilige Schrift berichtet,
dass er dabei selbst innerlich erregt war und sogar weinte (vgl.
Joh 11,34–38). Heute wissen wir warum. Er sah seine kommenden
Tage bereits vor sich, wenn er dann selbst – wie Lazarus – mit den
Tüchern umhüllt ins Grab gelegt werden würde. Statt seiner würde
dann vor seinem Grab der Vater stehen, um zu rufen: „Sohn, komm
heraus!" Und er kam heraus und räumte die übrigen Gräber mit aus,
indem er Adam und die Gerechten des Alten Bundes dem Vater zu-
führte.
Auf den Osterbildern der Ostkirche ist dann der gute Schächer vom
Kreuz bereits mit zu sehen, wie er die Himmelstür für die anderen
offen hält, weil ihm der sterbende Herr am Kreuz gesagt hat: „Amen,
ich sage dir: Heute noch wirst du mit mir im Paradies sein"
(Lk 23,43).
Gott ist Wort: „Im Anfang war das Wort ... und das Wort war Gott"
(Joh 1,1). Darum bewirkt sein Wort, was es verheißt. Und er sagt uns
heute ausdrücklich: „Ich lebe, und auch ihr sollt leben." Das ist eine
wirklichkeitsmächtige Zusage. Deswegen nannte der Apostel Paulus
die Christen gelegentlich auch schon die „Lebendigen", weil sie vom
Wort Gottes – wie Christus – erweckt wurden zum göttlichen Leben.
Dafür starb Christus den Liebestod am Kreuz.

- Die Hand des Schöpfers

Die Hand des Herrn befreit von den Banden des Todes. Jedem Besucher der Sixtinischen Kapelle in Rom bleibt das Bild der Erschaffung Adams unvergesslich. Der Schöpfer-Gott berührt mit seinem Zeigefinger die Fingerspitze des Adams, und in dem Augenblick erwacht er zum Leben. Der Schöpfer-Gott und Vater unseres Herrn Jesus Christus greift in der Osternacht in ein Grab, um einen Leichnam zu berühren – und sofort wird er lebendig und erfüllt mit seinem göttlichen Leben. Christus lebt. Seine eigene Hand hatte vorher die tote Tochter des Jairus berührt, so dass sie lebendig wurde; und den toten Jüngling von Naim, den er seiner Mutter, die Witwe war, wieder schenkte. Es war damals die Rückkehr ins Leben auf Zeit. Der österliche Christus aber lebt für immer.

Christus, der das Leben in Person ist, hat alle lebendig gemacht, die mit ihm in Berührung kamen. Nun war er selbst in die Hände dieser Menschen gefallen, und sie haben ihn dem Tod ausgeliefert. Aber Gottes Hände reichen weiter als Menschenhände. Sie haben den Sohn im Tode aufgefangen und ihn zum Leben zurück gebracht. Nein, es ist nicht schrecklich, in die Hände Gottes zu fallen! Es ist schrecklich, in die Hände des Menschen zu fallen! Menschenhände töten, Gottes Hände erwecken zum Leben, denn es sind gute Hände.

Die heilige Edith Stein formulierte das so: „Der Christ lebt immer in der Hand Gottes." Diese Hand bewahrte sie nicht vor dem irdischen Tod, aber sie rettete sie im Tod und erweckte sie zum Ewigen Leben. Darum verehren wir sie heute als Heilige.

Wir singen unsere Todeserfahrung in dem Lied: „Mitten im Leben sind wir vom Tod umfangen." Seit heute stimmt das nicht mehr. Seit dieser Nacht müssen wir singen: „Mitten im Tod sind wir vom Leben umfangen." Dafür bürgt das Auge Gottes, das Wort des Vaters und die Hand des Schöpfers, die alle dem Leben dienen.

Jesus Christus –
Brückenbauer vom Tod zum Leben

Predigt am Osterfest 1999 im Hohen Dom zu Köln

„Es ist noch niemand von drüben zurückgekommen", sagen manche Leute, wenn man auf das Thema „Leben nach dem Tod" zu sprechen kommt. Hier aber liegt ein gewaltiger Fehler, denn es ist jemand, ein Einziger, vom Tod ins Leben zurückgekommen, und zwar Christus am Ostertag vor fast 2.000 Jahren. Er hat uns die Brücke vom Tod zum Leben gebaut, so dass ein gläubiges Sterben nur noch ein „Milieuwechsel" ist von der einen Hand Gottes in die andere.

Christus hat sich nach seiner Auferstehung nicht seinen Feinden gezeigt. Der Unglaube ist blind. Aber für den Freundeskreis steht er ganz im Licht der Auferstehung, und er enthüllt ihnen ein Dreifaches:

- Seine Auferstehung zeigt klar das große Ziel, dem wir entgegengehen, nämlich dem Leben, einem ewigen Ostern bei Gott.

Das neue Leben, in das er selbst eingegangen ist und das er uns in verschiedener Weise mitteilt, ermöglicht uns, dass auch wir als Auferstandene durch die Welt gehen können. Auch wir haben den Tod überwunden. Das ist einer der Grundgedanken des Apostels Paulus: „Denn gestorben seid ihr, und euer Leben ist mit Christus verborgen in Gott" (Kol 3,3). „Ihr seid mit Christus auferweckt; darum strebt nach dem, was im Himmel ist" (Kol 3,1), schreibt er den Kolossern. Tod und Auferstehung Christi erleben wir in den Sakramenten, vor allem in der Taufe. Den anderen Weg zeigt uns Johannes: „Wir wissen, dass wir aus dem Tod in das Leben hinübergegangen sind, weil wir die Brüder lieben" (1 Joh 3,14).

Diesen Osterweg gingen die heilige Edith Stein und Mutter Teresa von Kalkutta, und viele Zeitgenossen gehen diesen Weg der Liebe unbeachtet von der Öffentlichkeit neben uns. Die Medien sind dafür blind. Darum haben wir mehr Grund, österliche Keime in uns und um uns zu vermuten, als wir oberflächlich wahrnehmen.

Aber täuschen wir uns andererseits nicht! Wahrscheinlich würde Johannes in seinem Brief im Hinblick auf die Zustände in Gesellschaft und Welt heute genau andersherum schreiben: Wir sehen, dass wir aus dem Leben in den Tod zurückgesunken sind, weil wir gerade die Schwächsten der Gesellschaft, die Ungeborenen und die Kranken unter den ungeborenen Kindern, nicht mehr schützen. – Wir sind ein überaltertes und müdes Volk geworden. Nichts ist uns nötiger als ein neues Ostern! Lasst uns wieder dem Leben trauen, weil Gott es seit Ostern wieder mit uns lebt!

- Der Auferstandene offenbart sodann, wie das einzige Hindernis auf diesem Weg zum österlichen Ziel beseitigt werden kann: die Sünde.

Er überträgt den Aposteln am Abend des Ostertages die Sündenvergebungsgewalt, indem er plötzlich in ihrer Mitte steht, ihnen seine verklärten Wundmale vorzeigt, sie anhaucht und dabei die Worte spricht: „Empfangt den Heiligen Geist. Wem ihr die Sünden vergebt, dem sind sie vergeben" (Joh 20,22–23). Der österliche Hauch des Heiligen Geistes weht uns im Bußsakrament entgegen und macht uns zu neuen, d. h. zu österlichen Menschen. Die Sünde, die uns alt und hässlich werden lässt, wird überwunden durch den uns zugesprochenen Ostersieg Christi im Bußsakrament. Es macht den Menschen neu oder jung, es reinigt ihn von allen Verschlackungen und Verkalkungen und lässt ihn wieder zu einem vitalen Glied am Leibe Christi werden. „Schafft den alten Sauerteig weg" (1 Kor 5,7), mahnt uns der Apostel Paulus.
Es gibt eigentlich nur eine Sünde: nämlich ein alter Mensch zu sein, d. h. Mensch, der glaubt, dass Gott ihn nicht mehr erneuern kann, dass er so festgefahren und festgelegt ist, dass er nicht mehr über sich hinauskommen kann in die herrliche Freiheit der Kinder Gottes. Dieser Anhauch des Ostergeistes Christi, der den Stein vom Ostergrab weggewälzt hat, ist auch fähig, alle Steine von unseren Herzen wegzurollen, auf dass wir erwachen zu einem neuen und unbeschwerten Leben in der Ostergnade Christi.
Mancher Verunglückte oder Schwerverwundete ist nur noch zu retten durch eine Mund-zu-Mund-Beatmung. Das geschieht am Ostertag, indem der Herr seiner Kirche seinen Auferstehungsodem einhaucht, damit sie an seiner Auferstehung teilhat. Ihr ist aufgetragen, diesen

eingeatmeten Ostergeist wieder auszuhauchen zu uns hin, die wir die Vergebung von Gott erbitten. Dann erwachen wir zu einem österlichen Leben, das sich nicht mehr an der dem Tod verfallenen Welt orientiert, sondern an der zukunftsweisenden Liebe Gottes. Christen sind Ostermenschen. Und Osterleute sind vom Ostergeist Christi Bewegte und Erleuchtete. Die Zeit hat für sie ihre Begrenzung und Einengung weithin verloren. Denn sie wissen, dass sie nun mehr Zukunft haben als Gegenwart und Vergangenheit zusammen. Darum behalten sie auch in großen Belastungen den langen Atem. Sie werden befähigt, den Herausforderungen des Lebens mit Gelassenheit und Tatkraft zu begegnen, eben als Osterleute.

• Und endlich erschließt der Auferstandene den Seinen auf dem Weg nach Emmaus den Sinn der Heiligen Schrift, die auf ihn hin geschrieben ist und gibt sich ihnen zu erkennen im Brotbrechen in der Herberge von Emmaus.

Als er das Brot in seine Hände nahm, es segnete und brach, da gingen den Jüngern die Augen auf (vgl. Lk 24,30–31). An dieser Stelle gibt er ihnen Anteil an seinem österlichen Leben, das durch den Tod in die Auferstehung gegangen ist. Die Kirche als Gemeinschaft österlicher Menschen ist von dieser Unverwüstlichkeit geprägt. Zu allen Zeiten war sie dem Tod anheimgegeben und immer wieder ist sie auferstanden von den Toten. Immer wieder meinte man, sie unter die Erde gebracht zu haben und doch feierte sie allenthalben Auferstehung. Unzählige Male hat man sie im Grab bewacht und jede Öffnung zur Welt mit Steinen der Gewalt verbaut. Sie war nicht in Gewahrsam zu halten. Das österliche Leben drang durch alle Ritzen und Spalten, befreite sich aus aller Bindung und Gewalt. Die Überwindung des Kommunismus ist dafür der letzte geschichtliche Beweis in Europa.

Die Eucharistie ist Substanz gewordene Liebe Gottes, die am Kreuz durch den Tod ins Leben gegangen ist. Aus dieser Überzeugung heraus sind die ersten Christen zu dem Brauch gekommen, ihren Verstorbenen die heilige Kommunion in den geöffneten Mund ins Grab mitzugeben als Unterpfand des österlichen Durchgangs vom Tod ins Leben. Wenn man diese Praxis wegen einer allzu magischen Auffas-

sung des Sakramentes auch nicht gutheißen kann, so ist aber das da-
hinterliegende Anliegen ganz und gar zu bejahen. Die Eucharistie ist
die Garantie für den Christen, dass der Tod für ihn nur Durchgang
zum Leben ist.

Nach der Wandlung in der Heiligen Messe ruft uns der Priester oder
Diakon zu: „Mysterium fidei – Geheimnis des Glaubens". Und die
Gemeinde antwortet: „Deinen Tod, oh Herr, verkünden wir und deine
Auferstehung preisen wir, bis du kommst in Herrlichkeit." Jede
Eucharistiefeier ist darum Teilhabe am Ostergeheimnis.

Der Ostertag kennt keinen Abend, weil die eucharistische Feier seines
Ostersieges kein Ende kennt, bis der Herr einst als der Verklärte und
Auferstandene wiederkommen wird in großer Macht und Herrlichkeit.
So sicher, wie er aus dem Grab erstanden ist, so sicher kommt er
wieder, um die Welt und die Menschen heimzuholen zum Vater. Das
ist die Osterperspektive der Christenheit. Darum hat sie allen Grund,
zuversichtlich und hoffnungsvoll durch die Gegenwart zu gehen und
in die Zukunft zu schauen. „Habt Mut, ich habe die Welt besiegt!"
(Joh 16,33).

Christus ist auferstanden:
Der Himmel ist uns offen

Predigten zum Osterfestkreis 2000

Auf dem Rücken eines Esels
Predigt am Palmsonntag 2000 im Hohen Dom zu Köln

• Der Glaube drängt zum Aufbruch

Er holt den Spießbürger aus seiner Mittelmäßigkeit heraus und drängt ihn zur Hochherzigkeit und Großzügigkeit. Der Glaube rückt den Menschen von seinem bisherigen Standort zu einem neuen. Er verrückt den Menschen. Die Liebe Gottes bewegt ihn ebenfalls zum Aufbruch, zum Standortwechsel. Der Wille des Vaters führt den Sohn aus der Herrlichkeit des Himmels buchstäblich auf den Rücken eines Esels. Diesen göttlichen Milieuwechsel Christi aus dem Schoß des Vaters auf den Rücken eines Esels macht der Philipperbrief des Apostels Paulus deutlich: „Er war Gott gleich, hielt aber nicht daran fest, wie Gott zu sein, sondern er entäußerte sich" (Phil 2,6–7). Er entäußert sich. Er geht nach außen, um den Menschen nahe zu kommen. „Amor extasim facit", sagt der Kirchenvater Dionysius Areopagita: „Die Liebe geht in die Ekstase", d. h. sie lässt sich verrücken, vom Innen in das Außen, von der Heiligsten Dreifaltigkeit an die Peripherie des menschlichen Lebens, hier näherhin auf den Rücken eines Esels.

• Jesus sagt zu den Aposteln nicht: „Voran!" oder: „Vorwärts!", sondern: „Mir nach!"

Er mutet seinen Jüngern keine Standorte zu, die er zuvor nicht selbst eingenommen hätte. Darum kann er immer sagen: „Mir nach!" auch auf dem Rücken eines Esels. Die Verwandten Jesu hielten ihn in seinem öffentlichen Wirken für verrückt. Darum zogen sie ihm nach, aber nicht, um seinen Fußspuren zu folgen, sondern um ihn aus dem Verkehr zu ziehen. Wer Jesus nachfolgt, wird ebenfalls oft für verrückt gehalten. Das muss man in Kauf nehmen. Der Platz des Herrn war nicht hoch zu Ross, sondern tief zu Esel. Hoch zu Ross reitet man im Zirkus die Hohe Schule. Hoch zu Esel, dem Lasttier der kleinen Leute, dreht höchstens ein Clown seine Runden und wirkt lächerlich.
Wer heute als Christ erkennbar durch die Welt geht, etwa als Priester oder Ordensfrau, der macht eine ähnliche Erfahrung. Entweder glau-

ben die Menschen an Gott oder sie halten uns für verrückt. Der Apostel Paulus sagt schon: „Wir sind zum Schauspiel geworden für die Welt, für Engel und Menschen" (1 Kor 4,9). Dieses Schauspiel dürfen wir ihnen nicht schuldig bleiben!

In einem alten Schlager heißt es: „Du bist verrückt, mein Kind. Du musst nach Berlin, wo die Verrückten sind!" Vielleicht wird man das heute anders sagen müssen: „Du bist verrückt, mein Kind. Du musst zur Kirche, wo die Verrückten sind!" Vieles müssen wir Christen heute tun und sagen, was andere für eine ausgesprochene Eselei oder anders gesagt buchstäblich für verrückt halten, z. B. ein erbkrankes Kind nicht abzutreiben und einen unheilbaren, schwer leidenden Menschen nicht totzuspritzen. Unser Jerusalem wartet wie das Jerusalem des Herrn auf dieses Zeugnis. Paulus weiß darum, indem er sagt: Das Kreuz ist „für die Juden ein empörendes Ärgernis, für Heiden eine Torheit" (1 Kor 1,23), und man sagt sogar: Für Christen ist es heute Beides zusammen: Ärgernis und Torheit. Das Programm der Bergpredigt bringt uns in eine solche verrückte Existenz, wenn es von uns fordert: „Wenn dich einer auf die rechte Wange schlägt, dann halte ihm auch die andere hin. Und wenn dich einer vor Gericht bringen will, um dir dein Hemd wegzunehmen, dann lass ihm auch den Mantel" (Mt 5,39–40). Heilige haben immer etwas von Verrückten an sich. Es ist nicht verwunderlich, wenn die orthodoxe Kirche die Heiligen nicht nur einteilt in heilige Frauen und Männer, in heilige Bischöfe und Priester, sondern auch in heilige Narren, d. h. Menschen, die Christus nachfolgen, sei es gelegen oder ungelegen. Meistens ist es ungelegen, so dass sie den Eindruck erwecken, sie seien verrückt geworden.

Eine solche Christenexistenz setzt viel innere Vergewisserung voraus, eine wirkliche Koexistenz mit dem Herrn selbst, so dass wir wie von selbst mit ihm gerade in dieser Weise gegen den Strom schwimmen, gegen die Trends angehen, unmodern erscheinen und außerhalb dessen stehen, was man heute so denkt, sagt und tut. Solche Zeugen Christi werden gebraucht. Sie stehen nicht im verborgenen Kämmerlein, sondern reiten auf dem Rücken eines Esels durch die Welt, d. h. sie leben für alle sichtbar mitten unter den Menschen. Der Herr sagt nicht „Vorwärts!", sondern „Mir nach!" Auch an dieser Stelle.

Christus, Quelle priesterlichen Dienstes
Predigt zur Missa Chrismatis 2000 im Hohen Dom zu Köln

„Ich nenne euch nicht mehr Knechte, denn der Knecht weiß nicht, was sein Herr tut. Vielmehr habe ich euch Freunde genannt, denn ich habe euch alles mitgeteilt, was ich von meinem Vater gehört habe" (Joh 15,15). Der Priester ist zuerst Freund des Meisters, dann erst ist er der Bote Gottes. Die Freundschaft mit Jesus ist die Innenseite priesterlicher Existenz. Der Herr beruft zuerst in die Freundschaft mit ihm. Auf die Frage des Herrn: „Was wollt ihr?", sagen die beiden Erstberufenen: „Meister, wo wohnst du?" und seine Antwort lautet: „Kommt und seht!" (Joh 1,38–39). In der Freundschaft Christi leben heißt: bei ihm sein, sein Schicksal mit ihm teilen, auf sein Wort hören und ihm in die Augen schauen, wie Mose in der Wüste: „Der Herr und Mose redeten miteinander Auge in Auge, wie Menschen miteinander reden" (Ex 33,11), heißt es wörtlich dazu in der Heiligen Schrift.

Zur Freundschaft gehört es, in der Nähe des Meisters zu sein, wie Johannes während des letzten Abendmahls: Er lehnt an der Brust des Meisters, unter seinen Augen, im direkten Gesprächskontakt. Der Freund lebt in der Intimität mit dem Meister. Freundschaft mit Christus ist die Voraussetzung einer fruchtbaren priesterlichen Tätigkeit. Der Seelsorger darf seine Seele nicht verlieren. Sie muss im Dienst hinter ihm herkommen können. Johannes lädt uns Priester ein, seine Geste beim letzten Abendmahl nachzuahmen. Legen wir unseren Kopf, der so oft bedrängt und gestresst ist, an das liebende Herz des Meisters. Es ist übrigens die Geste Jesu gegenüber dem himmlischen Vater, die uns Johannes hier lehrt. Denn niemand hat Gott je gesehen, außer seinem eingeborenen Sohn, der seit Ewigkeit am Herzen des Vaters ruht und uns Kunde gebracht hat (vgl. Joh 1,18). „Ich kenne die Meinen, und die Meinen kennen mich" (Joh 10,14), sagt der Herr. Kennen wir ihn wirklich? Seine Pläne, Absichten und Sehnsüchte? Hören wir seine Stimme? Wem gehören wir?

Der Priester wird durch seine Freundschaft mit dem Herrn aufgenommen in die „intime" Kirche. Zu ihr gehören Maria und Johannes der Evangelist. Ihr vertraut der Herr seine Geheimnisse an. Johannes nimmt nach dem Wort des Herrn vom Kreuz herab Maria in sein

Haus auf. Christus vertraut Johannes seine Mutter an. Hier steht Vertrauen gegen Vertrauen. Im Haus des Priesters muss es Raum für das Vermächtnis des Meisters geben: „Siehe, deine Mutter!" (Joh 19,27). Maria ist die Verkörperung der ganz dem Herrn zugewandten Kirche. Darum sollte die Wohnung eines Priesters auch in gewissem Sinn eine Mönchszelle sein, ein Ort, an dem der Jünger auf die Stimme des Meisters hört und die Gegenwart des Herrn betrachtet. Diese Mönchszelle müsste der Priester gleichsam – wie die Schnecke ihr Haus – immer mit sich selbst herumtragen, so dass er auch mitten in der Aktion ein Kontemplativer bleibt. Wie das konkret aussehen könnte, dafür gibt das geistliche Tagebuch Papst Johannes XXIII. einen überzeugenden Beweis. Die tägliche Eucharistie, das täglich gewissenhaft verrichtete Breviergebet, die tägliche Betrachtung, der tägliche Rosenkranz, die tägliche Erneuerung des Exerzitienvorsatzes, die wöchentliche Beichte und die jährlichen Exerzitien haben aus Angelo Roncalli das gemacht, was wir heute verstehen, wenn wir von Papst Johannes XXIII. sprechen.

Das Leben der Freundschaft mit Christus, dem Sohn des lebendigen Gottes, ähnelt ein wenig einer Ehe. Wenn wir nicht mehr täglich mit ihm im Gebet sprechen, haben wir uns eines Tages nichts mehr zu sagen. Wir entfremden uns, und dann gehen wir leicht fremd. Oder wenn wir ihn nicht mehr betrachten, dann verlieren wir ihn aus den Augen, wir geraten in die Entfremdung zu ihm, und dann gehen wir auch bei nächster Gelegenheit in die Fremde.

Die „intime" Kirche wird verbunden durch die Bande der Liebe. Am Kreuz lenkt der Herr den Blick Marias von sich weg auf Johannes hin. Und er lenkt den Blick des Johannes von sich weg auf Maria hin. Er schneidet gleichsam die vertikale Bindung seiner Mutter und seines Lieblingsjüngers zu ihm durch und schafft nun eine neue Verbindung, eine neue Verbundenheit, einen neuen Bund, indem er diese durchgeschnittenen Bande aufs Neue zwischen Maria und Johannes verbindet: „Siehe, deine Mutter!" – „Siehe, dein Sohn!" (Joh 19,27–28). So entsteht die intime Kirche und so besteht sie fort. Von dieser Qualität müssten die Bande zwischen uns im Presbyterium, im Diakonium und in den Gemeinden mit den haupt- und ehrenamtlichen Mitarbeiterinnen und Mitarbeitern geknüpft sein. Das sollte die Frucht dieser Stunde, dieser Chrisammesse sein.

Wirkliche Freundschaft ist immer nur bis in den Tod denkbar. „Freunde in der Not gehen tausend auf einen Lot", heißt es in der Volksweisheit. Johannes mit seiner tiefen Sicht am Herzen Jesu wird zum Seher von Patmos mit seiner enormen Fernsicht, die sich in der Apokalypse niederschlägt. Die Christusfreundschaft wird fruchtbar im Christuszeugnis.

Hier wird vor meinem geistigen Auge das Christuszeugnis des heiligen Priesters Johannes Sarkander lebendig, der erst vor sieben Jahren von Papst Johannes Paul II. heilig gesprochen worden ist. In der Zeit der Reformation wurde er auf das Grausamste von den Feinden der Kirche gefoltert und dann in Olmütz eingekerkert. Es war ihm nur das Brevier geblieben, das er aber mit seinen zerbrochenen Händen nicht mehr halten oder bewegen konnte. Er zog das priesterliche Gebetbuch mit dem Mund vor seine Füße und betete daraus, indem er mit der Zunge die einzelnen Seiten umblätterte. Die Freundschaft des Jüngers zum Meister, die sich selbst in der Passion im täglichen Breviergebet bewährte, machte den heiligen Johannes Sarkander zum Zeugen, der vielen Priestern in der jüngsten Vergangenheit half, während der jahrelangen Zwangsarbeit oder in einem zivilen Beruf, das priesterliche Charisma trotzdem nicht zu verlieren.

Viele litauische Priester, die jahrzehntelang in Sibirien verbannt waren, erzählten mir, dass sie ihrem dortigen Sklavendasein eine geistliche Struktur gaben, indem sie die Woche nach den Votivmessen für die einzelnen Wochentage gestalteten, also:

am Montag zu Ehren der Allerheiligsten Dreifaltigkeit,
am Dienstag zu Ehren der heiligen Engel,
am Mittwoch zu Ehren des heiligen Josef,
am Donnerstag zu Ehren der heiligen Eucharistie
am Freitag zu Ehren des heiligen Kreuzes und
am Samstag zu Ehren der Muttergottes.

Die Arbeit unter Tage im Bergwerk oder über Tage in den Wäldern wurde so eine Arbeit in der Freundschaft des Jüngers mit dem Meister in der Gemeinschaft der intimen Kirche. Wie Jesus nach der Begegnung mit den Menschen in die Einsamkeit geht, um zu beten, die Menschen ihm aber nachlaufen und ihn suchen, um ihn zu hören, so waren und sind diese Männer bis heute gesuchte Seelsorger, weil sie so treue und authentische Priester waren und sind.

Die Freundschaft mit Jesus ist die Innenseite unseres Priestertums. Die Stärke und Klarheit eines Flusses hängt von seiner Verbundenheit mit seiner Quelle ab. Ist sie gegeben, dann bleibt der Fluss tragfähig für die Lastkähne und dynamisch für die Kraftwerke. Die Klarheit und die Stärke unseres priesterlichen Zeugnisses hängt von unserer Christusfreundschaft ab, die Quelle unseres Dienstes ist. Dann erdrückt uns nicht unsere Erfolglosigkeit und entmutigt uns nicht unsere Vergeblichkeit. Vergessen wir nicht, was uns bei unserer Priesterweihe gesungen wurde: „Ich nenne euch nicht mehr Knechte, denn der Knecht weiß nicht, was sein Herr tut. Vielmehr habe ich euch Freunde genannt, denn ich habe euch alles mitgeteilt, was ich von meinem Vater gehört habe" (Joh 15,15). Ihn zum Freund zu haben genügt. Das ist und bleibt die einzige Garantie, die ein Bischof seinen Priestern für ein erfülltes Dasein geben kann.

Der Herr liefert sich aus
Predigt am Gründonnerstag 2000 im Hohen Dom zu Köln

Ein wesentliches Wort, das die Passion des Herrn erklärt, heißt „Preisgabe".

• „Da er die Seinen, die in der Welt waren, liebte, erwies er ihnen seine Liebe bis zur Vollendung" (Joh 13,1)

Liebe heißt zunächst einmal nicht Stärke, sondern Schwäche. Unsere deutsche Sprache weiß darum, wenn beispielsweise der Liebende der Geliebten sagt: „Ich habe eine Schwäche für dich", d. h. dir gegenüber bin ich schwach, verletzbar, verwundbar. Ich kann mich dir gegenüber nicht zur Wehr setzen. Du kannst mich ausnutzen, du kannst mich ausrauben, und du kannst mich ausnehmen. Das ist das Drama der Passion. Gott hat eine Schwäche für uns, so sehr, dass wir ihn ergreifen und ans Kreuz schlagen können. Der Halbstarke hingegen, der nicht Liebende, will stark sein, darum liebt er nicht. Er will unverwundbar und unverletzbar bleiben, darum legt er den Panzer der Härte und der Stärke gegenüber dem anderen an. Um ihn ist es kalt und von ihm geht nichts aus. Er ist hart. Gott ist ganz anders. Er ist nicht halbstark, sondern ganz und doppelt liebend. So sehr hat Gott die Welt geliebt, dass er die Schwachheit besaß, sich von uns verletzen, verwunden und schlagen zu lassen. „Preisgabe" ist nur ein anderer Name für „Liebe".

• „Seht! Ich sende euch wie Schafe unter die Wölfe" (Lk 10,3)

Wie Jesus am Ölberg angreifbar ist, wie ihn Judas an die Christusfeinde ausliefert und sie ihn ergreifen und binden, so ist die Kirche verwundbar und verletzbar. Hitler mit seinen Schergen und Stalin mit seinen Helfershelfern haben die Gefangennahme Jesu tausendfach und millionenfach nachgemacht und die Christen umgebracht. Die Passion Jesu geht weiter in der Passion seiner Freunde. Preisgabe ist auch die Definition vieler Zeugen Jesu im vergangenen Jahrhundert. Das erstellte Martyrologium im deutschsprachigen Raum im 20. Jahrhundert beinhaltet fast 750 solcher Jesus-Schicksale in der Passion. Preisgabe ist nur ein anderer Name für Liebe: „Ich habe eine Schwäche für dich, Herr, darum können mich andere um deinetwillen verwunden." Das sollte ein Christ demütig bekennen dürfen.
Indem die Kirche in unserer Gesellschaft, die immer stärker säkularisiert ist, oft wie ein Fremdkörper erscheint, wird der einzelne Christ diese Fremdheit gelegentlich am eigenen Leib zu spüren bekommen. „Ich sende euch wie Schafe mitten unter die Wölfe", sagt der Herr. Wundern wir uns nicht: „Der Sklave ist nicht größer als sein Herr. Wenn sie mich verfolgt haben, werden sie auch euch verfolgen" (Joh 15,20). Verweigern wir uns nicht in unserem Christusdienst an der Welt, der oft genug den Namen „Preisgabe" trägt.

• In der Eucharistie geht diese Preisgabe Christi durch die
   Jahrhunderte hindurch weiter

Der Herr händigt sich der Kirche aus, die ihn nun überall hintragen kann. In welche Hände und in welche Herzen gerät dabei der eucharistische Herr schon am Gründonnerstag. Bei der ersten heiligen

196

Kommunion gerät er in die Hände des Judas. Er geht vom eucharistischen Tisch hinaus. Und der Evangelist sagt: „Es war aber Nacht" (Joh 13,30). Das äußerste „Domine non sum dignus", das verratendste „O Herr, ich bin nicht würdig" wird in dieser Nacht hörbar. Der hl. Thomas von Aquin drückt dasselbe in seiner Sequenz zum Fronleichnamsfest aus, indem er schreibt:

„Wer ihm nahet voll Verlangen,
darf ihn unversehrt empfangen,
ungemindert, wunderbar.
Einer kommt, und tausend kommen,
doch so viele ihn genommen,
er bleibt immer, der er war.
Gute kommen, Böse kommen,
alle haben ihn genommen,
die zum Leben, die zum Tod.
Bösen wird er Tod und Hölle,
Guten ihres Lebens Quelle,
wie verschieden wirkt dies Brot!"

Und weiter heißt es:

„Seht das Brot, die Engelspeise!
Auf des Lebens Pilgerreise
nehmt es nach der Kinder Weise,
nicht den Hunden werft es hin!
Lang im Bild war's vorbereitet:
Isaak, der zum Opfer schreitet;
Osterlamm, zum Mahl bereitet;
Manna nach der Väter Sinn."

„Preisgabe" sollte an jeder Tabernakeltür stehen. Der Herr gibt sich weg, und er liefert sich aus. Er möchte übernommen werden in gute Hände und gute Herzen, um weitergereicht zu werden durch unseren Dienst als Christen in der Welt. Insofern ist jeder Christ ein Kommunionhelfer, eine Kommunionhelferin, und zwar vom Erstkommunionstag an. Seit wie vielen Jahren sind wir in diesem Sinne schon

Kommunionhelfer oder Kommunionhelferinnen? Haben wir dafür schon einmal gedankt? Der Gründonnerstag wäre ein guter Anlass dazu!

Christus, die Ekstase Gottes
Predigt am Karfreitag 2000 im Hohen Dom zu Köln

„In der Liebe verwurzelt und auf sie gegründet, sollt ihr mit allen Heiligen dazu fähig sein, die Länge und Breite, die Höhe und Tiefe zu ermessen und die Liebe Christi zu verstehen, die alle Erkenntnis übersteigt" (Eph 3,17–19), sagt der Apostel Paulus. Vor dem Kreuz des Karfreitags wird die Länge und Breite, die Höhe und Tiefe Christi und damit Gottes sichtbar.

• Die Länge Christi

Sie wird symbolisiert durch den vertikalen Kreuzbalken, der Gott und die Welt verbindet. Christus ist in die Extreme hineingedehnt, hineingezerrt und hineingenagelt von der absoluten Heiligkeit Gottes in die absolute Bosheit der Menschen. Das Herz des dreifaltigen Gottes wird hier berührt von der Bosheit eines Hitler, eines Stalin oder irgendeines anderen Tyrannen, aber auch von unserer Sünde. Christus geht in die Extreme. Ja, er ist die Ekstase Gottes in Person. Nichts, aber auch gar nichts bleibt von der Liebe Gottes unberührt. Er kann uns auch nicht mehr davonlaufen, wenn es für ihn unerträglich wäre, denn er hat sich hineinnageln lassen in die Tiefe und die Abgründigkeit irdischen Daseins. Er kennt seine Welt nicht nur vom Schöpfungsmorgen her, er kennt sie auch vom Karfreitag her. Er sagt nicht nur am Ende des Schöpfungswerkes: „Gott sah alles an, was er gemacht hatte: Es war sehr gut" (Gen 1,31). Er sagt das auch in die Abgründigkeit und Finsternis des Karfreitags hinein: „Es ist vollbracht!" (Joh 19,30). In der Liebeshingabe des Sohnes durchkreuzt er die Sünde der Welt und macht das Minus der Menschen zum Plus Gottes, und das ist das Kreuz. Die Liebe ist stärker als der Tod – namentlich die Liebe Gottes.

- Die Breite Christi

Sie ist vom horizontalen Kreuzesbalken gekennzeichnet und verbindet Gott und die Menschen sowie die Menschen untereinander. Gott umgreift mit den ausgestreckten Armen seines Sohnes am Kreuz die ganze Menschheitsfamilie von den Anfängen der Menschheit bis zum Jüngsten Tag. Niemand und nichts hängt in der Luft oder im Leeren, sondern jeder ist von der Gegenwart Christi am Kreuz getragen und empfangen. Es gibt keinen luftleeren, d. h. „Christus-leeren" Raum mehr. Keiner kann Gott mehr entrinnen. Der Psalm 139 spricht diese neue Realität aus, indem er sagt: „Wohin könnte ich fliehen vor deinem Geist, wohin mich vor deinem Angesicht flüchten? Steige ich hinauf in den Himmel, so bist du dort; ... Nehme ich die Flügel des Morgenrots und lasse mich nieder am äußersten Meer, auch dort wird deine Hand mich ergreifen und deine Rechte mich fassen. Würde ich sagen: ‚Finsternis soll mich bedecken, statt Licht soll Nacht mich umgeben', auch die Finsternis wäre für dich nicht finster, die Nacht würde leuchten wie der Tag, die Finsternis wäre wie Licht" (Ps 139,7–12). Gott ist gegenwärtig inmitten all unserer Unausweichlichkeiten. Nicht im Himmel eines spannungslosen Lebens führt die Suche nach Gott zum Ziel, sondern mitten in den Zerreißproben des Daseins. Im Alltag hat uns Gott gesucht und gefunden, und zwar am Karfreitag.

- Die Höhe und Tiefe Christi

Sie zeigt sich im durchbohrten Herzen des Herrn am Kreuz. In die Abgründigkeit und Tiefe des menschlichen Herzens herab reicht die Tiefe der Liebe Gottes, die sichtbar wird in seinem von der Lanze geöffneten Herzen. „Wären eure Sünden auch rot wie Scharlach, sie sollen weiß werden wie Schnee" (Jes 1,18), sagt der Prophet Jesaja. Gott in der Höhe schaut in die Tiefe. Jesus wirft am Kreuz nicht seinen Kopf in den Nacken, sondern er neigt sterbend sein Haupt den Menschen zu. Und Maria bestätigt diesen Blick Gottes, indem sie bekennt: „Denn auf die Niedrigkeit seiner Magd hat er geschaut" (Lk 1,48). Der Herr am Kreuz ist kein „Hans-guck-in-die-Luft", sondern er schaut in die Täler der Welt, in die Abgründe der Menschen.

Und wenn ein Mensch noch so tief fallen würde, er fällt dem Herrn am Kreuz nicht aus dem Herzen, aus der Hand oder aus dem Blick. Schließlich werden wir ihn zu Grabe tragen, dorthin, wohin wir unsere Toten legen. Von dort her wird er dann die Gräber ausräumen, alles Versunkene auffangen und alles Verborgene auffinden. Der Mensch, der verlorene Sohn, darf heimkehren zum Vater, weil ihn dieser daheim gebliebene Sohn, Jesus, sucht und am Kreuz findet und ihn heimführt in die Arme des himmlischen Vaters. „Vater, in deine Hände lege ich meinen Geist" (Lk 23,46) – gebe ich ihre Herzen.

Der Karfreitag lässt uns etwas von der Dimension Gottes im Angesichte des Kreuzes sichtbar werden. Darum ist es würdig und recht, vor dem Kreuz niederzufallen, um die Liebe Gottes zu umarmen.

Christus lebt! Der Herr ist auferstanden!
Predigt in der Osternacht 2000 im Hohen Dom zu Köln

• Gott ist nicht unter die Erde zu bringen oder unter der Erde zu halten

Der schlimmste Frost kann das Grünen und Blühen im Frühjahr nicht verhindern. Und der potenzierte Hass der Welt vermag auch nicht die Kraft der Liebe Gottes umzubringen. Keine Persönlichkeit der Weltgeschichte wurde und wird so systematisch verfolgt, geschlagen, verraten und getötet wie Jesus Christus in seiner Kirche. Als der spätere Apostel Paulus die Kirche verfolgte, sagte ihm der Herr vor den Toren von Damaskus: „Saul, Saul, warum verfolgst du mich?" (Apg 9,4). Saul verfolgte die Kirche und damit den Herrn selbst. Der Herr identifiziert sich mit seiner Kirche.

Das deutsche Martyrologium des vergangenen Jahrhunderts, das fast 750 Martyrien beinhaltet, bezeugt die schrecklichen, aber letztlich ohnmächtigen Angriffe der größten Christushasser der Geschichte: Hitler und Stalin. Die Märtyrer zeigen, was die Gottesfeinde dem Herrn in seiner Kirche antun konnten und was nicht. Sie konnten ihm schaden und ihn peinigen, aber sie konnten ihn nicht unter die Erde bringen und unter der Erde halten. Wo ist Stalin, und wo ist Hitler? Sie sind tot, und jeder erinnert sich mit Schrecken an sie. Christus lebt! Der Herr ist auferstanden, und seine Märtyrer mit ihm!

• Am Karfreitag verehrt die Kirche den Herrn, indem sie singt: „Heiliger Gott! Heiliger, starker Gott! Heiliger, unsterblicher Gott, erbarme dich unser!"

Tausendfache Versuche des Gottesmordes enden immer verheerend für den Menschen. Gott, der die Liebe ist, kann nicht sterben. So, wie die Flamme einer Kerze immer nach oben scheint, selbst wenn man die Kerze nach unten hält, macht die Flamme doch diesen Kopfstand nicht mit. Sie brennt weiter nach oben. Es gehört zu ihrer Natur, dass sie nach oben hin leuchten und strahlen muss. So gehört es zur Natur Gottes, dass man ihn nicht unter die Erde zu bringen vermag. Er ist unsterblich. Und jeder Gottesmörder wird an der Unsterblichkeit Gottes scheitern. Dafür steht die Osternacht mit der Auferstehung Christi.

Die Schreckensgeschichte der Menschheit ist dafür ein lebendiger Beweis. Wenn der Vergleich erlaubt ist: Der Herr ist wie ein „Stehaufmännchen". Man mag ihn zeitweise horizontalisieren, aber nach kürzester Zeit steht er wieder senkrecht in der Landschaft. Gott lebt, Christus ist auferstanden! Darum ist der Kirche verheißen: „Und die Mächte der Unterwelt werden sie nicht überwältigen" (Mt 16,18). In Taufe, Firmung, Eucharistie und im Bußsakrament wird dieses Osterleben in unsere Herzen eingepflanzt und gestärkt. Darum steht der Christ auch bei Widerstand und Druck zu seinem Herrn und seiner Kirche. Darum durchsteht er Krisen und Schwierigkeiten im eigenen Leben wie die Bekenner. Darum übersteht er Katastrophen wie der österliche Herr selbst.

• Der auferstandene Christus ist der Erste von vielen, die entschlafen sind, wie der Apostel sagt (vgl. 1 Kor 15,20). Er hat als Erster den Tod wirklich überstanden.

Maria ist die Zweite. Sie wurde von Gott leibhaft aufgenommen in seine Herrlichkeit und Vollendung. Als Dritte dürfen wir dabei sein:

„Ihr aber seht mich, weil ich lebe und weil auch ihr leben werdet" (Joh 14,19), sagt uns der Herr. Der Tauftag ist unser Ostertag. Die Tauferneuerung in dieser Osternacht ist der Blick auf unsere eigene Auferstehung. Gott macht keine halben Sachen. Wenn er sein Auferstehungsleben in uns eingepflanzt hat, dann wird er es auch zur Vollendung bringen, wenn wir uns ihm nicht total verweigern. Die Osternacht hat die Welt wie kein anderer Tag zum Positiven verändert. Der Tod ist nicht mehr die letzte Station des Menschen, sondern nur noch ein Durchgang zum österlichen Leben Gottes. Das ist nicht ein frommes Märchen, sondern eine handfeste Realität. Christus ist nur der Erste. Maria aus Gnade die Zweite. Nun dürfen wir als Dritte im Bunde der Heiligsten Dreifaltigkeit sein.

Ostern macht alles neu
Predigt am Osterfest 2000 im Hohen Dom zu Köln

Es hat jemand die Christen als „Osterleute" bezeichnet. Das ist für uns die beste Definition, die ich kenne. Denn Christen sind Menschen, die mit geradem Rücken und erhobenen Hauptes selbstbewusst durch das Leben gehen. Nicht, weil sie sich so tüchtig und klug finden, sondern weil ihr Gott es ist, der am Ostertag den Tod überwunden hat. Schon am Karfreitag, als der Herr am Kreuz starb, zerriss der Vorhang des Tempels, der das Allerheiligste von dem Tempelhof trennte. Seit Ostern ist der Himmel aufgerissen und steht offen. Es gibt keine Trennung mehr zwischen Gott und den Menschen.
Stephanus sieht bei seiner Hinrichtung den Himmel offen und den auferstandenen Christus zur Rechten Gottes stehen. Nun ist uns wieder Gemeinschaft mit Gott möglich: „Wenn jemand mich liebt, wird er an meinem Wort festhalten, mein Vater wird ihn lieben, und wir werden zu ihm kommen und bei ihm wohnen" (Job 14,23), oder: „Wenn ich gegangen bin und einen Platz für euch vorbereitet habe, komme ich wieder und werde euch zu mir holen, damit auch ihr dort seid, wo ich bin" (Joh 14,3). Gott ist also ganz unten bei den Menschen und der Mensch ist auch ganz oben in der lebendigen Gegenwart des dreifaltigen Gottes. Oben und Unten sind aufgehoben. Es

gibt nur noch die Gemeinschaft mit dem lebendigen Gott. Der Tempelvorhang ist zerrissen und die Grenze zwischen Gott und Mensch aufgehoben. Weil uns das schon so oft gesagt worden ist, reißt uns diese Botschaft nicht mehr von den Stühlen. Die Gewohnheit hat uns geistlich gewöhnlicher gemacht und uns gleichsam spirituell gelähmt. „Wir heißen Kinder Gottes, und wir sind es" (1 Joh 3,1). Dass uns diese Osterwirklichkeit nicht mehr außer Rand und Band bringt, zeigt, wie abgegriffen unsere Ostersprache geworden ist und wie die Gewohnheit unser Herz gegen diese unwahrscheinliche Botschaft immunisiert hat.

- Wir haben nicht nur einen neuen Himmel über uns, sondern auch eine neue Erde unter uns

Seit Ostern müsste immer ein leeres Grab auf unseren Friedhöfen offen stehen als Tatverheißung für alle gefüllten und geschlossenen Gräber. Mit dem Ostertag bekommen unsere Friedhöfe nur noch eine vorläufige Bedeutung. Auf der neuen Erde sind Friedhöfe nicht mehr vorgesehen. Alle menschliche Verzweiflung bekommt durch die Hoffnung nur noch eine begrenzte Kraft, denn die Auferstehung Christi verwandelt die Verzweiflung in Hoffnung.
Der Tod ist nichts Anderes mehr als der Übergang von der einen Hand Gottes in die andere. Er bedeutet nur noch ein Milieuwechsel von der vorläufigen Seite des Lebens in die endgültige Seite des Lebens. Dafür empfangen wir heute schon das notwendige Lebensmittel, die heilige Kommunion, die nicht nur ein Mittel, sondern die der lebendige, österliche Christus selbst ist. Die neue Erde sollte sichtbar und spürbar sein in dem neuen Lebensstil der Erlösten.
Darum hat eine junge Frau vor einiger Zeit hier im Rheinland ihr Kind angenommen, das ihr – menschlich gesprochen – in einer Vergewaltigung aufgezwängt wurde. Deshalb hat sie es auf einen Namen taufen lassen, der bedeutet: Leben geschenkt vom Himmel. Ich bin in den letzten zehn Jahren meines Lebens einem solchen Osterglauben nicht mehr begegnet. Weil Christus auferstanden ist, haben die Großeltern dieses Kindes ihre ruhige Beschaulichkeit des Alters aufgegeben, um mitzuhelfen, dass dieses Kind ein glückliches Leben führen kann. Das ist auch Ostern in der Realität des Lebens.

- Der neue Mensch mit dem neuen Lied

Ostern macht alles neu. Der österliche Mensch hat aus seinem Sprachschatz die Worte gestrichen: „Mit dem Tode ist alles aus. Es hat alles keinen Sinn. Es lohnt sich nicht. Es ist noch niemand von drüben zurückgekommen." Es ist einer zurückgekommen, nämlich Christus. Er hat das Inwendige Gottes nach Außen gekehrt und das Auswendige der Welt nach Innen gekehrt. Gott hat sich am Kreuz entäußert in die Welt hinein, und Gott hat die Welt Ostern verinnerlicht, und zwar in dem Sinn, dass Christus sie mitgenommen hat in das Interieur, in das Internum des dreifaltigen Gottes.

Kein irdischer Materialismus hat die Materie so hoch bewertet wie Gott in der Auferstehung seines Sohnes am Ostertag. Seit Ostern ist die menschliche Natur mit ihrer Materialität ein integraler Bestandteil des dreifaltigen göttlichen Lebens. Seitdem liegt Glanz über unserer ganzen Welt. In der Menschheit Christi ist exemplarisch schon die ganze Welt aufgenommen in den dreifaltigen Gott. Das wird sich am Ende der Zeiten vollenden, wenn Christus alles und sich selbst dem Vater übergeben wird, damit Gott alles in allem sei. Dabei geht der Mensch nicht unter, sondern dabei geht er auf. Dann gerät das Geschöpf in die Hand des Schöpfers zurück, der Erlöste an das Herz des Erlösers. Der Verlorene ist wiedergefunden. Das große Fest kann beginnen. Wir sind nicht an die Klagemauer verbannt, sondern zum Hochzeitsmahl des österlichen Lammes eingeladen.

Darin sind wir als „Osterleute" außer Konkurrenz. Keine Weltanschauung kann mit unserer österlichen Erwählung und Berufung mithalten. Das soll uns nicht hochmütig machen, wohl aber hochgemut. Ostern ist die Energie unseres Glaubens. Die östliche Christenheit ist eine ausgesprochene Auferstehungsbruderschaft. Nirgendwo wird Ostern so extensiv und intensiv gefeiert wie in den Kirchen des christlichen Osten. Liegt das vielleicht daran, dass sie so häufig unter dem Kreuz stehen musste? Die östlichen Osterbilder zeigen den Auferstandenen immer, wie er Adam und Eva – also die Menschen – an den Händen packt, nein über ihren Händen am Puls, um gleichsam zu fühlen, ob sein Osterleben schon in ihnen pulsiert, um sie dann ihren Gräbern zu entreißen. Auferstehung geschieht nicht um des Auferstandenen willen, sondern um der Toten willen. Der Christ ist deshalb der Miterweckte, der Miterstandene und der Miterhöhte. Daraus erwächst uns österliches Siegesbewusstsein und ein demütiges Selbstbewusstsein. Wir können uns mit unserem Herrn vor Gott und den Menschen sehen und hören lassen.

Predigten zu marianischen Themen

Joachim Kardinal Meisner

„Von nun an preisen mich selig alle Geschlechter"

3. Auflage
184 Seiten
Mit 11 S/W-Fotos
Format: 12,5 x 20,5 cm
Paperback
ISBN 3-7666-0202-0

In drei Kapitel unterteilt sind die Marienpredigten Joachim Kardinal Meisners, die er in diesem Buch zusammengestellt hat: Marienfeste und marianische Andachtsformen – Marienwallfahrtsorte – Bilder Marias. Sie führen uns vor Augen, dass es sich bei einer lebendigen Beziehung zur Muttergottes nicht um eine beliebige Frömmigkeitsform handelt, die ins private Ermessen des einzelnen Christen gestellt ist, sondern dass Marienverehrung eine Existenzfrage unserer Kirche ist. Maria nämlich ist die Trägerin des Heiligen Geistes, und wo Maria ist, dort gibt es Begeisterung für Gott und die Kirche.

Verlag Butzon & Bercker Kevelaer